传统文化视角下的
亲子法律问题研究

邹小琴◎著

九州出版社

JIUZHOUPRESS

图书在版编目（CIP）数据

传统文化视角下的亲子法律问题研究／邹小琴著
．－－北京：九州出版社，2020.5
　ISBN 978－7－5108－9119－9

　Ⅰ．①传…　Ⅱ．①邹…　Ⅲ．①亲子关系—法律关系—研究—中国　Ⅳ．①D923.924

　中国版本图书馆 CIP 数据核字（2020）第 081105 号

传统文化视角下的亲子法律问题研究

作　　者	邹小琴　著
出版发行	九州出版社
地　　址	北京市西城区阜外大街甲 35 号（100037）
发行电话	（010）68992190/3/5/6
网　　址	www.jiuzhoupress.com
电子信箱	jiuzhou@jiuzhoupress.com
印　　刷	三河市华东印刷有限公司
开　　本	710 毫米×1000 毫米　16 开
印　　张	15.5
字　　数	229 千字
版　　次	2020 年 5 月第 1 版
印　　次	2020 年 5 月第 1 次印刷
书　　号	ISBN 978－7－5108－9119－9
定　　价	68.00 元

目 录
CONTENTS

导　论

一、中国家庭关系的核心所在

家庭关系中，存在夫妻关系、亲子关系等多种家庭成员之间的关系。哪一种关系是家庭的核心？不同的国家和地区，在不同的时期，有不同的答案。

无论是中国，还是其他国家，无论是传统社会，还是现代社会，家庭都是以婚姻和血缘为基础而形成的。家庭内部包含了（外）祖父母、父母、兄弟姐妹和（外）孙子女等成员。随着子女的成年，兄弟姐妹分化成立新的家庭，大家庭分家析产。当新的家庭子女成年时，又将再一次分家析产。周而复始，世世代代延续。但是无论何种时代，家庭都逃离不了父母、夫妻、子女、兄弟姐妹等基本成员。在家庭的构建网络中，血缘关系起着承上启下的作用。由于婚姻强调的是世系的延续，因此家庭关系结构的主轴是一代又一代的父子关系而不是兄弟关系。① 家庭的分化和人类的繁衍以纵向的父子关系为基本主线。

由此可见，中国的家庭关系建立在血缘联系的基础之上，在传统的观念里，父母与子女之间的亲子关系是家庭的核心因素所在。

受男女平等观念、女性权益保护观念、个体意识强化观念的影响，在当代社会，各国将"夫妻关系"视为家庭关系的源泉与核心，关于家庭的核心

---

① ［美］许烺光：《宗族、种姓、俱乐部》，薛刚译，华夏出版社1990年版，第58页。

内容已经形成了共识。但是作为有着独特文化起源和保持独立文化传承的中国而言，我们的传统家庭文化和传统家庭观念是怎样的？家庭观念是否因为现代法治观念的引导就完成了彻底的转变呢？我们需要重新审视家庭的构造与家庭成员的关系。

首先，从婚姻缔结的目的而言，生育和繁衍是其根本目的。《礼记·昏义》曰："昏（通'婚'）礼者，将合二姓之好，上以事宗庙，而下以继后世也。故君子重之。"可见，中国传统的婚姻从来都不是男女双方当事人的私事，而是两个家族的利益需求。依据上述宗法观念，婚姻（联姻）的目的是为了血脉的传承和家族的延续。

其次，生育与繁衍只有存在于婚姻中才是正当的，才能够被社会认可。婚姻，本身是对血脉纯正、基因传承的保障。以封建社会的"七出"制度为例，"七出"一词要到唐代以后才正式出现，但其内容则完全源自汉代记载于《大戴礼记》的"七去"，又称作"七弃"（参见"出母""出妻""休妻"，妇人"七去"的内容如下：不顺父母去，为其逆德也；无子，为其绝世也；淫，为其乱族也；妒，为其乱家也；有恶疾，为其不可与共粢盛也；口多言，为其离亲也；窃盗，为其反义也）。在出妻的七种事由中，"淫"排到第三位，仅次于"不顺父母"和"无子"，排位靠前于后面的"妒""有恶疾""口多言"和"窃盗"其他四种行为，可见封建传统社会对妻子不忠贞行为的容忍程度非常低。为什么如此关注妻子性忠贞的义务？其主要的原因并非仅仅是性的排他占有欲，而是因为妻子的不忠实会危害家族血脉的纯正性，这是传统家庭文化和民族心理所不能接受的。学界有观点将婚姻理解为一种性资源的产权制度，认为婚姻是为了阻止同性之间的相互侵犯。[①] 因此，婚姻不是目的，而是服务于繁衍目的的手段，进而通过婚姻将两性关系稳定下来。既然在传统观念里婚姻是保障血脉唯一且纯正传承下去的重要手段，那就解释了为什么夫妻关系并非传统家庭的主轴了。

---

① 桑本谦：《强奸何以为罪》，载《法律科学》，2003 年第 3 期，第 49 页；李拥军、桑本谦：《婚姻的起源与婚姻形态的演变——一个突破功能主义的理论解释》，载《山东大学学报》，2010 年第 6 期，第 79 页。

最后，从家庭的传承角度而言，我国传统社会实行的是上下世袭制度。为什么家族传承要在直系血亲之间进行？从表面上来看，是兄弟成年后，小家庭分化后利益个体诉求的存在所影响。实质上看来，是自然界基因保存的本质需求，是对性资源的竞争结果。《武肃王钱镠遗训》又记载："古云：'妻妾如衣服，兄弟如手足。'"夫妻关系甚至排列于兄弟关系之后，在传统家庭的三种关系中，是最不被看重的家庭关系。

但是，受到天赋人权、男女平等等现代法治观念的影响，在现代国家的法律规则里，家庭的核心关系已经不再是亲子关系，而是夫妻关系。我国也不例外，现行婚姻家庭立法本身就是建立在夫妻共同制的基础之上的。对此，有学者指出，近代以来的中国婚姻家庭立法一直是在与传统观念和制度决裂的方向上前行。今天，观念和制度的转型已经完成，但是也有遗憾之处：在中国传统的家庭关系里，父子关系是最重要的家庭关系，现在，夫妻关系成为婚姻家庭关系中最重要的关系，但这肯定不是中国家庭生活的全部。①

二、为什么要在传统文化的视角下研究亲子法律问题

家庭文化作为传统文化的重要组成部分，虽然也经历着不断的传承与变革，但是家庭文化的同一性特征非常明显，是传统文化资源中较为稳定的部分。所谓法律文化的同一性，为日本学者千叶正士提出，其在阐述官方法与非官方法的关系时，提出法律文化的内涵独特性和持续性。② 家庭立法的同一性特征非常明显，本身也显示了传统家庭文化强大的生命力。

---

① 金眉：《婚姻家庭立法的同一性原理——以婚姻家庭理念、形态与财产法律结构为中心》，载《法学研究》，2017 年第 4 期。

② ［日］千叶正士：《法律多元——从日本法律文化迈向一般理论》，强世功、王宇洁等译，中国政法大学出版社 1997 年版，第 183 - 189 页。日本学者千叶正士提出了著名的"多元法律的三重二分法"，即官方法与非官方法、法律规则与法律原理、固有法与移植法。其观点虽有不足，但冲击了正统的法的分类理论，并为我国法人类学者和法社会学者所推崇。当代中国最主要的法律多元问题是官方法与非官方法（民间法）之间的冲突问题。在对待中国民间法的态度上，应该采取折衷和相对积极的立场。

在传统社会，法律在很大程度上是自然生长的，是演化的。但是在现代社会中，法律越来越体现为一种有目的的实践，一种利用规则对社会进行的治理。如果法律规则与根植于民间的文化和习俗相背离，那么法律的规制和引导结果会受到不利影响，公众可能会产生迷茫、质疑、不适、轻视、规避等情绪。因此，要想合理利用既有的社会规则来调整婚姻家庭关系，需要充分考量文化自觉作用的影响。

历经几千年文明的传承与创新，中国传统家庭文化积累了极为丰富而又相对独立的亲子文化内容。这些传统的亲子文化有些因为不能适应人类的客观发展规律而被淘汰，更多的传统亲子文化则体现了其强大生命力。或者通过潜移默化的方式熏陶，或者通过习俗舆论的力量引导，深入人心。调整亲子关系的法律规范不能脱离于特定的文化背景，也不能背离于公众的社会认知。特别是在家事法领域，法律强大的生命力不在于通过强制力推行，而是法律、文化、道德、习俗的相融与渗透。因此，在传统文化背景下研究亲子法律问题尤其重要。

第一章

亲子法律问题概述

第一节　亲子关系

一、"亲子"的词源

我们在生活中经常能接触到"亲子"一词，在汉语里"亲子"一词用途广泛，比如"亲子乐园""亲子活动""亲子关系""亲子装"等，用来形容父母和子女一起娱乐、学习，以及生活的状态等。在生活语言上，关于"亲子"的界定也很宽松，只要是父母和子女之间都可以称为亲子。因此，在我国现代社会，"亲子"是一个在生活中普遍存在，并被广泛接受的概念。

但是在古汉语里，"亲"和"子"很少结合在一起形成"亲子"一词而使用，即使"亲"和"子"二字同时出现，其组合含义也不是用来形容父母子女，而是有其他意义。如《淮南子·缪称训》中就有"诚能爱而利之，天下可从也；弗爱弗利，亲子叛父"，此处的"亲子"指的是"亲生子女"，而不是"父母和子女"。在古汉语里，"亲"和"子"更多的时候被单独使用。"亲"字的用途广泛，可以做名词使用，表示"父亲和母亲"（既可以同时表示父亲和母亲，也可以单独指父亲或母亲一方）。例如，《孟子·尽心上》："孩提之童，无不知爱其亲者。"《失亲得学》："邴原曰：'孤者易伤，贫者易感。夫书者，凡得学者，有亲也。'"此两处的"亲"同时指父亲和母亲。此外，"亲"作为名称，也可以单独指父母一方。如果"亲"做动词、形容词和副词使用，则大多表示亲近、亲的、亲自的意思。如《荆轲刺秦王》："今行而无信，则秦未可亲也。"此处"亲"作动词使用，为亲近之意；又如《孔雀东南飞》："我有亲父兄，性行暴如雷。"此处"亲"作形容词，形容亲的，亲生的；再如《江城子·密州出猎》："为报倾城随太守，亲射虎，看孙郎。"此处"亲"作副词用，表示亲近。"子"的用途也很广泛，可以指孩子，也可以用于尊称。

与古汉语使用情形不同的是，在法律语境中，"亲子"一词被广泛使用在法律教材、专著、论文中。在各大高校使用的《婚姻家庭法学》之类的教材中，有不少将父母子女关系直接规定在亲子法中，如杨大文先生主编的教材《亲属法》，其第七章为"亲子法"，主要讲授内容为父母子女法律规范；① 再如贾静老师主编的教材《比较家庭法学》，其第四章为"亲子法律制度比较"。② 还有于静老师所著的《比较家庭法》第三编为"亲子法律制度"，③ 所述内容包括婚生子女、非婚生子女、继父母子女等主体之间权利义务关系的比较法研究。在法学论文和著作中，不少学者也将父母子女之间的关系直接界定为亲子关系，如薛宁兰教授在《我国亲子关系立法的体例与构造》一文中，对亲子关系立法体系进行论述；④ 再如在樊丽君老师译著的德国教授妮娜·德特洛夫所著《21 世纪的亲子关系法——法律比较与未来展望》一文中，⑤ 也使用"亲子关系"一词描述了父母子女之间的关系。

综合上文可以看出，"亲子"虽然并非我国的本土概念，但是在家事法学领域，"亲子"作为形容父母子女之间关系的概念已经被广泛接受和传播。

---

① 杨大文：《亲属法》，法律出版社 2012 年版，第 207 页。
② 贾静：《比较家庭法学》，中国政法大学出版社 2015 年版，第 1 页。
③ 于静：《比较家庭法》，人民出版社 2006 年版，第 2 页。
④ 薛宁兰：《我国亲子关系立法的体例与构造》，载《法学杂志》，2014 年第 11 期。
⑤ ［德］妮娜·德特洛夫：《21 世纪的亲子关系法——法律比较与未来展望》，樊丽君译，载《比较法研究》，2011 年第 6 期。

二、亲子关系的界定

日本学者我妻荣先生曾言："人由于有父母子女的关系，从而发生各种各样法律上的效力……亲子关系是家庭关系中最为重要的关系之一。"

亲子关系，又称父母子女关系。作为家庭法律关系的核心内容之一，在法律上一般是指父母和子女间的权利、义务关系。既包括人身关系方面的内容，也包括财产关系方面的内容；既包含具有血缘关系的亲生父母子女之间的关系，也包含没有血缘关系而由法律拟制的父母子女之间的关系。

三、亲子关系的种类

亲子关系的种类繁多，一般说来包括自然血亲的父母子女关系、拟制血亲的父母子女关系，以及父母与人工生育子女之间的亲子关系。

（一）自然血亲的父母子女关系

所谓自然血亲的父母子女关系，一般是指父母和子女之间具有遗传学上的血缘关系。而根据父母之间是否有法律认可的合法婚姻关系，又可以将与父母有血缘关系的子女分为婚生子女和非婚生子女。所谓婚生子女，是非婚生子女的对称，一般指在父母的婚姻关系存续期间受胎或出生的子女。而非婚生子女，则是婚生子女的对称，一般是指没有婚姻关系的男女所生的子女。

我国法律对于自然血亲的亲子关系有明确的规定，其中，婚生子女和非婚生子女的法律地位经历了从不平等到完全平等的发展过程。1980年《中华人民共和国婚姻法》（以下简称《婚姻法》）第十九条第二款规定：可以由生父负担非婚生子女必要的生活费和教育费的部分或全部。2001年修订后的《婚姻法》强化了生母的义务，生父、生母都有义务负担非婚生子女的生活费和教育费。具体负担方法可根据他们的经济情况决定，可由双方分担，也可由一方负担。其第二十五条还规定，非婚生子女享有与婚生子女同等的权利，任何人不得加以危害和歧视，不直接抚养非婚生子女的生父或生母，应当负担子女必要的生活费和教育费，直至子女能独立生活为止。该条强调了对非婚生子女的保护，规定了非婚生子女与婚生子女完全相同的法律地位。

（二）拟制血亲的亲子关系

中国古代的礼制上，拟制的父母种类很多，有所谓"三父八母"之说。即，除了亲生父母之外，还可能有三种父亲，八种母亲。所谓"三父"，包括"同居继父"（共同生活的继父）、"不同居继父"（不共同生活的继父）和"先同居后异居继父"（曾经共同生活过的继父）。"三父"中不管哪一种都是"继父"，都是因为母亲再婚而引起的亲属关系。而"八母"指八种类型的母亲，包括嫡母、继母、养母、慈母、嫁母、出母、庶母、乳母。但是在现代法律意义上，主要有以下两种类型的拟制亲子关系。

1. 继父母和继子女之间的亲子关系

拟制血亲的父母子女关系包括继父母和继子女之间的亲子关系，以及养父母和养子女之间的亲子关系。继父母子女关系产生的原因有两种：一种是由于父母一方死亡，他方再行结婚，再婚对象与自己子女之间形成继父母子女关系；第二种是父母离婚后，父或母再行结婚而在再婚配偶与自己子女之间形成的继父母子女关系。在继父母子女关系中，继子女一般是指夫与前妻或妻与前夫所生的子女。而继父母一般是指父之后妻或母之后夫。

继父母与继子女之间的关系较为复杂，根据继父母与继子女之间是否形成了抚养事实，可以将继父母与继子女之间关系分为形成了抚养事实的继父母子女关系和没有形成抚养事实的继父母子女关系。根据我国法律规定，如果父或母再婚后，未成年的或未独立生活的继子女与继父母长期共同生活，继父或继母对继子女履行了生活上的抚养和教育义务，或者继父母负担了继子女生活费或教育费的部分或全部，则属于形成了抚养事实的继父母子女关系。而父或母再婚时，继子女已成年并已独立生活，则属于没有形成抚养事实的继父母子女关系；或者父或母再婚后，未成年的或未独立生活的继子女未与继父母共同生活或未受其抚养教育的，也属于没有形成抚养事实的继父母子女关系。

我国《婚姻法》第二十七条规定："继父母与继子女间，不得虐待或歧视。继父或继母和受其抚养教育的继子女间的权利和义务，适用本法对父母子女关系的有关规定。"因此，首先，无论继父母与继子女间是否形成抚养教育关系，他们相互之间都不得虐待和歧视。这是社会主义尊老爱幼、民主平等新型家庭关系的要求。其次，继父母与继子女之间是否发生法律规定的父母子女间的权利义务关系，应根据他们是否形成抚养教育关系来确定。未形成抚养教育关系的继父母与继子女之间属于姻亲关系，相互之间只是一种名义上（或称谓上）的父母子女关系，没有法律规定的父母子女间的权利与义务。具体而言，继父母因未抚养教育继子女，不享有受继子女赡养扶助的权利；继子女因未受继父母的抚养教育，不负赡养扶助继父母的义务。已形成抚养教育关系的继父母与继子女则属于法律上的拟制血亲，他们之间具有与自然血亲的父母子女相同的权利和义务。与此同时，该继子女与没有和他共同生活的另一方生父或生母的关系仍然存在，他们之间的自然血亲父母子女关系并不因未在一起共同生活而消除。这样，此类继子女就具有双重法律地位：一方面他和自己的生父母保持着父母子女间的权利和义务，另一方面他和抚养教育自己的继父或继母又形成拟制血亲父母子女间的权利和义务。

2. 养父母和养子女之间的亲子关系

养父母子女关系也是法律拟制的亲子关系的一种。

收养是指通过一定法律程序，将他人的子女作为自己的子女加以抚养，使原来没有直系血亲关系的人们产生了法律拟制的父母和子女关系的法律行为。在收养关系中，收养他人子女的为养父母，被他人收养的为养子女。

在我国，收养是养父母与养子女之间产生亲子关系的唯一途径，收养必须符合一定的条件，履行法定的手续。收养行为完成后，被收养人与收养人及其近亲属之间产生一系列法律效力。包括：养子女与养父母之间产生拟制的直系血亲关系，以及养子女与养父母的近亲属之间产生拟制的亲属关系。根据《中华人民共和国收养法》（以下简称《收养法》）第二十三条的规定，自收养关系成立之日起，养父母与养子女的权利和义务关系，适用法律关于父母子女关系的规定，即收养人与被收养人之间形成法律拟制的直系血亲关系，养子女从此取得了与婚生子女完全相同的法律地位。在收养关系成立的同时，养子女与生父母以及近亲属间的权利和义务关系则随之消除。养子女与养父母之间建立起拟制血亲关系后，养子女与生父母及其他近亲属之间的权利和义务关系即行消除。这样的规定，主要是为了稳定收养关系，有利于养子女在新的生活环境中与养父母及其近亲属建立起和睦亲密的家庭关系，也使各方当事人法律上的权利和义务更为明确。

（三）父母与人工生育的子女之间的亲子关系

第三类亲子关系是父母与人工生育的子女之间形成的亲子关系。

人工生育子女是指根据生物遗传工程理论，采用人工方法取出精子或卵子，然后用人工方法将精子或受精卵胚胎注入妇女子宫内，使其受孕所生育的子女。人工生育子女在现代科学技术条件下，主要有以下三种。

1. 同质人工授精出生的子女

同质人工授精是指采用不同形式使丈夫的精子和妻子的卵子经医疗技术手段来实施人工授精，由妻子怀孕分娩生育子女。

2. 异质人工授精出生的子女

异质人工授精是用丈夫以外的第三人提供的精子（供精）与妻子的卵子，或用丈夫的精子与妻子以外的第三人提供的卵子（供卵），或同时使用供精和供卵实施人工授精，由妻子怀孕分娩生育子女。对子女而言，便有两个父亲或母亲：一是供精或供卵者，为子女生物学上的父亲或母亲；一是生母之夫或生父之妻，为社会学意义上的父亲或母亲。①

3. 代孕出生的子女

代孕母亲是指用现代医疗技术将丈夫的精子注入自愿代替妻子怀孕者的体内受精，或将人工授精培育成功的受精卵或胚胎移植入自愿代替妻子怀孕者的体内怀孕，等生育后由妻子以亲生母亲的身份抚养子女。代孕母亲生育的子女也有同质和异质之分，但共同特征是由妻子以外的一位妇女代替怀孕分娩。我国法律禁止代孕行为，2001 年实施的《人类辅助生殖技术管理办法》第三条规定：人类辅助生殖技术的应用应当在医疗机构中进行，以医疗为目的，并符合国家计划生育政策、伦理原则和有关法律规定，禁止以任何

---

① 杨大文：《亲属法》，法律出版社 2012 年版，第 210 页。

形式买卖配子、合子、胚胎，医疗机构和医务人员不得实施任何形式的代孕技术。

实施人工生育技术的目的，是利用医学技术为不孕的夫妇提供生育的协助。而接受人工生育的主体，应当是已婚的不孕夫妇，而不能用于其他非法目的。

关于人工生育子女的法律地位，根据我国法律的规定，在夫妻关系存续期间，双方一致同意进行人工授精，所生子女应视为夫妻双方的婚生子女，父母子女关系适用《婚姻法》的有关规定，据此，只要夫妻双方协议，一致同意进行人工授精的，不论所生子女是否与父母具有血缘关系，均应视为夫妻双方的婚生子女。凡夫妻实施人工生育达成协议的，所生的子女即为婚生子女，其亲子关系适用亲权的法律规定。

第二节　亲权

一、什么是亲权

亲权，一般认为是以教养保护未成年子女为中心之职能，不仅为权利，同时为义务。亲权是大陆法系国家特有的制度，源于古罗马的家长权和古日耳曼的家父权。① 父母对子女的权利在罗马法中被称为家父权。此外，在日耳曼法中家父权也在很大程度上具有保护家长权力的意义。在英美法系国家，虽然亲权与监护不分，也没有亲权的独立概念，但是其监护概念范围广泛，有关于亲权的实质内容包含在了监护制度里面。

早期亲权制度具有浓厚的家长专制的特征。在罗马法时代，家父权盛行。在处于父权支配下的罗马家族中，父亲不仅具有生杀其子女、后裔和奴仆的权利，还拥有对于由他们创造的一切财富的所有权。虽然亲权与父权均

---

① 陈苇：《外国婚姻家庭法比较研究》，群众出版社 2006 年 1 月版，第 278 页。

是基于其身份而当然发生，但是其内容及保护对象迥然不同，早期的亲权制度根本不涉及子女权益的保护问题，其完全是为了保护家长利益。男性家长基于家长的身份，对子女及其他家庭成员享有绝对的占有和支配权利。到了罗马帝国后期，公民权渐至普及，家父权也随之渐小，伴随着"从身份到契约"运动的推进，人们更多地关注子女和妇女利益的保护。父权的主体及其权利的限制方面都经历了变化的过程，家长权在一定范围内受到约束，家长不再刻意随意杀死子女，子女可以拥有一定的财产所有权，等等。直到如今，父权逐渐归于消灭，亲权制度产生。

父权思想不仅对欧洲封建社会产生了重大影响，对中国封建社会也影响深远。而且直到现在，父权思想在中国社会对亲子观念的影响并没有完全消除。"父权"和"尊长权"是我国亲权制度的渊源，也是维系社会稳定的基本手段之一。在儒家传统文化的土壤里，人与人之间的关系是讲究贵贱有等、长幼有序的伦常关系。但无论是上至皇族或是下至贫民中，这种贵贱有等、长幼有序的伦常关系最集中的体现莫过于在家族之中，而父权的绝对权威则将家族之中的伦常关系体现到了极致。所以，亲子关系全方位地受到了传统儒家思想的影响。而且传统伦理观念对亲权制度而言是一把双刃剑。一方面，在我国传统伦理观念里亲子关系的理想蓝图是父慈子孝，这种思想的引导有利于建立和谐的父母子女关系。另一方面，受传统"父权"思想和"父本位"思想的影响，家长对子女的占有观念过强，不利于保护未成年子女的利益。

二、亲权的历史沿革

亲权制度的形成经历了三个阶段：第一个阶段是亲权制度的萌芽时期，第二个阶段是亲权制度的发展阶段，第三个则为现代意义上亲权制度的形成时期。

（一）亲权制度的萌芽

亲权概念产生之初更多地体现为，家族中的成年男子（家长）对其子女单方面享有的一项有支配力的绝对性的权利，很少涉及子女利益的保护。而且，无论是大陆法系国家，还是英美法系国家，亲权（监护）制度形成之初，均侧重于保障家长对未成年子女的保护和控制权力，亲权是作为一种权利而出现的，这点从概念上就可以得到体现。在《德国民法典》中，亲权可以解释为"父母的权力"；《法国民法典》中亲权可以解释为"家父权"；而"亲权"在英语中有"双亲的权力"之意。

早期亲权最大的特点是浓厚的家长权性质，体现为对家长权利的绝对认可和保护。究其原因，从形式上看，似乎是子女权益保护观念的淡薄所致；本质上的原因则是统治阶级利益的需要使然。早期国家的机能不完善，统治者为了实现对国家的控制，需要借助家长的力量，通过家庭的稳定来维护社会和国家的稳定，即家国一体化。在家族内部，以家父（或族长）作为家庭（家族）的首领，在家庭内部行使着统治者的权力，一个家族就是一个小国家。而国家往往通过赋予家父（族长）作为家庭主权者的权威，来维护家庭的稳定，进而帮助实现社会和国家的稳定。所以越是早期社会的家父权，其专制与强力的色彩越是浓重。

在家庭内部，家父有着至高无上的权力。首先，家子（filifamilies）人格依附于家父。没有独立的人格，更谈不上权利的享有，其社会地位等同于奴隶。其次，家父的权利广泛，包括了一切人身和财产权利，所有的家族内部事务都由家父管理。在人身权利方面，因为家子没有独立的人格，是家父权力的客体，所以，家父对家子有（包括剥夺生命的权利在内的）一切人身权利。具体而言，家父可以剥夺子女的生命，随意惩罚子女，变更子女的个人身份，替儿子娶妻，将女儿许嫁；也可令子女离婚，可以用收养的方法将子女在不同家庭间"割让"；还可以像货物一样出卖子女。在财产权利方面，子女本身就是家父的财产内容。因为没有独立的人格，子女取得的财产也是家父的财产，而且家子所取得的物品是自动地归家父所有。最后，早期罗马法对于"家父"权利的行使没有限制。为实现社会的公共目的和秩序，越往古代，人们之间的关系越靠身份来维持，家父权的专制与强制色彩也愈重。家父不仅对家庭财产拥有绝对的权力，而且对子女的身体亦拥有任意的权力，而不会受到法律的追究。

当然，在民风淳朴的古罗马时代，家父虽然拥有对家子绝对的权力，但其一般不会毫无理由地出卖或杀死家子。因此，家父权的普遍接受，是在罗马早期的道德观念和家父道德自律的双重作用下产生的。从最初的意义看，亲权体现了一种父母对于子女的权力，表现为一种权力性规范，仅仅由男性家长享有广泛的权利，同样作为母亲却并不享有。当亲权制度由"家族本位"发展为"父权本位"时，在男女社会地位严重不平等的时代，重父系轻母系的亲权制度也相应地形成了，母亲行使亲权仅仅为父亲行使亲权的补充。

（二）亲权制度的发展

这一时期的亲权虽然有别于现代亲权，但还是体现了浓烈的家长权气息。但是值得一提的是，此阶段开始对家父权做出普遍和系统的限制。当然，关注家父权的限制并非一个偶然的现象，其有着深刻的社会原因。那就是市民法过于强调家父的绝对权利，产生了滥用家父权的不合理现象。这种家父权的滥用与人人平等的法学观念相背离，因此，法律理论开始寻求转变，逐步承认家父权是一种特权，但也应当负担一定的义务，家长不得滥用其权利，并创制大法官法对市民法予以弥补。

此外，在法律文化传播的热潮中，斯多葛派自然法思想、衡平思想逐渐传播进来，并主要以万民法的形式被吸收、整合到罗马法中。自然、衡平的法学观既完善了罗马法，也改变了传统罗马法的基本价值理念，对罗马法律制度产生了潜移默化的作用。随着自然法和衡平观念的普及，个人平等和独立观念逐渐深入民心，这对压抑个人权利的"家长权"形成了巨大的冲击。

（三）现代意义上亲权制度的形成

亲权发展到第三个阶段，现代意义上的亲权制度初步形成。现代意义上的亲权具有以下几点特征。

第一，权利义务相统一。从大陆法系国家现代法的规定来看，亲权不再是一种单纯的权利，而是权利与义务的统一。亲权具有权利义务的双重性，亲权不单是父母享有的民事权利，而且是父母的法定义务。如《法国民法典》将亲权界定为父母双方的共同责任。第371－1条强调："亲权是以子女的利益为最终目的的各项权利义务的整体。"①

第二，行使亲权的主体是父母双方。亲权作为民事权利，是一种利他的民事权利，亲权是专为保护未成年子女的利益而存在、父母基于身份依照法律规定而享有的权利，这正是为了保护教养未成年子女。

第三，亲权是身份权。亲权是父母基于其身份，依法律规定而当然发生的，亲权只存在于父母与其未成年子女之间，以特定的人身关系为前提。

第四，亲权的对象是未成年子女。亲权行使的目的是为了子女权益保护的需要。亲权是以保护教养未成年子女为目的，以对未成年子女的人身照护和财产照护为内容，因而亲权的行使以监护子女为必要，且以符合子女的利益为限。

在我国现行的法律法规中没有关于亲权的明确界定，《中华人民共和国民法总则》（以下简称《民法总则》），没有相关的亲权制度，婚姻法也无亲权的明确规定，但是却体现了亲权的内容，明确规定"父母有保护和教育未成年子女的权利和义务"。这说明我国民事立法虽然没有使用"亲权"这一称谓，但法律本身已经包含了亲权制度的相关内容。

三、亲权的主体

亲权的主体经历了从绝对亲权到相对亲权，父亲单独享有亲权到父母双方共享亲权，从享有绝对亲权到享有相对亲权的过程。

一方面，亲权的主体经历了从绝对亲权到限制亲权的过程。

早期各国的法律（包括罗马法在内）对于"家父权"的行使基本上没有限制。家父权的专制色彩非常浓重，家父对家长享有绝对的控制权，不仅对包括家子在内的家庭财产拥有绝对的控制权力，而且对子女的身体也拥有相当广泛的几乎不受限制的权力。在讲究身份的古代社会，绝对的父权是合法的，甚至是必须的。为实现社会的公共目的和秩序，人与人之间的关系很多

---

① 《法国民法典》（上册），罗结珍译，法律出版社2005年版，第344页。

时候靠身份来维持。为了维护家庭的和谐必须赋予家子绝对的控制力，因此，早期家父权是专制的和绝对的。

但是后来人们逐渐认识到不加限制的家长权是危险的，因为缺乏监督经常会使得未成年子女受到伤害，而对于毫无自我保护能力的未成年人而言，这种危险本身也是不人道的。所以，从 20 世纪开始，《法国民法典》和《德国民法典》率先开始对亲权的行使进行限制和监督。此外，法律还对父母不当行使亲权作出了明确的惩罚性措施，使得亲权限制和亲权剥夺成为近现代家庭立法和未成年人保护立法中一项非常重要的内容。例如《德国民法典》1666 条曾规定：侵权人对子女利益造成损害，而父（母）又不愿或不能制止损害时，可由监护法院采取措施制止损害，也可由法院剥夺其父母的亲权，待损害消除时，恢复亲权。同时 1666a 条规定：亲权的剥夺有子女人身照顾权、子女财产管理权的单独剥夺，也有二者一并剥夺。① 日本民法也有类似规定，其第 836 条规定：当父（母）滥用亲权或有显著劣迹时，家庭法院可根据子女的亲属或检察官的请求，宣告其丧失亲权。但当前述情况消灭时，家庭法院可依法撤销失权宣告。② 在英美法系国家立法中，虽然亲权与监护权不分，亲权和监护权行为总称为监护，但是立法中也有诸多类似亲权剥夺的规定。

另一方面，亲权的主体经历了父亲独享到父母齐享的过程。

亲权制度萌芽于父权制度和家长权制度，其设计之初本是专门为男性家长设立的。在男女地位不平等的早期社会，家长权将男性家长（主要是父亲）视为未成年子女法定的当然监护人。以拿破仑时代的亲权规则为例，在家庭中男性家长处于绝对的领导和统治地位，家庭重大事件一般也是由男性家长来决定的，包括对子女的财产和人身权利的处置。而且，一旦父母离婚，父亲是未成年子女的当然监护人。至于母亲，其只有在父亲死亡的情形下才可以成为未成年子女的监护人。此外，母亲的监护权多被限制，更多的

---

① 《德国民法典》，郑冲、贾仁梅译，法律出版社 1999 年版，第 5 页。
② 《日本民法》，曹为、王书江译，法律出版社 1986 年版，第 112 页。

是承担监护未成年子女的义务，并不享有完整的亲权。

而现代亲权制度则建立在男女平等的基础之上。

随着欧洲封建社会对人类精神的束缚逐渐松动，女性解放运动逐渐展开，人们发现，女性社会地位的低下并非如同男性统治者所说的那样，是天经地义的，女性应当拥有和男性同等的社会地位和权利。女性遍布于这个社会里，他们并非是男性的附属者和屈从者。女性社会地位的低下是男性强权统治和不合理的历史造成的。而且，女性除了在社会活动中应当享有与男子同等的权利，作为人类生活的另外一个领域，在家庭生活中，女性同样应当享有与男子同等的权利。赋予女性与男性同等的社会和生活地位也有利于人类文明的进步和家庭的和谐幸福。特别是在家庭领域，由于女性和男性体现出来的性格、思维和行为的差异，未成年子女需要这两种不同的家长角色的关爱与教育，剥夺母亲对未成年子女的亲权，是不符合人类心理和人伦常情的。一个家庭中，未成年子女如果能够得到父亲和母亲共同的关爱与教育，那么会更有助于子女的心理健康和成长，同时也更利于家庭的和谐。所以，随着妇女解放运动的开展，男女平等在各个方面都得到了发展与支持，反映在家庭方面，现代各国大多数都规定男女之间平等的家庭地位，父亲和母亲都是亲权的主体，亲权也发展成为由父亲和母亲共同享受和承担的权利与责任。

四、亲权的内容

亲权的内容决定了父母与未成年子女之间的权利义务关系，因而是亲权制度的核心。当今世界各国普遍认为，亲权应包括父母对未成年子女人身上的权利义务，及父母对未成年子女财产上的权利义务。但是，上述人身和财产上的权利义务具体包括哪些内容却存在多种理解和多种立法模式。有学者将亲权的内容具体到各项非常基础的内容，认为，亲权包括身心上的育养教化权、奖惩权、财产管理权、姓名设定权、住所指定权、法律行为补正权、法定代理权、失踪和死亡宣告申请权八种权利。① 也有学者从较为宏观的角度将亲权分为人身照顾权和财产照护权，然后再具体区分亲权的内容。还有学者借鉴英国 1898 年《儿童法》将亲权概括为三项。一是拥有儿童身体的权利。但是行使不能对抗儿童本人的意愿，且要遵循儿童最佳利益原则。第三人要拥有儿童的身体要获得儿童父母的同意，必须通过收养或寻求同居裁定才能实现。二是控制和制定儿童的抚养权利、控制儿童教育的权利、管束儿童的权利、宗教选择权、接受儿童服务的权利、管理儿童财产的权利、代理儿童的权利、未成年人的婚姻同意权、与儿童接触的权利。三是在义务方面，照顾儿童的义务及代子女承担经济上惩罚的义务等。

一般意义上，亲权的内容包括以下三个方面。

（一）抚养教育权

抚养教育权是指父母对子女人身方面的权利和义务，包括对未成年子女的保护和教育两方面。抚养教育权在台湾地区"民法"上也称为保护教养权、身上照护，在内容上都是指父母对未成年子女人身方面的保护教育的权利和义务。而在我国婚姻法上，习惯以"抚养教育""管教保护"等词语表述该项内容。所谓保护，一般是指预防及排除危害，以谋子女心身之安全，如预防或治疗疾病，禁止阅读黄色书刊。教养指教导养育子女，以谋子女心身成长之健全。如鼓励从事有益运动，资助学习进修。保护教养权为身上照护权的概括权利，具体而言，抚养教育权应当包括以下具体内容。

1. 父母对子女有抚养、保护和教育的权利和义务

（1）父母对子女有抚养的权利和义务

抚养指父母在经济上对子女的供养和在生活上对子女的照料，包括负担子女的生活费、教育费、医疗费等。

一方面，抚养义务是父母对未成年子女所负的最主要的义务，其目的是为了保障未成年子女的生存和健康成长。法律规定的父母对未成年子女的抚养义务是无条件的，无论父母之间的婚姻关系是否合法存在（例如非婚生子

---

① 张俊浩：《民法性原理》，中国政法大学出版社 1991 年版，第 162 页。

女），也不论父母的经济状况如何，父母与子女之间的感情联系是否密切，任何情况下父母都必须对未成年子女履行抚养义务。而且即使父母之间解除婚姻关系，离婚后的父母，无论经协议或判决后，未成年子女的直接抚养权归属于哪方，另一方也不因此而免除其对子女的抚养义务。另一方面，如果父母不履行对子女的抚养义务，致使未成年子女（或者不能独立生活的成年子女）受抚养的权利受到侵犯时，子女有权向父母追索抚养费。对于父母拒不履行抚养义务，恶意遗弃未成年子女的行为，情节严重构成犯罪的，其父母可能会被追究刑事责任。

（2）父母对子女有保护的权利和义务

保护是指父母应保护未成年子女的人身健康和人身安全，防止和排除来自自然界的伤害以及他人的非法侵害。法律要求父母对未成年子女的保护义务包括两个方面：一方面是保障未成年子女的人身健康和安全；另一方面是父母应该保护未成年子女，防止未成年子女遭受来自他人和社会的伤害。

（3）父母对子女教育的权利和义务

教育指父母在思想品德、学业上对子女的关怀和培养。教育子女是父母一项重要的职责，既包括积极的引导，也包括适度的管教。积极的引导是指父母或者其他监护人应当尊重未成年接受教育的权利，必须使适龄的未成年人按照规定接受义务教育，不得使在校接受义务教育的未成年人辍学。积极的引导还包括父母或者其监护人应当以健康的思想、品行和适当的方法教育未成年人，引导未成年人进行有益身心健康的活动，预防和制止未成年人吸烟、酗酒、流浪以及聚赌、吸毒、卖淫。而管教一般是指父母按照法律和道德规范的要求，采用适当的方法对未成年子女进行管理和教育。

2. 子女交还请求权

从常理而言，亲权人必须将未成年子女处于自己的看护支配下，才能行使或履行抚养、保护和教育未成年子女的权利和义务。因而，从保护教育权派生出了两项亲权人人权的内容，即交还子女请求权和对未成年人的居住场所指定权。因此，亲权在人身方面的体现，除了包括父母对未成年子女的抚养教育和保护之外，还包括未成年子女的人身交还请求权等，即亲权人可请求不法掠夺或抑留其子女之人交还子女。具体而言，亲权享有人对于非法扣留、拐骗和拐卖未成年子女而使其脱离父母之人，有权请求不法掠夺或抑留其子女之人交还子女。从现有立法而言，大多数国家并没有明确规定亲权人享有子女交还请求权。但是由于未成年子女缺乏自我照看和自我照顾能力，需要得到父母的人身照看，而如果子女不能在父母的现实看管之下，亲权的抚养保护和教育职能就无法实现，所以显然子女交还请求权是亲权不可缺少的内容，否则亲权无法实现。因此，为了保护未成年子女的安全，使父母尽到抚养保护和教育的责任，在立法上明确亲权的该项内容是有意义的，而且现实中大多数国家的理论学说及司法判例也都承认子女交还请求权的存在。虽然学说及判例均承认其存在，但是各国民法多未设此权利。为了保护未成年子女的安全，使父母尽到保护教养之责，在立法上确实有必要明确承认该项权利。但该项权利不得滥用，父母非为管教保护子女专为加害对方或为不法目的而请求返还，构成权利滥用。

因此，一方面，我们应该肯定子女交还请求权存在的现实意义，另一方面，由于理论研究的缺乏和立法界定的缺失，在司法实践中我们需要慎重对待子女交还请求权的认定。

首先，明确子女交还请求权行使的条件。亲权人在何种情况下方能主张交还子女请求权？我们认为，交还子女请求权只发生于未成年人无意思能力或其被强留或被强夺的情形下。如果子女有意思能力或有识别能力，则不发生交还子女请求权的法律效果。具体而言，在司法实践中认定子女交还请求权的行使条件应该满足主观和客观两个条件：一是客观条件，未成年人必须现实地离开了亲权人；二是主观标准，未成年子女离开亲权人并非出于未成年人自己的意愿。

其次，完善交还子女请求权司法保护的执行方法。在司法实践中，当事人可依据民事诉讼法的规定，申请人民法院依法强制执行有效裁决。但是对人身的执行与对财产的执行有别，特别是对交还子女案件的执行更应认真而慎重。基于对未成年人身心及人格的考虑，为了避免引起未成年人惊吓或恐惧，造成不必要的损害，应尽力避免强制执行。事实上，民事诉讼法的确禁止将人身作为法院执行行为客体，即执行标的只能是财产。对具有人身性质的案件的执行，最好是做好被执行人的思想工作，尽量晓之以法以理，如仍不见效，可分情况对被执行人处以罚款、司法拘留，甚至追究被执行人拒不执行法院判决裁定的刑事责任，而不能图方便图省事，以诉讼法所禁止的方法执行。交还子女请求权是监护权之保护教育权派生出的权能之一，其目的在于保障监护人对未成年人保护教育权的行使。在执行上应有别于财产执行，不能采用强制执行的方法。①

最后，要防止子女交还请求权的滥用。要防止权力的滥用，就必须要明确实现权利的条件。虽然各国并未明确子女交还请求权的概念和内容，但是一般情况下，亲权人要实现子女交还请求权应当注意以下三点。一是主张子女交还请求权的权利人必须是亲权人，一般情形下是未成年子女的父母。但是需要注意的是，子女交还请求权的权利主体并不限于未成年子女的父母，对于其他不享有亲权但是享有监护权的主体也享有子女交还请求权。例如父母不在了，未成年人的其他监护人——祖父母、外祖父母或其他近亲属等。二是此处的子女限于未成年子女。三是子女交还请求权应该从广义上理解。如若子女被非法扣留，拐骗和拐卖过程中未造成死亡，那么显然亲权人可以向不法分子主张子女交还请求权。但是如果子女死亡后，亲权应该是消灭，但是此时父母基于亲权应该继续享有子女交还亲权。例如，有女婴出生后仅存活一天就意外死亡，病理鉴定认为系新生儿胎粪吸入导致呼吸循环障碍而死亡。医院以送交火葬场火化的方式处理了死婴遗体，未保留骨灰。法院认定，该行为导致原告夫妇无法对死者进行悼念，侵害了原告夫妇的亲权，使

---

① 陈界融：《论交还子女请求权的司法保护》，载《法律适用》，2000 年 07 期。

原告夫妇因此遭受精神损害，医院应当承担民事赔偿责任。①

3. 居住所指定权

为了实现保护教养未成年子女的目的，各国民法均赋予亲权人指定子女居住所之权利。所谓居住所指定权，一般是指子女应在亲权人指定的居所或居处居住。未经父母允许，不得在他处居住。与子女交还请求权类似，居所指定权也是亲权抚养保护教育权派生的权能之一。为了实现保护教养未成年子女的目的，各国民法均赋予亲权人指定子女居住所之权利。

4. 惩戒权

亲权人在必要范围内，可惩戒其子女。适度使用告诫、体罚、禁闭、减食等手段以达成保护教养目的，均可采用。至于必要的程度，应依子女家庭环境、子女性别、年龄、健康、性格以及过失之轻重等因素加以确定。父母行使惩戒权超越必要范围，构成惩戒权滥用，可成为剥夺亲权的事由。

5. 身份行为、身上事项的同意权及代理权

身份行为、身上事项的同意权及代理权具体包括三方面。第一，身份行为之代理权。身份行为具有专属性，与特定主体不可分离，原则上不得代理，但在法律有特别规定时，亲权人可代未成年子女为身份行为。第二，身

---

① 《婴儿尸体成医疗垃圾 父母亲权被侵当赔精神损害》，中国网络电视台，2011 年 2 月 27 日。2006 年 4 月，辽宁省沈阳市民李志东夫妇迎来了女儿的降生，可是孩子仅存活一天就死了。中国医科大学司法鉴定中心对女婴的病理鉴定认为系新生儿胎粪吸入导致呼吸循环障碍而死亡。后来女婴家属和接生医院打起了医患纠纷官司。经过三年诉讼，2009 年 8 月，沈阳中院判决医院赔偿 44 万余元。而在此前的 2009 年 3 月，医院已经将婴儿遗体送火葬场火化，未保留骨灰。经受了"双重打击"，李志东夫妇再次将这家医院告上法庭。庭审期间医院辩称，公安机关已出具尸检鉴定，新生儿遗体无保留必要，按照法律规定，遗体必须运殡仪馆保存，保管义务属死婴父母。但是死婴父母却不认领遗体，医院已代为保管三年，难以承担相关费用，最后只能作为医疗垃圾进行处理。法院认为，亲权是产生于未成年子女与父母之间的、以亲子利益为客体的基本身份权，其内容包括身体、财产照护权，如子女管教权、子女交还请求权等。在本案中，医院以送交火葬场火化的方式处理了死婴遗体，未保留骨灰，该行为导致原告夫妇无法对死者进行悼念，侵害了原告夫妇的亲权，使原告夫妇因此遭受精神损害，医院应当承担民事赔偿责任。为此，法院终审认定医院的行为侵犯了婴儿父母亲权，须赔偿精神损害抚慰金人民币 5 万元。

份行为之同意权。限制民事行为能力的未成年人实施有关亲属身份变更方面的行为，应征得亲权人同意，如申请认领宣告、同意他人收养子女、协议终止收养等。第三，身上事项的决定权与同意权，如决定生病子女休学、同意动手术等。

6. 暂时的姓氏决定权

子女姓氏是身份关系的标志。子女姓氏通用原则是：其一，婚生子女以父母的婚姻姓氏为姓氏，非婚生子女以生母的姓氏为姓氏；其二，婚生子女的姓氏可以随父姓，也可以随母姓，双方协定协议不成时，由监护机关指定。

（二）财产照护管理权

亲权产生于未成年子女与其父母之间，其内容广泛，除了包括上述的人身权之外，还包括财产权的内容，即父母对子女财产的照护管理权。

子女具有独立的财产是亲权人行使财产照护管理权的前提。在传统社会，为维系宗法家族制度，禁止子女拥有私有财产。在现代，人格独立为民法的基本原则，各民事主体基于其独立人格得以参与各种民事法律关系从而取得财产，未成年人拥有独立于其父母的财产，应无任何异议。各国民法也都确认子女的独立财产，但是对子女享有财产的范围存在分歧。大多数观点认为，子女所有财产的范围应限于以继承、赠与等方式无偿取得的财产。但是，对于未成年子女以劳力、营业或其他有偿行为取得的财产，是否应归属于该未成年人所有，有不同的观点。有观点主张，上述财产应归奉父母，以维持全家之共同生活者；也有观点主张，除非父母家用不敷，应补充家庭生活外，未成年子女以劳力、营业或其他有偿行为取得的财产应解释为子女所私有，父母有监督权。还有观点认为，无论何种情形下，未成年子女以劳力、营业或其他有偿行为取得的财产，应归未成年人子女私有。本文认为，无论是有偿取得还是无偿取得的财产，均应归未成年人私有。其理由如下：第一，经济独立为人格独立的基础，未成年子女参与社会经济生活，依其劳力或其他有偿方式取得的财产，倘若不能归其私有，不利于促进未成年人人格的独立及发展；第二，未成年人以劳力、营业或其他有偿方式取得的财产，通常是基于雇用、买卖等设定的法律行为，若此项财产归父母所有，则未成年人的债权人不能对其主张权利或强制执行，有害于债权人的利益及交易安全；第三，若未成年人因继承等方式无偿取得的财产即属其所有，则其依劳力、营业等有偿取得的财产，更有受法律保护之理由，如此，始能践行法律价值判断的一致性。

所谓财产照护管理权，一般是指父母协助未成年子女保存或增加财产价值的行为。未成年人对其取得的财产，特别是无偿取得的财产，欠缺管理能力，因此赋予亲权人以财产管理权，他人无正当理由占有子女财产时，构成对亲权人管理权的侵害。亲权人可作为子女的法定代理人行使基于所有权的请求权，也可以因管理权受侵害请求返还其物。如在亲权人占有财产期间，财产被第三人侵夺时，亲权人可以以占有权受侵害为由请求返还。此外，亲权人还可以通过加工等行为增加财产的价值。

父母管理子女财产，应尽到何种程度之注意，各种法律规定存在差异。瑞士、法国民法规定应尽善良管理人之注意，德国、日本、韩国民法规定应与处理自己事项为同一注意。我国民法没有明确的规定，但是通说认为应尽与处理自己事项为同一注意。如父母未为此注意而致子女财产受有损害，应负赔偿责任。

广义的财产管理包括财产管理权、使用收益权和处分权。

1. 财产行为代理权及同意权

具体包括两方面。第一，财产行为代理权。无民事行为能力之未成年人，应由法定代理人代为或代受交意思表示。限制行为能力之未成年人，可由法定代理人代为财产行为。具有身份色彩的财产行为，亦可由法定代理人代理，如继承之抛弃、遗产之分割。第二，财产行为同意权。限制行为能力人自为财产法律行为，应征得法定代理人同意。

2. 子女财产管理权

财产管理，是保存或增加财产价值的行为。广义的财产管理包括财产管理权、使用收益权和处分权，子女具有独立的财产是亲权人行使上述权利的前提。

（1）子女的独立财产

对于未成年子女以劳力、营业或其他有偿行为取得的财产，应归属于该未成年人所有。

（2）财产管理权

未成年人对其取得的财产，特别是无偿取得的财产，欠缺管理能力，因此赋予亲权人以财产管理权，亲权人基于管理权得为事实行为与法律行为。亲权人可作为子女之法定代理人行使基于所有权之请求权，亦可以管理权受侵害请求返还其物，如在亲权人占有财产期间为第三人侵夺的，亲权人可以占有权受侵害为由请求返还。亲权人为增加财产之价值，可为加工、变形等财产管理上之必要的处分行为。

3. 财产使用权

亲权人对子女财产享有使用权。所谓使用权是指亲权人对未成年子女的财产有依照物的习惯和用途而不毁损其物或变更其性质而加以利用的权利。除使用权外，有的国家或地区还承认父母的收益权。如我国台湾地区"民法"规定，父母对于未成年子女之特有财产，有使用、收益之权。依台湾地区学者的见解，使用子女财产所获收益第一应充财产管理费用，次充子女教育费用，次供家用，有剩余，应属于父母。日本民法第828条规定，子女达成年时，行使亲权人应从速进行管理计算。但是，子女养育及财产管理的费用，视为与子女财产的收益抵消，即收益之剩余应属于父母。然而近时立法多否认父母收益权，在德国，已修正原收益权属于父的规定，不承认父母对子女财产之收益权，依现行民法的规定，子女财产之收益第一应充财产管理费，次充子女之给养，还有剩余，可作为自己及子女之未成年并未结婚之兄弟姐妹给养之用。瑞士民法第319条规定，父母应将子女财产的收益用于子女的抚养、教育及职业培训，并可在合理的限度内，用于家务费用，结余仍归入子女财产。而在日本，虽依其民法的规定收益之剩余应属父母，但现今有学者主张，亲权人可以从子女财产的收益中支付养育费和管理费用，而不用以后再详细清算，如果确有剩余，则应返还给子女。

4. 财产处分权

此处所称处分权为财产管理上必要处分行为以外之处分。处分是处置财产并决定其命运的行为，关系未成年人利益甚大，故各国亲权法往往对父母之处分权予以限制。在德国，其民法禁止父母代理子女为赠与，并且规定对于土地或土地上之权利等行为应经家庭法院批准。依日本民法第826条之规定，对于行使亲权的父母与其子女利益相反的行为，如果子女将财产卖与亲权人、对父母债务由子女充当保证人等行为，亲权人既无代理权也无同意权，应请求家庭裁判所为其指定特别代理人，由该特别代理人行使代理权或同意权。依我妻荣先生之见解，亲权人不遵守此规定，构成无权代理，对子女不生效力，唯子女可于成年后追认。我国台湾地区"民法"第1088条第二款但书规定，非为子女利益，不得处分之。因此，父母处分权之行使应以子女利益为条件。

此外，在下列情形下，父母对子女财产不享有管理权：其一，给予财产的第三人指定不由父母或不由父或母管理时，父母双方或一方就该项财产无管理权；其二，父母同意子女处分财产，子女就该财产享有处分权；其三，父母同意子女独立营业，子女对营业所涉财产享有管理权和处分权。

（三）亲子继承权

所谓继承权是指继承人依法享有的继承与被继承人遗产的权利。根据《中华人民共和国婚姻法》和《中华人民共和国继承法》的规定，父母和子女有相互继承遗产的权利，而且父母、子女与被继承人的生存配偶，同为第一顺序的法定继承人。此处的父母子女要从广义上来理解，包括四个方面。其一，婚生子女和生父母之间享有继承权，互为第一顺序的继承人。其二，养子女和养父母享有继承权，互为第一顺序的继承人。但是养子女和生父母之间无相互继承的权利。其三，形成了扶养关系的继父母和继子女之间享有相互继承遗产的权利，互为第一顺序的继承人。而且继子女继承了继父母遗产的，不影响其继承生父母的遗产。其四，子女的范围扩大至胎儿和已死亡子女的配偶。但是继承权的行使有严格的条件限制。只有出生后存活的胎儿才有继承父母财产的权利。被继承人死亡时，尚未出生的胎儿，也应依法保留其继承的份额，胎儿出生时是死体的，保留的份额由被继承人的继承人继承；胎儿出生后死亡的则由继承人继承。而对于丧偶的儿媳和女婿，则要求是以对公婆和岳父母尽了主要赡养义务为条件。丧偶儿媳对公婆、丧偶女婿对岳父母尽了主要赡养义务的，也作为第一顺序继承人继承遗产。

第三节　各国亲子法概述

现代文明国家大多将亲子关系纳入了法律的调整范围。

一、英国亲子法概述

英国目前对儿童利益保护主要适用《1989 年儿童法》的规定。除此之外，《1991 年儿童抚养法》也有关于子女抚养的相关规定。在英国《1989 年儿童法》中，父母对子女的养育称为 Parental responsibility，即父母责任。很明显，英国立法并没有采取传统大陆法系国家的监护概念，也不存在监护权的性质争议。在英国法上，强调父母对子女的抚养教育行为是一种复合性质的行为，但是更倾向于是一种责任而非传统的权利。所谓父母责任，根据《1989 年儿童法》第三条的解释，是指父母对未成年子女享有的权利义务和权利责任的综合。而且立法对父母责任的范围进行了较为具体的列举式规定，包括居住令、交往令、禁止措施令，以及探望令等内容。

此外，英国《1991 年儿童抚养法》对离婚后父母抚养未成年子女的责任也做出了明确而详尽的规定。其内容包括父母离婚后如何决定子女的居住问题、父母离异后不与子女共同生活方及近亲属与子女的交往问题、子女姓名权的更改问题等与子女健康成长相关的问题。

二、美国亲子法概述

根据美国的司法制度，各州都有自己独立适用于本州的家庭法，但是亲子关系的规范方面，《统一结婚离婚法》《统一子女监护管辖法》等对各州家庭立法和司法有着指导和指引意义。这些法律中大多使用了监护的概念，性质上也偏向于将监护视为义务与责任。各州的相关家庭立法也多采用了监护的概念，一方面，要求夫妻离婚时对未成年子女的监护、抚养和教育作出适当的安排；另一方面，明确规定夫妻离婚并不丧失其作为父母对子女的监护权利和监护职责。

除此之外，美国 2006 年《家庭法修正案（共同承担抚养责任）》是对 1975 年《家庭法》（联邦）的修订，在修正案第 S60CC 条规定了确定父母扶养权的二元参考标准。在司法实务中，却给法官们适用法律造成了如下困扰：一是二元参考标准本身的模糊性；二是二元参考标准与子女最大利益原则的兼容性问题。2006 年《家庭法修正案（共同承担抚养责任）》规定了关于目的的新条款，要求法庭在适用该法时要充分考虑到立法的目的，即最大可能地促使子女与父母双方和谐相处，除为保护子女不受身体或心理上的伤害，以及确保子女获得充分与适当的抚养以帮助他们实现全部潜能时，法庭才可以作出其他裁决。此外，S60CC 条规定，在涉及分居后抚养安排的裁量中，除非存在暴力、虐待等情形，法庭应当维持子女与父母之间的亲密关系。除非存在暴力、虐待或其他激烈冲突，子女大多会从父母双方的亲密关系中受益，如暴力或棘手冲突持续存在，为了子女的利益，可能需要限制或完全禁止非共同生活一方父或母的探视。

三、澳大利亚亲子法概述

澳大利亚于 1995 年对《1975 年家庭法》进行改革，在子女利益的保护方面，首先从概念上进行了甄选。改革之前，澳大利亚一直沿用的是监护和监护权的概念，各界对监护权概念一直多有诟病，认为父母对子女的教养不是权利，更多的应该是一种义务和责任。其次，监护权的概念明显偏离了责任的轨道，不能更好地概括亲权的责任性。所以澳大利亚国内希望清除子女所有权的概念，并且认为建立政权的亲子观念首先应该选定一个正确合理的术语。因此，1995 年家庭法的改革摒弃了监护和监护权的概念，取而代之的是父母责任的概念，并进而希望通过概念和法律术语的引导在国内创造平等和谐的亲权关系和家庭文化氛围。这一预想的目标是否能实现？澳大利亚国内存有不同的声音，但是在父母离婚后，减少对子女抚养权争夺的父母，其积极的导向作用是明显的。那就是提醒父母，离婚之后，夫妻双方无论是抚养、教育，抑或是决定子女的姓氏、居所、将往、探望问题，都应该将子女利益放到第一位，这就是父母责任的内涵。

四、德国亲子法概述

德国采取的是大抚养概念，即不详细区分抚养、扶养和赡养的概念，统一称之为抚养。《德国民法典》明确地采取了亲权的概念，将亲权作为权利与义务的结合体，直到1980年《关于重新规范父母照顾权的法律》的出现，在该规范中，采用了父母照顾权的概念。这一概念的出现被视为是德国国内认定亲权性质偏向于定性为义务的信号，当然也没有否定父母照顾权的权利性质，而是将父母照顾权界定为权利和义务的结合体。

1896年颁布、1990年施行的《德国民法典》，在结构上采总则、债的关系法、物权法、家庭法、继承法五编制，其第四编家庭法构成德国家庭法的基础。① 亲子法的内容体现在第四编第二章"亲属"中，具体包括亲子关系确认（出身）、亲属间的生活费义务、父母子女法律关系的一般规定、父母照顾权、青少年局部辅助，以及收养六大方面。第二次世界大战后，随着德国家庭结构和人们对夫妻、父母作用看法的转变，德国家庭法得以彻底修改。② 亲子法改革的主要依据是1949年《基本法》第6条第5款，该条指出："法律应为非婚生子女提供与婚生子女同等的身心发展机会和社会地位。"在联邦宪法法院推动下，德国展开了对民法典一系列相关条文的违宪审查。具体如，1969年删除其民法典1589条第2款，承认非婚生子女与其

① ［德］迪特尔·施瓦布：《20世纪德国婚姻家庭法改革综述》，王葆莳译，见夏吟兰、龙翼飞主编：《家事法研究》2012年卷，社会科学文献出版社2012年10月版，第354页。

② ［德］罗伯特·霍恩、海因·科茨、汉斯·G.莱塞：《德国民商法导论》，楚建译，中国大百科全书出版社1996年12月版，第208－209页。

生父具有亲属关系；1981 年宣布其民法典第 1705 条违宪；1991 年认定民法第 1738 条第 1 款与基本法抵触；等等。另一方面，立法机关通过颁行专门法推动家庭法改革。例如，1969 年通过的《非婚生子女法律地位法》，对相关法律术语做出修改，用"婚外"代替"非婚"，非婚生子女的称谓被彻底废除。为构建统一适用于婚生子和非婚生子的亲子关系法，1997 年德国对亲子法作出全面修订。统一的亲子关系法由四部法律组成①：①1997 年《修改子女权利法》，规定子女的出身、姓氏、交往权和收养权等问题；②1997 年《辅佐关系法》，废除对非婚生子女的强制性官方保佐，规定子女无论婚生还是非婚生，在确认父亲身份和主张扶养请求权等事务中，均可申请青少年局进行辅佐；新的官方辅佐完全出于自愿，有照顾权的父母一方可以自行决定是否申请官方辅佐；③1997 年《继承权平权法》规定非婚生子女对父亲及父系亲属享有完全的继承权；④1998 年《统一未成年子女扶养权利法》，规定婚生子女和非婚生子女均可通过简易程序主张扶养费。德国法的改革还体现为用"父母照顾权"取代"亲权"。1980 年 1 月 1 日生效的《关于父母照顾权的修订法案》（简称"照顾权改革法"）认为，父母照顾权仅为纯粹工具，其存在的意义在于实现子女之福利。在非婚父母照顾权的改革方面，1997 年联邦宪法法院允许非婚生子女的父母共同行使父母照顾权。为实现这一目的，立法者设立"照顾声明"制度：父母双方在公开文件上做出声明，表达愿意共同"承担"照顾权，即发生共同照顾的效果。② 故此，便有民法典第 1626a 条之规定，即：原则上，由非婚生子女的母亲单方行使照顾权，当非婚父母共同声明或结婚时，则由父母共同享有对子女的照顾权。共同照顾权的享有不以父母是否共同生活为前提，但如果母亲拒绝做出照顾声明，父亲则无权提请法院审查母亲这一行为的合理性。但这一规定是否有利于实现子女最大利益，是否构成对父亲权利的不适当限制，值得反思。③

---

① 陈卫佐译注：《德国民法典》，法律出版社 2010 年 6 月版，第 372 页。

② ［德］卡尔·拉伦茨：《德国民法通论》（上册），王晓晔、邵建东、程建英、徐建国、谢怀栻译，法律出版社 2003 年 1 月版，第 373 页。

③ 薛宁兰：《我国亲子关系立法的体例与构造》，载《法学杂志》，2014 年第 11 期。

五、法国亲子法概述

1804 年的《法国民法典》(《拿破仑法典》)在法国延续适用至今,虽然随着社会的变革,《法国民法典》不断得到修订,但是关于亲子关系的调整体系和内容并没有太大的变化。从体系上来说,在人法、物法、取得财产的各种方法这三个编制体例中,调整亲子关系的法律规范规定在第一卷"人"法中。在第一卷"人"的第七编、第八编、第九编、第十编分别规定了父母子女关系、收养子女、亲权、未成年、监护及解除亲权组成等内容。

为欠缺完全民事行为能力人创设了不同的保护模式,监护与亲权并存。未成年子女有父母的保护,用亲权制度来规范父母子女间的亲子关系,来保护未成年子女的利益。而对于其他欠缺民事行为能力人,则设计了监护制度,来保护行为能力欠缺者的权益。

现在的法国,从概念的选择上来看,《法国民法典》坚持了"亲权"的概念,此处的亲权术语虽然来源于古罗马法时代的父权和家长权制度,但是现代的亲权制度也强调父母对子女的抚养教育义务,并非单纯的权利性质。从立法体系而言,和德国一样,法国国内也采取了独立而明晰的确权概念,但是法国一直是在《法国民法典》里对亲权进行规范,并未针对亲权专门立法。从内容上而言,《法国民法典》第九编规定了亲权及相关制度,其包括了父母与子女之间的一切权利义务关系,规定了亲权、探视权、生活费用的承担、教育费用的承担等诸项内容。

具体而言,《法国民法典》第 311 条至第 487 条是调整父母子女关系的法律规范,包括子女的类型(婚生子女、非婚生子女、养子女)、亲权内容(与子女人身相关的亲权、与子女财产相关的亲权)、亲权的行使、亲权的转移、亲权的丧失与撤销、亲权的解除等内容。

1. 父母子女的种类

1804 年《法国民法典》确立三种亲子关系:父母与婚生子女、父母与非婚生子女、父母与养子女。现《法国民法典》第一卷"人"之第七编亲子关系,主要就婚生和非婚生子女与父母关系的确认,即婚生子女推定与否认、非婚生子女准正与认领，以及确认亲子关系的诉讼和追索补偿费诉讼，作出较为全面规定。对于养父母子女关系的规制，则由第八编"收养子女"规制。1994年，法国通过第94-653号法令修改其民法典。修改后的现行《法国民法典》除承认上述三种亲子关系外，增加规定了父母与人工生育子女。其第311-19条明确了精子、卵子捐赠人的法律地位，规定他们与借助人工生育医学方法出生的儿童之间不具有任何亲子关系。第311-20条规定了夫妻借助医学方法进行生育表示同意的方式和效力。他们应当向法官或公证人作出同意进行人工生育的意思表示。该项表示可以在实施人工生育之前撤回，并在人工生育方法实施之前，遇有当事人死亡、提出离婚或分居申请、已经停止共同生活时，失去效力。夫妻或同居男女表示同意后，就亲子关系提出异议或者要求取得身份的任何诉讼，法院不予受理。若事后父亲不承认由此出生的子女，可通过法院裁判宣告他们之间存在婚外父子女关系。①

2. 亲子关系确认制度

法国法体例架构承袭罗马法，亲子身份确认制度也采撷了罗马法精髓。在法国法中，这一制度由婚生推定与否认、非婚生认领和准正构成。关于婚生子女的推定，法国法确立了推定的基本原则和方法，以及否认的规则。推定的基本原则采受孕说，即：子女系在婚姻关系期间受孕者，夫即为父。关于亲子关系推定的方法，1972年1月3日第72-3号法律增加规定："法律推定子女系在其出生之日前的第300日至第180日时期内受孕。……视子女的利益所需要，受孕时间推定为该时期内的任何时候。"（《法国民法典》第311条）对于婚生子女的否认，法律主要明确了否认的理由、否认权人、否认之诉的期限。法国法对于否认权人范围的规定，以生父为主。此外，子女的生母、夫的继承人，以及成年子女也可以提起否认之诉。但是，他们的否认权享有受到法律的一定限制。例如，1993年1月8日第93-22号法律增加规定，子女在成年后两年内，可提起否认之诉。生母作为否认权人，仅限于"处于确认非婚生子女为婚生子女的目的"，可以对原夫与子女的父子女

---

① 《法国民法典》，罗结珍译，法律出版社2005年版，第90-91页。

关系提出异议。"夫的继承人在被继承人提起否认之诉时死亡，而该诉讼的有效期间尚未届满"时，可提起此类诉讼。法定否认之诉的期限，对丈夫而言，是在子女出生或发现欺诈行为之后的六个月内。关于非婚生子女的认领和准正，法国法专节分别规定。认领具体包括生父自愿认领与法院强制认领两种方式。其民法典第335－339条规定自愿认领的细节，包括强制认领的条件、请求权人（仅限于子女本人）、请求权的有效期间（子女出生后两年内或者成年后两年内）。依1993年1月8日第93－22号法令，非婚生子女可因父母结婚或者经法院裁判，取得婚生子女的资格。该资格取得产生的法律效果是：确立亲子关系的非婚生子女享有与婚生子女相同的权利，承担相同的义务。这实为传统法中的非婚生子女准正制度。

3. 亲权制度

亲权是父母对子女权利义务的总称，源于古罗马的家长权和古日耳曼的父权。法国的亲权制度承袭罗马法，后几经修改，"在现行的《法国民法典》中父母对于未成年子女的亲权已没有家长权、支配权的品质，除仍然沿用'亲权'这一制度术语外，在实质内容上主要表现为父母对于未成年子女的照顾、保护"。关于亲权的性质和内容，法典将亲权界定为父母双方共同的责任。2002年修改后的第371－1条强调："亲权是以子女的利益为最终目的的各项权利义务的整体。"① 亲权的内容总分为人身上的亲权和财产上的亲权两大方面，具体包括：要求子女尊敬的权利，对于未成年子女的人身安全、健康、道德品行的保护和监督义务，分担子女生活费和教育费义务，不得妨碍子女与祖父母保持个人关系（第371～371－12、13、14条），对于子女的财产事务的管理权、财产用益权、法定代理权等（第382～387条）。关于亲权的行使，1993年第93－22号法律确立了父母双方在婚姻期间共同行使亲权的原则。2002年第2002－305号法律修改此条，不再限定"婚姻期间"，同时创设非婚生子女与父母另一方确认亲子关系后是否由双亲共同行使亲权的司法救济渠道。当父母一方去世或者因无能力、失踪等而被依法剥

---

① 《法国民法典》，罗结珍译，法律出版社2005年版，第344页。

夺亲权时,亲权才归由另一方行使;对于父母离婚或分居的,依照2002年修改后的286条和第373-2条亲权行使和转移规则仍然适用本卷第九编亲权的一般规定。这意味着亲子关系不因父母双方离婚或分居而受到影响,父母双方仍然要共同履行对子女的亲职。1993年法令确立的第287—295条随之被废止。法典还规定父母非经法院判决,不得擅自放弃行使亲权。这是亲权具有不同于其他民事权利的性质使然。关于亲权的转移,第376条确立非依法定情形并经法院判决,亲权不得抛弃、让与的原则。2002年修改后的第377条确立的法定可转移亲权的情形有:(1)父母共同或单方向法院提出请求,将亲权的全部或一部分交由第三人行使;(2)父母对儿童不关心、放弃照管的,已经照管该儿童的个人、机构或者省级儿童救助机构可向法院提出申请;(3)子女已经接受教育性救助措施的,少年法庭法官提出意见后才能转移亲权,向法院提出申请,由法官作出亲权部分或全部转移的判决。(《法国民法典》第377条)关于亲权的全部撤销,根据1996年7月5日第96-604号法律,修改后的民法典第378条、第378-1条确立了全部撤销亲权的情形:(1)父母对子女人身实施犯罪而被判刑,或者与子女共同实施犯罪的,亲权随刑事判决的作出一并被全部撤销;(2)父母因虐待子女、经常酗酒、使用毒品、明显行为不轨,或者对子女不予照顾或引导,致使子女的安全、健康、道德品行明显受到危害,可在刑事判决之外,单独撤销其全部亲权;(3)子女受到教育性救助措施帮助的父母,两年以上不行使和履行第375-7条规定的权利与义务的,此宣告的效力及于与亲权相关的所有人身权和财产权,并扩大到判决作出时已经出生的所有未成年子女。民法典还允许这类父母向法院提出申请,请求恢复被剥夺的全部或部分亲权;与此同时,检察机关可向法院提起对这类父母监管下的儿童采取教育性救助措施(38条)。法国法允许此种情形下亲权和教育性救助措施共同行使,是从儿童身心健康的目的所做的制度性选择。对于与子女的财产相关的亲权,法国法明确了父与母特定情形下享有对子女财产的管理权和用益权、用益权的行使范围,以及该用益权即告停止的情形。

六、日本亲子法概述

日本和法国一样，从概念上而言，兼有监护和亲权的概念，并在其《日本民法典》中对亲权制度作出了规定。在日本，亲权的概念包括父母监护照顾子女的权利义务、对子女居所的制定权利、对子女不当行为惩戒的权利、管理子女财产的权利等。有关亲子关系的内容散见于第四编"亲属"中的第四章"亲权"，此外，在第四编第二章"婚姻"章节中也有相关规定，规定父母离婚后须确定其中一方为亲权人。当然，日本国内关于在离婚后亲权的行使与子女监护分别规定是否必要上，也有不同的意见，反对者认为有叠床架屋之嫌。

七、对域外亲子立法的评析

首先，是关于亲权的性质问题。现代国家大多数出于对未成年人利益的保护，强调亲权的义务性质。甚至为了更正传统的父权观念，抛弃亲权的概念，采取诸如"父母照顾权"的概念，希望借此强调亲权的义务性质。但是对于这种做法，也有例外的反对声音，例如法国国内一直坚持亲权的概念，没有过度强调亲权的义务性质，因为考虑到亲权更能体现父母子女关系的一体性以及亲缘关系的特殊性。而且由于未成年子女并不能清楚地认识到行为的正确性，很多时候父母需要对子女适当的管教，所以过多强调义务性质是不合适的。因此，亲权权利义务的结合性不容置疑，纠结于亲权是偏向义务性质，还是偏向权利性质并无太多现实意义。以德国为例，德国法在对子女进行平等保护方面，规定得较为彻底。其不仅直接取消了有关子女婚生和非婚生的区分，还以"亲权"代替了"父母照顾权"。从性质上说来，父母照顾权"不是一种利己的，而是一种具有关心照顾特点的权利；它是一种以法律的形式，为了子女的利益而行使的权利，所以，它实际上是一种义务"[1]。

---

[1]　[德] 卡尔·拉伦茨：《德国民法通论》（上册），王晓晔、邵建东、程建英、徐建国、谢怀栻译，法律出版社 2003 年 1 月版，第 283 页。

可见，父母照顾权实为利他性权利，是一种"义务权"。有批判的观点认为，"亲权"即父母对于未成年子女的权利。因此，使用"亲权"一词容易使人产生子女服从父母、父母管理子女、父母支配子女的想法。德国法从亲权到父母照顾权，不只在法律术语上体现了子女本位的当代精神，更在其具体内容中把握了当代亲子法的主旋律，应为我国立法借鉴。①

其次，各国均重视未成年人利益的保护。在亲子立法中，无一例外地将子女利益最大化作为调整亲子立法的基本原则。例如，法国现行法律从子女最佳利益原则出发，为保护未成年子女身心健康，在亲权制度中保障了公权力的介入途径，创造性地规定了"教育性救助措施"，在不限制父母行使亲权前提下，允许公权力合理介入。这值得我国立法进行借鉴。

八、我国的亲子立法

受传统礼教"父慈子孝"思想的影响，人们过于重视伦理道德对亲子关系的规范作用，而漠视法律在亲子关系中的调整作用。在父母滥用亲权伤害子女时，公权力的介入因缺乏法理基础和具体保障程序基础而陷入难堪。例如，天津一名刚出生的女婴患有肛门闭锁、多发瘘、肾积水、心脏卵孔未闭等先天缺陷，被父亲放弃治疗并送到临终关怀医院。4 名北京志愿者前往该医院希望将女婴带到北京救治，但是遭到孩子父亲的拒绝。警方因不能确定是否构成遗弃也无法介入该事件。由于女婴父亲不愿意放弃监护权并拒绝志愿者的帮助，该事件在社会上引起强烈反响。同时，志愿者对女婴救助的受挫也折射出了我国亲子法的尴尬地位。

我国传统社会是以父权为中心的宗族家庭，对于家族的重视，较之德国有过之而无不及。受家族制度影响，家族是父祖以家长的身份，身兼家族祭司的角色，对于家中所有人口，掌有一切统治的权利，不仅子女没有人格权，在宗祧继承制度下，甚至连身为家属卑幼之妇其人格亦受家族之家长所

---

① 薛宁兰：《我国亲子关系立法的体例与构造》，载《法学杂志》，2014 年第 11 期。

支配，此时的亲子法为"家本位"的亲子法。① 至中世纪时，家族制度逐渐瓦解，家长权逐渐被父权所取代，在父权统治下，子女不是自权人而是他权人，一切皆由家父支配。此时的亲子关系已演变为以父母的利益为中心，这种体现父母利益的亲子法，为"亲本位"的亲子法。② 无论是"家本位"及"亲本位"，关注的只是家族或父母的权力和利益，法律保护的只是家族或父亲对子女的权威和独断专行，子女与父母的关系是极不平等的。因此，早期法律实行以父权、夫权为特征的一夫一妻制，区分婚生子女的目的：一是为了传宗接代，避免血缘上的混乱；二是确保妻子生育出确凿无疑的丈夫的子女，以便继承其遗产。近现代以来，亲子法开始提倡平等的父母子女关系，我国在亲子法制度上，已呈现由父母的支配权向保护权发展的趋势，亲子关系注重子女的保护及教养，父母子女间的权利义务成为亲子法的主要内容，此时的亲子法被认为是"子本位"的亲子法。立法的意义更多是保障婚姻当事人的合法权益及未成年人的利益。

我国目前尚未建立独立的亲权概念和亲子法律体系，有关亲子关系的立法散见于《中华人民共和国婚姻法》《中华人民共和国民法总则》《中华人民共和国收养法》《中华人民共和国未成年人保护法》等法律法规中，因此完善亲子法的体系和具体规则是一项艰巨而紧迫的任务。

---

① 瞿同祖：《中国法律与中国社会》，台北里仁出版社 1984 年版，第 7 页。
② 戴炎辉、戴东雄：《中国亲属法论》，台湾大学法学院福利社，中国政法大学出版社翻印 2007 年版，第 537 页。

第二章

亲子法问题的民族性

伴随着现代社会人权保护的发展，亲权的规范和未成年子女权益的保护逐步完善。在全球一体化趋势越来越强的现实下，儿童权利的保护也趋于国际化和法制化。但是在国际化的背后，我们必须充分考虑到外来规则和制度的本土适应性。亲子关系受到一国社会经济、法律文化、传统习俗及民族心理的影响，具有浓厚的民族特性。因而，在构建亲权制度时必须要充分考虑到传统文化的影响。具体而言，构建亲权体系，不能简单移植国外的规则和制度，必须参考本土的家庭伦理道德和家庭习惯习俗。只有符合民族传统和习俗的亲权制度才具有生命力，并最终达到切实规范亲权关系，保护儿童权益的目的。

第一节 民族文化与亲子法

民族是一种大型地域性群体，既与地域有密切关系，也具有语言思维方式、生活方式、心理结构、精神信仰等方面的特性。民族的特质会对民族的法律文化产生影响，这些影响表现在内容和形式的各个方面，是一手整体性特征，而且具有相对稳定性。

在维基百科里，民族（Ethnic group 或 ethnicity）是指人类历史以来区分我族及"他者"的分类方式之一，民族是因为历史及时空环境，基于历史、文化、语言、地域、宗教、血缘祖先认同、行为、生物外貌特征而形成"一群"与其他有所区别的群体。但是，现代国家在政治和法律上关于民族的理解，更多的是超越了单纯的血缘和种族的区别，而是以文化特征来区分民族。斯大林 1933 年在《马克思主义与民族问题》中，将民族定义为，民族是人们在历史上形成的一个有共同语言、共同地域、共同经济生活，以及表现于共同文化上的共同心理素质的稳定的共同体。综上而言，民族是指人们在一定的历史发展阶段形成的有共同语言、共同地域、共同经济生活以及表现于共同的民族文化特点上的稳定的共同体。

民族文化是各民族在长期的历史发展过程中所创造出来的带有该民族特点、反映该民族历史和社会生活的文化，包括物质文化和精神文化。民族法律文化是民族文化的一个重要内容，民族性与法律联系密切。法律具有不可否认的民族性，德国历史法学家萨维尼在《论立法与法学的当代使命》一书中曾经提出："在人类信史展开的最为远古的时代，可以看出，法律已然秉有自身确定的特性，其为一定民族所特有，如同其语言、行为方式和基本的社会组织体制。"① 无论是借鉴他国法律制度，还是移植他国法律制度，都要充分考虑到本土的民族性资源，一国具体的法律制度的有效实施离不开该制度赖以产生和施行的民族性基础。我国法律近代化适应了传统的民族文化，并影响着传统的民族文化，两者相互交融。一方面，近代中国民族国家的形成不仅推动了民族主义思想的产生，而且推动了中国法律近代化运动；另一方面，近代中国生发的各种民族主义思想对法律近代化的追求成了近代民族国家形成的强大推动力。② 包括了亲权制度在内的我国的婚姻家庭制度同样深受民族性的影响，诸多制度都体现出了中华民族的本土性和民族性特色。婚姻家庭法的民族性要求，未成年子女利益保护模式必须充分考虑到本民族实际情况，符合民族心理和民族习惯。当然，世界各国对法律文化概念的阐释本身也存在较大的争议。美国学者弗里德曼认为，法律文化"指针对

---

① 萨维尼：《论立法与法学的当代使命》，许章润译，中国法制出版社 2001 年版，第 7 页。
② 曹全来：《国际化与本土化——中国近代法律体系的形成》，北京大学出版社 2005 年版，第 46 页。

于法律体系的公共知识、态度和行为方式"。法律文化也可以是"与作为整体的文化有机相关的习俗本身"。① 埃尔曼则以"政治文化"概念推及"法律文化"概念，试图运用比较法律文化的功能和历史的方法对法律文化加以阐释。② 日本学者大多将法律文化视为观念形态的东西，经常用"法律观念""法律意识""法律感觉"等词语对法律文化加以论述。③ 在一定的政治、经济、文化等条件的制约下，法律文化主要包括法律心理、法律习惯。

20 世纪 80 年代中期以来，国内学者们开始扩展法学研究的视野，传统文化受到了越来越多的关注，文化开始被引入法学研究领域，"法律文化"也成为我国法学理论界热议的论题之一。将"文化"的概念引入法律领域，一方面可以赋予法律更加丰富深邃的内涵，另一方面，可以使法学研究成果更加贴合一国的实际国情。法律文化虽然在本质上是一种观念、原则和价值体系，但是它内存于思想、制度、设施以及人们的行为模式之中，并且能够通过适当的方式表现出来。对于一国法制化进程而言，法律文化是一个国家法制的内在逻辑，它表明在受历史传统制约的人们关于法和法律的态度、价值、信念、心理、感情、习惯，等等。法律文化直接或间接、有形或无形地影响着社会主体的法律实践和法律行为，进而在很大程度上制约着一个国家法制运作模式及其发展方向。对于当代中国社会主义法制建设来说，中国传统法律文化既存在着有利的积极因素，如重视道德教化在调节和控制人的行为方面的作用、重视调解在解决一般纠纷中的作用等。同时，法律文化也存在着某些阻碍法制建设发展的消极因素，如果不充分考虑到传统文化对人们的影响，法律移植就可能会失败。因此，在法学研究中引入法律文化的参考因素，是可行的和必须的。

不同国家、不同民族的历史传统与社会文化孕育了不同的家庭文化，不

---

① 奈尔肯：《比较法律文化论》，高鸿钧、沈明译，清华大学出版社 2003 年版，第 89 页。

② 郭成龙：《法律文化：一个概念的澄清》，载《工业大学学报》，2006 年第 6 期。

③ 千叶正士：《法律多元——从日本法律文化迈向一般理论》，强世功译，中国政法大学出版社 1997 年版，第 58 页。

同的家庭文化又反映着不同民族与国家的传统习俗和社会文化。传统文化的影响、思维模式和价值观念的差异、教育方式和教育理念的差异，既是造成中西家庭文化差异的原因，也是中西不同家庭文化在生活中的具体反映。只有真正理解和尊重文化的差异，才能构建具有生命力的亲子法律制度。

第二节　亲子规则的法律继承和法律移植

法治秩序的形成有两种重要的方式，一是法律继承，二是法律移植。

所谓法的继承，一般是指不同历史类型的法律制度之间的延续和继受，一般表现为旧法对新法的影响和新法对旧法的承继和继受。由于社会生活条件的历史延续性和法的相对独立性，决定了法律发展过程的延续性和继承性。现代法的继承理念实际上是一种批判的、有选择的继承，也就是在否定旧法律制度固有的阶级本质和整体效力的前提下，经过反思、选择、改造、吸收旧法律中某些依然可用的因素，赋予它新的阶级内容和社会功能，使之成为新法律体系的有机组成部分。因此，不加分析地抄袭或复制旧法律的拿来主义和根本否定新法律与旧法律之间存在历史联系和继承关系的虚无主义都是错误的。在婚姻家庭领域，传统文化习俗的影响广泛而且深远，很多婚姻家庭制度都要考虑到法的继承。

所谓法律移植，一般是指一个国家对同时代其他国家法律制度的吸收和借鉴。它所表达的基本意思是，在鉴别、认同、调适、整合的基础上，引进、吸收、采纳、摄取、同化外国的法律（包括法律概念、技术、规范、原则、制度和法律观念等），使之成为本国法律体系的有机组成部分，为本国所用。法律移植的范围，一是外国的法律，二是国际通行法律和国际惯例。社会发展和法的发展的不平衡性决定了法的移植的必然性。比较落后的国家为促进社会的发展，有必要移植先进国家的某些法律。法制现代化既是社会现代化的基本内容，也是社会现代化的动力，而法的移植是法制现代化的一个过程和途径，因此法的移植是法制现代化和社会现代化的必然需要。但是法律移植是一项十分复杂的工作，要避免不加选择地盲目移植，选择优秀的、适合本国国情和需要的法律进行移植。而且要注意国外法与本国法之间的同构性和兼容性，注意法律体系的系统性，同时法律移植还要有适当的超前性。因此，法律移植切忌"囫囵吞枣"，避免出现先进的法律制度在接受移植的国家出现"水土不服"的现象。因此移植者要因地制宜，在充分考虑到本国现实国情的前提之下，根据本国实际情况选择既先进又合适的法律制度。

有学者提出了法律国际化的观念，法律国际化是一种全球范围的法律理念、法律价值观、法律制度，以及执法标准和原则等趋同化的现象和过程，但并非世界各国法律的同一化，其背景与动力源于经济活动的全球化。① 但事实上问题也不简单。法律的国际化现象是现实存在且不可否认的，但是不是所有的部门法和所有的具体法律制度都存在国际统一化的必要和可能。对于伦理性较强的婚姻家庭制度，法律国际化是不现实的。法律文化同时具有包容性与排外性的本质特征。所谓法律文化的包容性，是指虽然各国的法律文化都是在其本民族的历史发展中沉淀深化出来的，体现了本民族特有的民族精神、民族心理和民族习惯。一种法律文化在特定条件下可以兼容吸收其他民族的法律文化，这也正是法律移植能够成功的原因之一，同时也体现了国际交流相互学习的必要性。而法律文化的排外性，则体现了一种民族法律文化对其他民族法律文化的排斥。由于不同的法律文化之间存在差异、矛盾和对立，在某些制度上，借鉴和移植并不能一定成功。一方面，法律的兼容性无处不在，例如罗马法对诸多大陆法系国家的影响深远，某些具体的制度甚至影响了英美法系国家。另一方面，我们也要看到不同国家法律文化产生的背景的区别。例如，不同民族法律文化追求的价值观不同，中国传统文化更多地强调孝文化。再如，我国受到儒家思想耻讼、厌讼的影响，不到万不得已，公众并不习惯于通过诉讼来解决纠纷。又如，父儒家思想注重大家庭的概念，要求母子女之间享受天伦之乐，不希望受到外界因素的干扰。而西

---

① 陶广峰：《经济全球化与中国经济法》，中国检察出版社2006年版，第267页。

方国家则更看重个人本位，重视个体权利的实现。所以，完善亲权制度，在吸收先进法律文化、借鉴西方先进法律制度时，要融合中国传统法律文化，考量本土的适应性。

第三节 传统亲子文化的体现

"德主刑辅"，"法不入家门"，封建社会形成了以伦理道德为主导的亲子规则体系，来调整亲子关系和其他家事关系。整体而言，传统的亲子规则凸显出伦理道德的强大力量，削弱了法治的力量。传统文化以"仁义""中庸""德治"伦理评价法律评价，以道德意识统帅法律意识。而中国古代的道德观主要体现在儒家的经典中，儒家的经典被称为"十三经"，即《易》《书》《诗》《周礼》《仪礼》《礼记》《春秋左传》《春秋公羊传》《春秋穀梁传》《论语》《孝经》《尔雅》《孟子》。儒学对传统法律文化的影响，在很大程度上是通过上述儒家经典对法律文化长期、全面的渗透来实现的。在孔子和孟子的法律伦理思想指导下，中国人创造了自己独具特色的法律文化体系，尽管这个法律文化体系从总体上来说不适合现代法治社会的现实需要，但是任何民族的现代化都不是构建空中楼阁，任何民族的现代法律文化的建设都不能忽视自己本民族的传统，在此基础上构建的法律制度当然也不能脱离中国的国情。因此，中国社会法律文化现代化要借鉴中国传统的法律文化。

传统亲子文化呈现出以下几个特征。

一、亲子关系是家庭的核心关系

中国大家庭是以血缘关系为纽带的庞大亲属网络，错综复杂。而西方则更注重核心家庭，且核心家庭是独立于原生家庭之外的，基本没有像中国那样感情深厚而体系庞大的亲属群。中国大家庭的形成多是以血缘为主要媒介，因此，亲子关系在中国大家庭的主要地位不言而喻。不同于西方家庭将夫妻关系作为家庭的核心，在中国小家庭里，亲子关系是中心，孩子是家庭的纽带。

二、礼法合一

在我国传统的家庭领域，"礼法合一"是基本的论调，"敬老恤幼"是封建礼教的重要原则，法律依附于伦理人际关系。

中国传统法律文化是典型的伦理主义型法律文化，它根植于自给自足的自然经济土壤上的宗法社会组织。所谓中国传统法律的伦理化，非指传统中国法律的全部规范伦理，只是表明儒家伦理的原则支配和规范着法的发展，成为立法和司法的指导思想，法的内容渗透了儒家的伦理精神。

亲子关系以"孝道为本"，"父为子纲"天经地义，子女受家长和其他尊亲属的支配，对父母须绝对服从。从我国奴隶社会家礼，到封建社会诸法合体的法典中的户婚，汉萧何在《法经》六篇之上增加户、兴、厩三章称《九章律》，开婚事附于户律之先河。《北齐律》首创"婚户律"，《开皇律》改户婚律，唐承之，其均对亲子关系做了明确而严格的规定。"礼"即"异"，"各位不同礼亦异数"。至尊莫如父，子女无人格。如周礼的"尊尊、亲亲""父父""子子"的要求，被纳入了封建的法典中，从而使家长权、父权与国家政权有机结合，亲属制度应完全建立在宗法制度上。《荀子·富国》曰："礼者，贵贱有等，长幼有差，贫富轻重者皆有称者也。"礼制的基本原则"亲亲、尊尊"："亲亲"的要求是父慈、子孝、兄友、弟恭；"尊尊"要求下级遵从上级，各级贵族听命天子。《礼记·坊记》有云："父慈子孝、兄友弟悌，夫义妇听，长惠幼顺，君仁臣忠。"亲亲的核心是孝，"亲亲父为首"。同时，统治阶级为了强化"亲亲"原则，规定了不孝不义罪，《尚书·康诰》："元恶大憝，父引惟不孝不友，刑兹无赦。"为贯彻"天无二日，土无二王，家无二主，尊无二上"礼制，规定：父母掌子女，主婚权，惩戒权，受虐待，不能控告父母，家长拥有财产权，其他成员无。如《礼记》载，父母在世，子女"不有私财"，否则即为犯罪。

在传统"情理法"的影响下，形成了重道德、轻法律的消极思想，使得法律依附于伦理人际关系，没有独立公正的法律调节模式。而现代化的法律是在与封建和宗教专制的长期冲突中形成的，这一背景铸就了它的民主性格。因此，在亲子法的完善过程中要重视现代民主观念与礼教观念的冲突与磨合。

三、孝文化

孝文化是中国古代文化的重要内容。远古的尊老文化经过不断地充实完善，在儒家学者的提倡弘扬下，成为主流社会被广泛接受的重要的伦理道德准则，直至今日依旧影响着中国社会。在中国古代，儒家传统的宗法思想长期占统治地位，以"修身齐家治国平天下"作为人生的最高理想，家长在家庭中拥有绝对的权利，"不孝"是"十恶"重罪之首，子女如违背家长的意志可被送往官府治罪。中国家庭伦理讲究的是"父慈子孝、兄友弟恭、夫妇和睦"，其中"孝道"最为重要。"孝"是儒家伦理思想的核心，孝顺父母既是中华民族的传统美德，也是做人的基本良知和道义。"百善孝为先"，孝作为百善之首也是我国古代社会衡量道德品质的重要条件之一。朱熹在《朱子家礼》中称："凡诸卑幼，事无大小，毋得专行，必咨禀于家长。""老吾老以及人之老，幼吾幼以及人之幼。"统治者希望利用孝文化教化万民，形成和谐稳定有序的社会秩序，达到长治久安的统治目的。

中国古代在亲子关系方面创造了丰富的孝文化，《孝经·五刑章》曰："五刑之属三千，而罪莫大于不孝。"《云梦秦简》中表明，父家长可以以子"不孝"为名"谒杀"（请官府处死）其子；或请将其子"鋈足"（刖足）、流放远地。在《法律答问》中明确规定："殴打父母（祖父母），黥为城旦春。殴曾祖父母同样论处。"《唐律疏议》将"不孝"作为数罪名之总称，凡属违犯"善事父母"者均称不孝。而对这些"不孝"罪在量刑上往往是从重的，一般处徒以上。而骂詈祖父母、父母处以绞刑，殴者处斩刑。①

中国深受孝文化的影响，"三纲五常"核心伦理道德观念根植于人们心

① 谢幼伟：《孝与中国社会》，见陈克艰编：《理性与生命——当代新儒学文萃》，上海书店1994年版，第106页。

中。其中反映在亲子关系方面的纲常伦理强调"父为子纲",即要求子绝对服从于父亲的管教,即使他们的教诲有违情理也只能逆来顺受。而西方国家大多信仰基督教伦理,它强调"上帝面前人人平等",同时基督教认为"孝顺父母是以敬畏天主为前提的,认为人活着追随上帝比亲情更为重要"。①传统的孝文化反映到现实生活中,子女成人后应当回报父母的养育之恩。"父母在,不远游,游必有方",成家后仍与原生家庭保持密切的联系,理所应当地赡养和侍奉父母。自古以来有许多脍炙人口的故事颂扬子女的孝行,如"黄香扇枕温席""郯子鹿乳奉亲""陆绩怀橘遗亲"等;古文中也有许多训诫子女要孝顺父母的说法,如"父母呼,应勿缓;父母命,行勿懒。父母教,须敬听;父母责,须顺承","亲所好,力为具;亲所恶,谨为去"等。中国家庭文化是围绕伦理亲情展开的,中国人十分重视伦理亲情关系,提倡赡养和孝敬父母及长辈,传统文化对于现代家庭理念和实践仍有明显的影响。而在西方国家,则更倾向于追求个性解放、崇尚自由主义,强调人作为有理智和独立意识的个体,将人看作独立的个体,而不是以血缘联系为纽带的伦理对象。"抛开一切枷锁,创建不分长幼、男女、贵贱的人人平等的社会,是西方文化圈永恒的乌托邦和理想国。这样的社会理想模式,并不包容类似于中国社会的那种兄友弟悌、长幼尊卑的长幼伦理。"②

中国古代亲权专制性一方面体现为片面的义务观,即父母与子女之间是一种不平等的权利义务关系。父母不仅有权要求子女赡养自己,而且拥有对子女的绝对支配权(包括生死大权)。另一方面体现为"亲本位"的亲子法,即立法倾向于保护父母的利益并以该利益为中心。子女无独立的法律主体地位,仅是父母的附属品,无任何权力和利益可言。孝文化和宗族主义的影响表现在民众社会生活的方方面面,父为子纲的传统观念依然存在。统治阶级在立法时,将"孝"这一道德伦理范畴纳入法律之中,并将其作为亲子法的灵魂,予以指导人们的日常行为规范。正是由于孝在道德评判中的重要地

---

① 费孝通:《美国与美国人》,生活·读书·新知三联书店1985年8月版,第92页。
② 张海川:《中西家庭文化下老年保障的制度研究》,西南财经大学出版社2013年版,第82页。

位，随着礼教的不断推崇，愚孝则不可避免。《孝经》有言："身体发肤，受之父母，不敢毁伤，孝至始也。立身行道，扬名于后世，以显父母，孝之终也。"在封建伦常观念里，既然生命是父母所给予的，那么父母可以主宰自己的身体的一切包括生命。这样，也不难理解宗法制度下父亲对于儿子拥有绝对的、不受限制的随意处罚。《吕氏春秋·荡兵》云："家无怒笞，则竖子婴儿之有过也立见。"父母甚至可以剥夺子女的生命。在孝与愚孝思想的影响下，亲权制度中子女过度受控于父母的情形不可避免。这种专制思想导致大量儿童受到了来自家庭内外的侵害，这也是亲子立法的完善过程中需要考量的重要因素。

四、家本位

古代中国奉行家族主义，亲子关系也实行"家本位"制度。

重视亲情伦理的中国家庭关系紧密。数代同堂、钟鸣鼎食的大家庭自古以来就被认为是家族兴盛的象征，也是传统家庭的理想形态。即使到了现代社会，父母与子女家庭共同居住仍是常见的现象，为方便照顾而将年老体弱的父母接来同住更是理所应当的，是子女孝顺父母所应尽的基本义务。身体尚健康的父母也常住到子女家中，帮助料理家务、抚育孙辈，有些老人甚至会给子女家庭以经济上的援助，帮助购买房屋或抚育孩子等。几辈人之间交往密切，感情深厚，相互扶持，共同经营着大家庭。而强调个人独立性和生活隐私的西方国家则以核心家庭为主要组织形式。成年子女基本不与父母同住，原生家庭与新建的核心家庭是相互独立的，鲜有几代人共同居住的现象。同时，在西方国家，父母对子女赡养方面的期待较少。

另外，家庭成员在家庭中的地位也并不相同，在中国，长辈具有更高的权威，理应受到尊重，孩子应该顺从年长者、听从家长的教诲，长辈教育晚辈是理所应当的；父母抚育年幼的子女，成年子女则应当孝敬和赡养年老的父母，代际扶养关系呈循环模式。而在西方国家，父母给予孩子生命，却不能拥有或支配他们，父母抚养孩子长大是应尽的法律义务，不能要求子女将来赡养自己；父母与子女是相互独立的，没有明显的尊卑之分，代际扶养关系是单向向下的。

五、无讼的价值取向

中国传统法律文化所追求的理想或者说价值取向体现为"无讼"。"无讼"取自孔子所言："听讼，吾犹人也。必也使无讼乎！"无讼的直接含义是没有或者说不需要诉讼，引申为一个社会因没有纷争和犯罪而不需要法律，或虽有法律而搁置不用，即所谓"刑措"。中国传统社会以血缘关系为纽带的家庭本位，导致了家庭内部成员身份的不平等，这种家庭关系进一步扩展，形成森严的社会等级制度。受长期封建主义无讼观念的影响，清官难断家务事，外力因素难以介入家庭领域。

因此，中国传统法律文化是一个以宗法为本位、法律与道德融为一体的价值体系。在我国古代，约束亲子关系的伦理道德制度是封建宗法家族制度的重要组成部分，法律在亲子关系中的作用有限。亲子关系作为家族内部关系的重要部分，主要靠封建礼教制度来约束，法律只能起到补充和辅助作用。在多个朝代的律例中，法律对于亲子之间纠纷的处理态度是消极的。如秦简《法律答问》云："子盗父母，父母擅杀、刑、髡子及奴妾，不为公室告。"所谓非公室告，就是政府不予公诉的意思。可见，我国缺乏法律、公权力介入家庭关系（特别是亲子关系）的传统。这样一个独特的价值体系已经在中国大地上存续了几千年，它深刻地影响着广大中国人的法律心理和行为。因此，亲权法律体系的构建和亲子法律规范的表达必须充分考量到传统文化的背景。

第三章

亲权法律规则的完善

第一节　我国现有的亲子法律规定

我国目前并无专门调整亲子关系的法律法规，关于亲子关系调整的法律规范散见于《中华人民共和国民法总则》（以下简称《民法总则》）、《中华人民共和国婚姻法》（以下简称《婚姻法》）、《中华人民共和国收养法》（以下简称《收养法》）、《中华人民共和国未成年人保护法》（以下简称《未成年人保护法》）、《中华人民共和国继承法》（以下简称《继承法》）等，涉及的内容包括父母子女平等家庭地位的规定，抚养、监护、赡养、继承、养父母子女关系，等等。

一、《民法总则》对亲子关系的规定

《民法总则》并没有专门规定亲子关系，但是在第二章（自然人）第二节中规定了监护制度，在监护制度中对父母子女之间的监护关系作出了相关规定。

（一）《民法总则》第二十六条规定了父母子女之间的抚养和赡养义务

《民法总则》第二十六条规定，父母对未成年子女负有抚养、教育和保护的义务。成年子女对父母负有赡养、扶助和保护的义务。

《民法总则》二十七条还规定了未成年人监护人的顺序，父母是未成年

子女的监护人，未成年人的父母已经死亡或者没有监护能力的，由下列有监护能力的人按顺序担任监护人：（一）祖父母、外祖父母；（二）兄、姐；（三）其他愿意担任监护人的个人或者组织，但是须经未成年人住所地的居民委员会、村民委员会或者民政部门同意。

（二）《民法总则》第二十九条、第三十条、第三十一条、第三十二条、第三十三条规定了监护包括但是不限于亲子之间，父母对未成年人的监护及成年子女对父母的监护的种类、监护人的确定问题

《民法总则》第二十九条规定，被监护人的父母担任监护人的，可以通过遗嘱指定监护人。

《民法总则》第三十条规定，依法具有监护资格的人之间可以协议确定监护人。协议确定监护人应当尊重被监护人的真实意愿。

《民法总则》第三十一条规定，对监护人的确定有争议的，由被监护人住所地的居民委员会、村民委员会或者民政部门指定监护人，有关当事人对指定不服的，可以向人民法院申请指定监护人；有关当事人也可以直接向人民法院申请指定监护人。

居民委员会、村民委员会、民政部门或者人民法院应当尊重被监护人的真实意愿，按照最有利于被监护人的原则在依法具有监护资格的人中指定监护人。

依照本条第一款规定指定监护人前，被监护人的人身权利、财产权利以及其他合法权益处于无人保护状态的，由被监护人住所地的居民委员会、村民委员会、法律规定的有关组织或者民政部门担任临时监护人。

监护人被指定后，不得擅自变更；擅自变更的，不免除被指定的监护人的责任。

《民法总则》第三十二条规定，没有依法具有监护资格的人的，监护人由民政部门担任，也可以由具备履行监护职责条件的被监护人住所地的居民委员会、村民委员会担任。

《民法总则》第三十三条规定，具有完全民事行为能力的成年人，可以与其近亲属、其他愿意担任监护人的个人或者组织事先协商，以书面形式确

定自己的监护人。协商确定的监护人在该成年人丧失或者部分丧失民事行为能力时，履行监护职责。

（三）《民法总则》第三十四条、第三十五条规定了监护（包括但是不限于亲子之间，父母对未成年人的监护，以及成年子女对父母的监护）人的职责、监护的原则

《民法总则》第三十四条规定，监护人的职责是代理被监护人实施民事法律行为，保护被监护人的人身权利、财产权利以及其他合法权益等。

监护人依法履行监护职责产生的权利，受法律保护。

监护人不履行监护职责或者侵害被监护人合法权益的，应当承担法律责任。

《民法总则》第三十五条规定，监护人应当按照最有利于被监护人的原则履行监护职责。监护人除为维护被监护人利益外，不得处分被监护人的财产。

未成年人的监护人履行监护职责，在作出与被监护人利益有关的决定时，应当根据被监护人的年龄和智力状况，尊重被监护人的真实意愿。

成年人的监护人履行监护职责，应当最大程度地尊重被监护人的真实意愿，保障并协助被监护人实施与其智力、精神健康状况相适应的民事法律行为。对被监护人有能力独立处理的事务，监护人不得干涉。

（四）《民法总则》第三十六条至第三十九条监护（包括但是不限于亲子之间，父母对未成年人的监护，以及成年子女对父母的监护）人资格的撤销、恢复、监护关系的终止

《民法总则》第三十六条规定，监护人有下列情形之一的，人民法院根据有关个人或者组织的申请，撤销其监护人资格，安排必要的临时监护措施，并按照最有利于被监护人的原则依法指定监护人：（一）实施严重损害被监护人身心健康行为的；（二）怠于履行监护职责，或者无法履行监护职责并且拒绝将监护职责部分或者全部委托给他人，导致被监护人处于危困状态的；（三）实施严重侵害被监护人合法权益的其他行为的。

本条规定的有关个人和组织包括：其他依法具有监护资格的人，居民委

员会、村民委员会、学校、医疗机构、妇女联合会、残疾人联合会、未成年人保护组织、依法设立的老年人组织、民政部门等。

前款规定的个人和民政部门以外的组织未及时向人民法院申请撤销监护人资格的，民政部门应当向人民法院申请。

《民法总则》第三十七条规定，依法负担被监护人抚养费、赡养费、扶养费的父母、子女、配偶等，被人民法院撤销监护人资格后，应当继续履行负担的义务。

《民法总则》第三十八条规定，被监护人的父母或者子女被人民法院撤销监护人资格后，除对被监护人实施故意犯罪的外，确有悔改表现的，经其申请，人民法院可以在尊重被监护人真实意愿的前提下，视情况恢复其监护人资格，人民法院指定的监护人与被监护人的监护关系同时终止。

《民法总则》第三十九条规定，有下列情形之一的，监护关系终止：（一）被监护人取得或者恢复完全民事行为能力；（二）监护人丧失监护能力；（三）被监护人或者监护人死亡；（四）人民法院认定监护关系终止的其他情形。

监护关系终止后，被监护人仍然需要监护的，应当依法另行确定监护人。

二、《婚姻法》对亲子关系的规定

我国《婚姻法》第三章家庭关系部分，不仅对夫妻关系作出了规定，还对家庭中的亲子关系作出了规定，具体包括五个方面。

（一）《婚姻法》在第二十一条、二十四条和第三十条规定了父母子女之间相互抚养赡养的义务，以及父母子女之间相互继承遗产的权利

《婚姻法》第二十一条规定：父母对子女有抚养教育的义务；子女对父母有赡养扶助的义务。

父母不履行抚养义务时，未成年的或不能独立生活的子女，有要求父母付给抚养费的权利。

子女不履行赡养义务时，无劳动能力的或生活困难的父母，有要求子女

付给赡养费的权利。

禁止溺婴、弃婴和其他残害婴儿的行为。

《婚姻法》第二十四条第二款规定，父母和子女有相互继承遗产的权利。

《婚姻法》第三十条规定，子女应当尊重父母的婚姻权利，不得干涉父母再婚以及婚后的生活。子女对父母的赡养义务，不因父母的婚姻关系变化而终止。

（二）《婚姻法》在第二十二条规定了子女姓氏的决定事项

《婚姻法》第二十二条规定，子女可以随父姓，可以随母姓。

（三）《婚姻法》在第二十三条规定了父母在保护教育未成年子女过程中的民事责任的承担

《婚姻法》第二十三条规定父母有保护和教育未成年子女的权利和义务。在未成年子女对国家、集体或他人造成损害时，父母有承担民事责任的义务。

（四）《婚姻法》第二十五条规定了非婚生子女地位和享有的权利

《婚姻法》第二十五条规定，非婚生子女享有与婚生子女同等的权利，任何人不得加以危害和歧视。

不直接抚养非婚生子女的生父或生母，应当负担子女的生活费和教育费，直至子女能独立生活为止。

（五）《婚姻法》第二十六条和第二十七条规定了养父母子女之间的权利义务关系

《婚姻法》第二十六条规定，国家保护合法的收养关系。养父母和养子女间的权利和义务，适用本法对父母子女关系的有关规定。

养子女和生父母间的权利和义务，因收养关系的成立而消除。

《婚姻法》第二十七条　继父母与继子女间，不得虐待或歧视。

继父或继母和受其抚养教育的继子女间的权利和义务，适用本法对父母子女关系的有关规定。

三、《收养法》对亲子关系的规定

养父母与养子女是亲子关系的一种，但是由于该种亲子关系与一般的亲子关系的区别，需要就养父母子女关系从成立到效力解除的各个方面作出明确的规定。除了总则与附论之外，《收养法》规定了收养关系的成立、收养的效力、收养关系的解除、法律责任。

四、《未成年人保护法》对亲子关系的规定

《未成年人保护法》并非单一规范亲子关系的法律法规，而是从未成年人保护的角度，防范未成年人有可能遭受的伤害。该法规从家庭保护、学校保护、社会保护和司法保护四个部分规定了未成年人利益保护的规则，其中第二章是未成年人的家庭保护方面，其一共7条，具体内容如下：

《未成年人保护法》第十条规定，父母或者其他监护人应当创造良好、和睦的家庭环境，依法履行对未成年人的监护职责和抚养义务。

禁止对未成年人实施家庭暴力，禁止虐待、遗弃未成年人，禁止溺婴和其他残害婴儿的行为，不得歧视女性未成年人或者有残疾的未成年人。

《未成年人保护法》第十一条规定，父母或者其他监护人应当关注未成年人的生理、心理状况和行为习惯，以健康的思想、良好的品行和适当的方法教育和影响未成年人，引导未成年人进行有益身心健康的活动，预防和制止未成年人吸烟、酗酒、流浪、沉迷网络以及赌博、吸毒、卖淫等行为。

《未成年人保护法》第十二条规定，父母或者其他监护人应当学习家庭教育知识，正确履行监护职责，抚养教育未成年人。

有关国家机关和社会组织应当为未成年人的父母或者其他监护人提供家庭教育指导。

《未成年人保护法》第十三条规定，父母或者其他监护人应当尊重未成年人受教育的权利，必须使适龄未成年人依法入学接受并完成义务教育，不得使接受义务教育的未成年人辍学。

《未成年人保护法》第十四条规定，父母或者其他监护人应当根据未成

年人的年龄和智力发展状况，在作出与未成年人权益有关的决定时告知其本人，并听取他们的意见。

《未成年人保护法》第十五条规定，父母或者其他监护人不得允许或者迫使未成年人结婚，不得为未成年人订立婚约。

《未成年人保护法》第十六条规定，父母因外出务工或者其他原因不能履行对未成年人监护职责的，应当委托有监护能力的其他成年人代为监护。

五、《中华人民共和国反家庭暴力法》对亲子关系的规定

《中华人民共和国反家庭暴力法》的立法目的是为了预防和制止家庭暴力，保护家庭成员的合法权益，维护平等、和睦、文明的家庭关系，促进家庭和谐、社会稳定。为了保护家庭中弱势群体的利益，未成年人作为家庭中的弱者当然也是该法的保护对象。所谓家庭暴力，是指家庭成员之间以殴打、捆绑、残害、限制人身自由以及经常性谩骂、恐吓等方式实施的身体、精神等侵害行为。

其第四条第一款规定，县级以上人民政府负责妇女儿童工作的机构，负责组织、协调、指导、督促有关部门做好反家庭暴力工作。

其在第五条第三款特别规定，未成年人、老年人、残疾人、孕期和哺乳期的妇女、重病患者遭受家庭暴力的，应当给予特殊保护。

其第十二条规定，未成年人的监护人应当以文明的方式进行家庭教育，依法履行监护和教育职责，不得实施家庭暴力。

第二节　亲子立法的缺陷

虽然我国现在没有规范统一的亲权制度，但是亲权制度体现在不同法律法规中，我国事实上已经初步建立了实质意义上的亲权制度。不过，由于亲权制度散乱且抽象，有些规则在司法实践中缺乏可操作性，现有的立法不能适应规范亲子关系的要求。具体而言，亲子关系的立法存在以下四个较为突出的问题。

一、缺乏亲权的明确概念

由于法律体系与传统文化差异的存在，立法上各国并无亲权的统一界定。但是亲权制度作为规范父母子女间权利义务关系的重要制度，多数国家在立法上都有明确规定。

在法国、德国、瑞士等大陆法系国家，不仅有亲权的明确概念，而且绝大多数国家都通过独立的亲权制度，来保护未成年子女的人身和财产权益，如《德国民法典》《法国民法典》《日本民法典》等对于亲权制度都有比较完善的规定。具体而言，以《日本民法典》为例，其在第四编亲属编中分别规定了亲权和监护，第四章是关于亲权的规定，第五章是关于监护的规定。《日本民法典》在第 11 条规定："对心神耗弱人，浪费人可以将其作为准禁治产人而设置保护人。"同时《日本民法典》第 820 条规定："行使亲权者，有权对子女进行监督和教育，承担义务。"可见，日本将监护与亲权做了明确划分。

我国现行立法没有亲权的明确概念，监护权与亲权不分。《民法总则》《婚姻法》和《未成年人保护法》都只有提到监护。《民法总则》没有亲权的明确概念，只有关于监护的明确规定。《民法通则》第 16 条规定："未成年人的父母是未成年人的监护人。"第 18 条规定："监护人应当履行监护职责，保护被监护人的人身、财产及其他合法权益，除为被监护人的利益外，不得处理被监护人的财产。"苏联、罗马尼亚、古巴等社会主义国家虽然没有亲权概念，但有完备的亲权制度。在英美法系国家，虽然亲权与监护不分，几乎将亲权与监护合为一体，但是父母作为子女法定监护人的身份受到诸多法律规范的约束，而且通过衡平法将儿童的利益保护作为监护最基本的原则。在我国，1988 年《最高人民法院关于贯彻执行〈中华人民共和国民法通则〉若干问题的意见（试行）》第 10 条又明确规定："监护人的监护职责包括：保护被监护人的身体健康，照顾被监护人的生活，管理和保护被监护人的财产，代理被监护人进行民事活动，对被监护人进行管理和教育，在被监护人的合法权益受到侵害或者与人发生争议时，代理其进行诉讼。"2017年的《民法总则》在第二章（自然人）第二节中规定了监护制度，在监护制度中对父母子女之间的监护关系作出了相关规定。

我国《婚姻法》虽然没有专设亲权制度，但是，对亲子关系做了诸多规定。《婚姻法》第23条规定："父母有管教和保护未成年子女的权利和义务。在未成年子女对国家、集体和他人造成损害时，父母有承担民事责位的义务。"第36条第1款规定："父母子女间的关系，不因父母离婚而消除。离婚后，子女无论由父或母抚养，仍是父母双方的子女。"虽然没有在概念上明确区分监护与亲权，但是婚姻法对亲子关系有明确的要求，那就是父母有管教和保护未成年子女的权利和义务，而且这种关系不受父母婚姻关系的影响，独立于父母的婚姻。这与理论上亲权的外延是一致的。

关于我国为什么没有监护和亲权的明确区别，陈小君老师曾指出："在大陆法系，仅就未成年子女的保护而言，监护一直被视为亲权的补充和延续。如果未成年子女有父母且父母能行使亲权，则其处于亲权的保护之下，反之，如果未成年子女父母死亡或虽存在但不能行使侵权，则为其设置监护人。"[①] 不可否认，监护制度与亲权制度适用的法理基础，价值原则都有明显的区别。《民法通则》和《民法总则》不管未成年人和其他心智不健全人的差异，扩大了监护概念，将亲权强行纳入未成年人监护的范畴，不仅使原本明晰的监护制度变得混乱，而且不利于未成年子女利益的保护。

民法作为婚姻法的基本法，本应对婚姻法起着指导作用，而且我国民事基础理论也将未成年子女的保护教育纳入了监护的范畴，建立了监护制度。但是婚姻法从家庭关系考虑，规定了诸多类似于亲权制度的法条，超出民事基础理论的范畴对亲子关系作出规定，使得监护制度混乱。而这正好说明了建立独立亲权概念和亲权制度的必要性。

---

① 陈小君、易军：《亲权制度研究及立法建构》，见吴汉东：《私法研究（创刊号）》，中国政法大学出版社2002年版，第232页。

二、亲权的主体模糊

亲权的主体，立法上没有明确的界定。根据我国《婚姻法》第二十三条的规定："父母有管教和保护未成年子女的权利和义务。"《未成年人保护法》第十条规定："父母或者其他监护人应当创造良好、和睦的家庭环境，依法履行对未成年人的监护职责和抚养义务。"据此，我们一般认为：父母双方是亲权的主体。

但是如何界定父母的范围？除了因血缘能产生亲子关系之外，因为人工辅助生殖技术、收养、父母再婚等原因，还可以产生不具有血缘关系的父母子女关系。后者是否也当然适用我国法律法规关于亲子关系的规定？从理论上而言，亲子关系分为三大类。一类是自然血亲的父母子女关系。第二类是法律拟制的非自然血亲间的父母子女关系，主要包括养父母子女关系、再婚男女与对方子女的父母子女关系。第三类是人工生育子女与父母之间的亲子关系。这里的情况就更为复杂，如果是同质人工授精而出生的子女，由于精子和卵子都来源于父母本人，从遗传学上而言，其与自然血亲的子女并无区别。但是对于其他的例如采用他人精子或卵子的异质人工授精和人工体外受精，即使子女在母亲体内正常孕育，子女与父母之间事实上并无血缘关系。我国现行法律对父母明确定义的缺乏导致了在亲权主体认识上的模糊性。对于第一类具有自然血亲关系的父母子女之间，其亲子关系不受父母婚姻关系的影响，无论父母的关系处于何种状态，合法婚姻关系、离婚或没有合法婚姻关系，父母对子女的亲权都不受影响。后两种类型的父母子女之间的关系是否必然适用亲权的规定？我们必须先了解亲权主体的认定。既然亲权是法律认可的父母对子女的教育保护的权利与义务，那么亲权的主体应该是法律上认可的父母。也就是说无论是自然血亲关系中的父母，还是拟制血亲关系中的父母，抑或是人工生育亲子关系中的父母，只要是法律上认可的父母，都属于亲权的合法主体。

在司法实务界较为突出的矛盾是，父母之间关于亲权的行使出现纠纷时，如何解决的问题。父母享有平等的亲权是为当今绝大多国家法律所确认的原则，但是我国传统的男尊女卑文化把子女纳入父亲的血缘氏族里，认为子女既然随父亲的姓氏，那么就当然是父系家族的成员。在父母离异或父亲去世的情形下，母亲一方本应该有权直接抚养未成年子女，其抚养孩子的权利却经常无法得到保障。所以，除了立法上积极保障父母平等的亲权外，还应当在法治宣传方面，消除传统思想对亲权主体的不利影响。

此外，除了父母之外，亲权的主体在特殊情况下可否为国家或其他人，立法没有明确的规定。

三、缺乏亲权的监督制度

亲权最初由家父权发展而来，家父权中家长对子女的控制支配权思想对亲权的影响一直存在。我国传统观念一般认为父母当然有保护养育和教育子女的权利和义务，从义务上而言，养不教，父之过。从权利上而言，父母对子女的一切行为都是可以接受和原谅的，当然也包括惩戒子女的行为。然而，虽然父母对子女的爱是无私而深厚的，但是并非亲权不需要法律的规范和介入。虐童事件、都市里的流浪儿童、乞讨儿童、童工等不少社会问题的产生都与父母不履行职责有关。这些伤害未成年人利益的事件也证明了规范亲权行使的迫切性。但是出于对父母爱心的无限扩大和绝对信任，现行亲子立法缺乏对亲权的监督规则。父母有保护、教养未成年子女的权利和义务，但是父母作为亲权人应当按照国家法律规定，以健康的思想、品行和适当的方法教育子女。否则，有必要通过司法程序依法宣告停止权利的全部或部分。此外，父母有权利和义务保护未成年子女免遭来自外界的伤害，当亲权权利人不积极行使亲权，或亲权行使方式不当，伤害了未成年人的利益时，可否剥夺其侵权？《未成年人保护法》仅仅在第五十三条规定："父母或者其他监护人不履行监护职责或者侵害被监护的未成年人的合法权益，经教育不改的，人民法院可以根据有关人员或者有关单位的申请，撤销其监护人的资格，依法另行指定监护人。被撤销监护资格的父母应当依法继续负担抚养费用。"至于具体在什么情况下可以暂停或剥夺亲权的行使？父母被暂停或剥夺亲权后公权力如何介入亲权？现行法律法规缺乏具体的规定。

四、立法体系不完整

在《婚姻法》中规定亲子关系的内容是我国立法的传统。从 1950 年《婚姻法》开始，到 1980 年的《婚姻法》，再到 2001 年对《婚姻法》的修订，我国的《婚姻法》并没有局限于规定夫妻之间的关系。《婚姻法》是一部事实上的《家庭法》。对此，有学者明确指出，所谓的婚姻法实为婚姻家庭法，新的社会中"主张和提倡一切劳动人民相互帮助相互关怀的新道德"，因而在《婚姻法》中更不能不有关于父母子女间的关系这一专章的规定。①这就不难理解为什么要在婚姻法的篇章体例中，加入亲子法部分，来规定父母子女间的关系了。

孕育抚养子女是家庭能够传承下去的必要条件，生育是夫妻缔结婚姻关系后普遍会遇到的生活，而抚育子女也是家庭生活的重要内容，亲子制度是家庭制度的重要组成部分。因此，在《婚姻法》中规定亲子关系的内容是必须和当然的。

有关亲子关系的立法体系现今面临三个问题。其一，是否需要专门的立法来规定亲子关系？就目前各国的立法体系看来，极少有国家和地区采用专门的立法来规定家庭中的亲子关系。亲子关系牵扯到未成年人的保护问题，而对未成年人的保护并非单纯局限于家庭内部，还包括家庭之外社会的保护，因此单独成立一部专门调整亲子关系的法律并不易操作。

其二，是否需要制定亲子法的总领性规则和基本原则？虽然没有专门制定统一亲子法的必要，但是鉴于亲子关系的重要性和调整内容的细密繁杂性，应该制定亲子法的总领性规则和基本原则，来指导分散于各类法律法规中的亲子法规范。

其三，在《婚姻法》里规定亲子法的总领性规则、基本原则和基本内容，是否合适？是否还有更加合适的法律可以用于规定亲子法的总领性规

---

① 陈绍禹：《关于中华人民共和国婚姻法起草经过和起草理由的报告》，见刘素萍主编：《婚姻法学参考资料》，中国人民大学出版社 1989 年 1 月版，第 66 - 67 页。

则、基本原则和基本内容？如前文所言，我国并没有专门的《家庭法》，而《民法总则》调整的范围过于广泛，因此，不适合在《民法总则》中专门规定亲子法的具体内容；此外，其他的法律法规，如《收养法》《未成年人保护法》《反家庭暴力法》等，立法的角度并非不能包含所有的亲子关系；最为关键的一点是，我国现行的《婚姻法》在事实上调整家庭关系的所有内容，而亲子关系是家庭关系的重要组成部分。因此，在《婚姻法》内调整亲子关系，规定亲子法的总领性规则、基本原则和基本内容是非常适宜的。

第三节　建立独立明确的亲权概念

虽然《民法总则》中没有关于亲权的明确规定，而是采用大监护的概念，将未成年人的监护和成年人监护笼统规定在了监护制度中。但是，这并非证明亲权概念和亲权制度没有独立的必要。因为《民法总则》作为民法典的总编则，在民法典中起统领性作用，其主要是规定了民事活动的基本原则和一般规定。不对家庭法领域的亲权和亲子关系作出特别的明确的说明，并不意味着亲权没有独立存在的必要。恰恰因为《民法总则》对大监护作出了统领性规定，所以需要在其具体的分则部分再特别规定亲权制度。

一、我国立法中监护制度

（一）监护的概念

所谓监护，是指对无民事行为能力人、限制民事行为能力人的人身、财产及其他合法权益进行监督和保护的法律制度。监护概念与民事行为能力有密切的联系，监护制度主要是对民事行为能力欠缺者的监督和保护措施。依据传统民法理论的观点，民事行为能力是指能够独立有效地实施民事法律行为的地位和资格。对于欠缺完全民事行为能力的无民事行为能力人和限制民事行为能力人，包括未成年人和精神病人，由于不具备或不完全具备独立生活的能力，无法独立处理有关人身及财产方面的问题，在现实生活中处于不利的弱势地位。设计监护制度的目的就是为了充分保护未成年人或成年精神病人的合法权益，以体现法律的公正。此外，根据自然人的年龄和精神状态为标准，自然人的行为能力分三种情况：完全行为能力、限制行为能力、无行为能力。① 为了最大限度地尊重限制民事行为能力人的行为自由，针对行为能力欠缺的具体情形，监护的范围和内容也有区别。

（二）监护制度的历史沿革

在人类历史上，监护制度是一项古老的制度。其最早起源于古罗马法对未婚人和妇女的保护制度，分为监护和保护两个层次，但是这两项具体制度无论是在立法的目的上，还是在内容设计上都不尽相同。其中监护制度主要针对的是人，而保护制度主要针对的是物。

此外，罗马法早期监护制度与当代监护制度在理念方面存在较大差异。罗马时代早期监护制度的特点是强调监护人的权威和权力，其目的是为了维护家长（监护人）的利益。罗马法学家赛尔维（Sorvius）曾将监护定义为："对那些由于年龄原因而不能自我保护的自由人给予保护的、由市民法赋予的权力。"② 在罗马法早期，监护适用于未成年人、妇女，既包括对被监护人的人身保护，也包括对被监护人民事行为的代理，其特有之处表现为对被监护人的人格予以补充和准可。保佐只适用于精神病人、浪费人，是以经管他们的财产为特点的。罗马法早期监护的目的，首先在于保护家族财产，免得被监护人和保佐人挥霍浪费，或者财产被他人侵吞，侵害被监护人和被保佐人的法定继承人的利益。到罗马共和国末叶，监护和保佐制度的目的发生了变化，由主要保护家族财产、保护被监护人和被保佐人的法定继承人的利益，转为主要是保护被监护人、被保佐人本人的利益。

资本主义各国的民法典对监护的立法也不尽相同。法国民法典只规定了监护，未设保佐。而德国民法典的监护制度，则包括了监护制度和保佐制度。随着法律的演进，罗马法的监护和保佐逐渐相似并混同。监护是对于亲

---

① 马俊驹、余延满：《民法原论》，法律出版社2010年9月第4版，第89页。
② 杨立新：《人身权法论》，人民法院出版社2002年版，第923页。

权欠缺或禁止时，以及脱离亲权的成年人因宣告禁治产，而设置的对其人身和财产上予以照护的制度。保佐是就亲权人或监护人的照护受到阻碍时的个别事项，为亲权上或监护上保护的补充，或者对残疾人、胎儿等的保佐。按照德国法规定，除法律另有规定者外，关于监护的规定，对保佐准用之。而日本民法，对于未成年人和禁治产人设置监护，对准禁治产人设置保佐，保佐的内容不包括法定代理权与财产管理权，只有对准禁治产人为一定行为的同意权。[1]

（三）监护制度设立的意义

具体而言，监护制度的设立具有以下意义。

第一，监护制度能够对无民事行为能力和限制民事行为能力人的民事行为能力进行弥补。无民事行为能力和限制民事行为能力人由于不具备从事民事活动的生理和心理基础，不能独立进行民事活动，通过监护人代理其进行民事活动，就能弥补其在民事行为能力上的缺陷，从而有效保护他们合法的民事权益。

第二，监护制度有助于无民事行为能力和限制民事行为能力人民事权利能力的实现。民法赋予监护人代理被监护人进行民事活动的权利，解决了无民事行为能力人和限制民事行为能力人在民事权利能力方面的困难和障碍，从而使公民的民事权利能力得到真正实现。

第三，它能维护社会正常的经济秩序和稳定的社会秩序。监护制度要求监护人对无民事行为能力和限制民事行为能力人加以监督和管理，防止他们可能实施的不法行为，以及由此给他人的合法权益造成的损害。

第四，监护制度体现了社会的公平正义。可见，对限制行为能力人、无民事行为能力人的人身、财产进行的监督和保护，实质上是民事主体行为能力缺格的补充，有利于未成年人、精神病人的人身照护、财产照护。监护制度关系着对未成年人和处于特殊情况下的成年人合法权益的保障问题，也关

---

[1] 黄卫东：《论我国监护制度的缺陷及其完善》，载《江汉大学学报》，2005 年第 4 期。

系到家庭的稳定及社会的发展，所以监护制度是一项重要的民事法律制度。

二、亲权制度与监护制度的差异

亲权是一种典型的身份权，亲权人基于其是被监护人的父母的身份而自然取得亲权；监护权是一种身份性逐渐退化、社会性逐渐彰显的社会化权利，它基于法律的规定，但有时还需经法定程序才能取得。亲权与监护权混同的后果往往导致某些监护人任意"放弃"监护权或滥用监护权，而法律对此却无能为力。同时，简单地把监护权看作亲权，将使监护人行使监护权时无人监督无人限制。

从相关立法规定看来，我国同时存在监护与亲权两项制度。但是作为民法中两种不同的制度，这两种制度在诸多方面存在差异。

其一，权力产生的原因不同。亲权因为子女出生或收养或父母再婚而自然产生。因此，亲权限于二代以内的直系血缘关系或法律拟制的二代以内的直系血缘关系而产生。而监护权产生的基础并不限定于血缘和婚姻关系。三代以内的直系和旁系亲属也可以称为监护人，此外，其他组织和个人也可以成为监护人。因此，监护权产生的基础和亲权不一样。

其二，权利产生的基础不同。从权利性质方面而言，亲权是一种典型的身份权，父母作为亲权人是基于其与未成年子女亲子关系的身份而自然取得的。监护权的性质虽然在学界存在争议，但是普遍接受的观点认为监护权的身份性已经逐渐退化，其社会性逐渐彰显，逐渐成为一项社会化的权利，因此各国关于监护权的立法均规定了监护权取得的条件和程序，监护权的取得更为条件化和程序化。

其三，法律目的和法律限制不同。亲权的基础是建立于血缘纽带之上的亲子关系，具有深厚的情感因素。亲权的行使是把基于父母子女之间的自然伦理关系用法律的形式固定下来，因而法律对亲权法律关系中的父母推定为善意，这是亲权制度的基础。正是因为法律对父母行使亲权持一种善意的信任，因而在亲权基本原则和具体规则方面均较为宽松和随意；而监护则受到法律限制较多，虽然大多数情况下监护人与被监护人之间也存在某种亲属关系，但这种亲属关系较之亲子关系更为疏远，所以法律对父母之外的监护人持谨慎态度，对监护规则也进行了严格的限制。例如，亲权人将患有精神病的子女送入精神病院等限制自由场所时无须有关监护主管机关的许可，而监护人对被监护人为同样行为时须取得有关监护主管机关许可。行使亲权无专门的机关进行监督；而监护职责的履行，有专门机关的监督。所以亲权立法采取的是放任主义，法律对父母持放任态度，相应地，立法对亲权的限制较少。亲权保护制度只需要遵循三原则：保护未成年子女利益原则、未成年子女利益最大化原则和共同亲权原则。而监护立法采取的是限制主义，监护人与被监护人尽管存在某种亲属关系，或其他社会关系，但毕竟较为疏远，而被监护人具备保护自己的能力，因此，立法对监护人的活动进行严格的限制。亲权人有权使用子女的财产，并基于使用而获得利益，同时还有权为了子女的利益而处分子女的财产，而亲权以外的监护人除非是为了被监护人的利益，否则不得随意使用被监护人的财产，使用这类财产获得的利益应归之于被监护人。非经法定程序，更不得处分被监护人的财产，尤其是不动产。如果监护人为了自己的利益使用了被监护人的财产或款项，应支付租金或利息。亲权人对子女负有抚养的义务，而监护人对被监护人不负有抚养义务，监护人可就其监护活动请求报酬。

其四，权利主体不同。亲权是父母基于特定的身份享有的一项专属权利，反映了亲属关系中的亲子关系，所以亲权关系人范围狭小，限于父母子女之间。亲权只能由未成年人的父母行使。而监护权的主体广泛，对未成年人的监护则是由除父母以外的第三方通过一定的法律规定的程序来行使。我国的监护仅仅要求必须是完全民事行为能力人，具有监护能力。此外，监护的对象远远大于亲权，它不仅包括对未成年人的监督和保护，还包括对无民事行为能力和限制民事行为能力的精神病人的监督保护。亲权设定的对象是处于亲权保护之下的未成年人，不包括年满18周岁的无民事行为能力和限制民事行为能力人。而监护权监护的对象则存在争议。监护权的对象有吸收说和分立说两种截然不同的观点。持吸收说者认为是所有未成年人和无民事行为能力与限制民事行为能力的精神病人。持分立说者主张将监护和亲权制度分别立法，认为应排除有亲权保护的未成年人。有学者认为，分立说者在监护概念中将亲权分离出来的做法是可取的，也符合大陆法系各国的传统。监护制度是民事主体制度的重要内容，同时也是对亲权制度的一种补充，即在没有亲权人或亲权人无亲权能力或被取消亲权人资格时才对未成年人设立监护。因此监护就是为无民事行为能力或者限制民事行为能力的成年精神病人及无亲权保护之未成年人设立监护人以对其人身、财产和行为进行监督和保护的一种法律制度。

其五，权利的性质不同。监护作为民事主体制度的内容，其设立的目的主要是为了保护无亲权保护之无民事行为能力和限制民事行为能力的自然人的合法权利。同时也是为了保护其他人的合法权利不受被监护人侵害，维护市民社会的安全和正常秩序。因此，监护在性质上不是一种权利而主要是一种责任和义务，不过由于这种责任和义务由监护人特定行使因而也带有权利的某些特性，设立监护制度的目的决定了监护人的这种责任和义务包括对被监护人的和对社会的责任与义务两个方面。监护的内容就是监护人应当履行的具体职责，监护人的职责包括三个基本的方面，即代理民事法律行为和权利救济行为，保护被监护人的人身、财产及其他合法权利，对被监护人的行为实施监督。监护人未尽法定监护职责而致被监护人权利被侵害或其他人的合法权利遭被监护人侵害时应承担民事责任。①

三、亲权是独立于监护的法律概念

亲权和监护是两个不同的法律概念。关于监护的概念的理解，有广义和狭义之分。广义的监护，包括了对一切对无民事行为能力人和限制民事行为能力人的人身、财产及其他合法权益进行的监督和保护。广义的监护不将无民事行为能力人和限制民事行为能力人进行成年和未成年的区分，英美法系的多数国家采用广义的监护概念。而大陆法系国家则多采用狭义的监护，认

---

① 程思良：《建立和完善我国亲权与监护制度的耳机中思考》，载《云梦学刊》，2004年第6期，第41页。

为监护制度是指对无父母或父母不能照顾的未成年人（亦即不再亲权保护下的为成年人）、禁治产人的人身和财产权益进行监督和保护的法律规范的总称。① 狭义的监护仅仅包括对成年人的无民事行为能力人和限制民事行为能力人进行监督和保护，对于未成年人的监督和保护则由亲权等其他制度来规范。通过对监护概念内涵和外延的分析，我们可以看出，采取广义监护概念的国家，并不区分亲权与监护，而是将亲权与监护视为同一项制度。而采取狭义监护概念的国家，亲权与监护制度是不一样的。

亲权制度与监护制度在功能、渊源中有很多相似之处，但两者却不能互相包含。监护制度是我国民事法律制度中的一项重要制度。我国对于监护制度的规定主要集中在《民法总则》《婚姻法》中。其中《民法总则》在第二章自然人部分设立专门的第二节来规定监护制度。并在其第三十五条明确区别了未成年人的监护人履行监护职责和成年人的监护人履行监护职责的两种情形。而《婚姻法》在第二十一条、第二十八条、第二十九条，对父母、有负担能力的近亲属等对未成年人的扶养教育义务进行了规定。可见，虽然《民法总则》中没有关于亲权的明确界定，也没有明确区分监护制度与亲权制度，但是却明确了未成年人与成年人监护制度的差异。因此，监护和亲权是两个不同的概念。

此外，关于亲权和监护的内容不同。监护人的职责应当包括：保护被监护人的合法权益，包括人身权利和财产权利。被监护人依法享有法律赋予公民的各项人身权利，如生命健康权、姓名权、肖像权、名誉权、荣誉权，等等。监护人应当尊重被监护人的人格权利，同时必须保护被监护人的人身权利不受他人侵害。在遇到侵害被监护人的人身权益时，要积极地依法采取制止措施或保护措施。同时，被监护人的财产权利包括其特有的财产和依法应当取得的财产。监护人应当妥善管理和保护这些财产，虽可合理使用，但非为被监护人的利益，一般不得处分，属于用益物权范畴。照顾被监护人的生活，对其进行管理和教育。日常生活中，监护人应当给予被监护人以必要的

---

① 于静：《比较家庭法》，人民出版社 2006 年版，第 221 页。

关心、照料和安排，以满足其日常衣、食、住、行的需求。同时应当对被监护人进行管理和教育，保证未成年人的身心健康成长和精神病人的康复及正常生活。事实上，监护和亲权的侧重点是不一样的，亲权往往更加关注教育的内容。

对权利内容的考察，亲权的内容主要包括亲权人两方面的权利教育权和保护权。其中保护权包括亲权人对未成年子女财产的管理权，也包括对其人身方面的管理权，如姓名设定、居所指定、奖惩、职业许可、对其人身关系上某些法定事项的决定、法律行为与权利救济行为代理等权利保护权。此外，还涉及亲权人对未成年子女的人身和财产各方面，主要包括共同生活权、交还请求权、索赔权等。亲权的设定以维护未成年子女利益为宗旨，而教育权则包括亲权人对未成年子女的抚养权。教育权因此不能行使亲权时应承担中止亲权、撤销或剥夺亲权等法律后果。而对于监护权，其权利的内容更多的是为了保护被监护人的人身权利和财产权利。教育并非监护权的主要内容。监护人的范围由法律规定，监护人的设立也由法律规定经过一定的法定程序；监护职责的内容由法律规定；监护关系具有法律效力，当事人不得自行变更或解除，监护人不履行监护职责或履行不当，应当承担相应的法律责任。可见，亲权不仅包含了父母抚养、保护子女的义务，也包含着父母教养子女与管理、处分子女财产的权利，如父母对未达到法定婚龄的子女的婚姻的否定权，即是一种权利的体现。而监护并不强制要求须以血缘关系为基础，监护人与被监护人之间的关系理性多于情感，因此，为了更好地保护被监护人的利益，法律对于监护人义务的规定也就必然多于权利的规定，在相当程度上甚至只有义务的规定而无实质性的权利规定。

四、区分亲权与监护权的现实意义

为有效规范亲权关系，保护好未成年子女的利益，应当将亲权和监护作为两项基本的民事法律制度分别立法，以亲权保护制度为原则，以监护保护制度为例外。即父母对于未成年人的教育保护为亲权制度所规范；当未成年人父母死亡或被剥夺亲权时才为未成年人确定监护人，以保护未成年人的合法民事权益。这样，两种制度横向构建起保护未成年人民事权益的互为补充的制度体系。对于有亲权保护的，没有必要制定监护，对于没有亲权保护的，监护制度可以作为必要的补充。①

父母作为亲权人和作为监护人有很大不同，两者之间权利义务的内容相差甚远。监护一般是对不在亲权下的未成年人和其他处于特殊情况下的人才实施的保护制度，是亲权制度的延伸。应该设立亲权与监护两种制度，以监护制度作为亲权制度的补充。对未成年人而言，首先应当确认的保护制度是亲权，如果未成年人的父母健在，没有丧失或被剥夺亲权的法定事由，其父母就享有亲权，未成年人在父母亲权的照护下，其人身权益和财产权益可以得到完备的保护；当未成年人丧失亲权保护的时候，如父母双亡、父母放弃或转让亲权、父母丧失亲权等，未成年人的法律照护就只能通过监护人的监护权进行。因而在未成年人的监护权问题上，必须是在未成年人丧失亲权保护的情况下，才能获得监护权的保护，即亲权丧失之后，才能对未成年人发生监护权。所以说，应当单独设立亲权制度，承认监护是亲权的补充，这更有利于保护未成年人的合法权益。

亲权的独立设置有着极强的现实意义，区分亲权与监护权满足了现代社会对未成年子女身心健康成长的需要，以及父母对未成年子女监护的愿望。

首先，亲权与监护之间存在的区别已如前所述，这就有必要从立法上对其作出必要的区分。目前我国现行法律中已经明确了监护制度，《民法总则》中实质上是将监护的范围扩大化，亲权被包括在未成年人的监护中，父母给予未成年子女的抚养、保护和教育也被视作监护。这样的立法模糊了亲权与监护之间的界限，不仅在立法体系上是不科学的，而且也是不够细致的。退一步讲，即使以监护权吸收亲权，但毕竟亲权有着监护权不能完全具备的特性。由此所造成的父母对于未成年子女的监护与父母以外的人对于未成年人的监护就不得不区别规范，但这样一来，就是人为地将监护制度制造复杂

---

① 夏吟兰、高蕾：《建立我国的亲权制度》，载《中华女子学院学报》，2005 年第4期。

了，显然没有必要。另外，把亲权归入监护权的范围，不但是对父母之于未成年子女进行抚养和教育的特殊身份的一种轻视和侵犯，也是对监护制度自身的发展与完善的阻碍。所以，把亲权和监护权区分开来，分别构建相关法律制度，不仅有利于立法的细致与严谨，也能更好地维护监护人的应有利益。同时，这种细致的区分也为未成年人的保护提供了应有的周密性与连续性。

第四节　亲子立法的体系构建

一、学界争议

如何安排亲权制度，是否有必要在立法中增设完整的亲权制度？学界有不同的观点。反对者认为，其一，现代法治国家社会福利制度逐步完善，在国家公权力介入家庭的呼声下，将亲权与监护权分别立法的理由越来越少。家庭不应该成为公权力的禁区，为了更好地保护未成年人的权益，应该抛弃传统大陆法系国家的亲权制度，将亲权制度与未成年人监护制度统一为大监护制度。大陆法系国家立法之所以将父母与其他监护人区别开来，是出于对现实因素的考量，那就是对父母的过度信任。亲权不应该采取相对自由的放任主义立法，不能过多减少对父母亲权的限制。有观点认为，由于血缘关系的疏远或者欠缺，立法只需要对其他未成年人的监护人，采取较为严格的立法来限制其监护权，保护未成年人的利益。但是事实上，未成年子女遭受的侵害并非全部来源于家庭外部，来自家庭内部父母的侵害屡见不鲜，而且由于家庭生活的隐蔽性和人们对于亲权的绝对信任，这种来自父母的伤害更不易被外界发觉，行为被矫正的可能性更小，对未成年人的伤害后果往往也更为严重。其二，亲子关系的种类越来越多样，亲子关系的内容也越来越丰富，单纯亲情力量的制约显得力不从心。其三，市场经济对道德家庭观的冲击，遗弃、虐待、伤害未成年子女的现象并不少见。

　　而支持者认为，亲情制度是规范亲子关系的最佳选择。虽然如英国学者梅因所言，社会的进步是一场从身份到契约的运动。但是身份并不会在人类社会消失，特别是在婚姻家庭领域。父母对子女的爱迄今为止仍然是最为无私和宽广的，所以亲权制度与未成年监护制度应该在立法上有所区别。

　　对于该争论，本文认为，虽然未成年人有遭受来自家庭内部的伤害的可能性，现实社会也不断有此类案件的发生，但是不可否认的是家庭仍然承担了子女抚养的主要责任和义务，家庭和亲情也是最适合未成年人成长的环境。所以，立法应该对亲权制度作出独立和明确的制度规范。

　　对此，中国社会科学院的薛宁兰老师也在《我国亲子关系立法的体例与构造》一文中指出，亲权制度应该从"大监护"立法框架中剥离。亲权制度是大陆法系特有的制度，大陆法系对于未成年人的保护从父母的角度出发，首先用亲子关系调整，无父母任亲权人的才用监护制度调整。因此，亲子关系通常被规定在民法的亲属编中，而监护则规定在民法总则的部分。我国《民法总则》却将亲权纳入监护，采取"大监护"体例。这不仅与我国国情不符，也缺乏法理基础。首先，亲权与监护产生的基础不同。亲权产生的基础是亲子之间的血缘关系，监护则不然，监护人不限于有血缘关系的自然人，社会组织和政府部门也可担任。其次，两者的性质不同。亲权兼具权利义务性质，是权利义务的综合体。监护尽管以"权利"形式存在，但它更是一种义务。再者，由父母行使对未成年人的亲权，是父母的天职，亲权人无权请求获得报酬。监护则不然，监护人依法享有就自己的监护活动请求报酬的权利。尤为重要的是，亲权制度与监护制度的社会功能不同。亲权具有保护未成年人利益，维护家庭共同生活秩序之功能；监护则是为弥补未成年人和成年人行为能力之不足，保护其利益而设。可见，在立法体例上，亲权与监护应当分别立法。正如有学者所言："我国现行亲子关系法中以监护制度代替亲权制度，是以一种纯社会性义务的制度建立在血缘、亲情基础上的社会关系之上，将一种由人类天性使然并得到我国传统文化加以深化父母儿女之间的爱等同于一般性社会义务，实质上是一种法律制度上的缺失，也不能有效地调整现今我国的亲子关系。"①

二、设立独立于监护制度的亲权体系的意义

是否要模仿法国、德国、日本等国家建立亲权制度，还是继续坚持将亲权作为监护权的一部分，该问题在 2001 年婚姻法第一次修订前就曾经引起过广泛的争论，然而正反两方均没有充分的能够说服对方的理由，因此导致了 2001 年婚姻法修订时对亲权问题的回避。然而十多年之后，婚姻法 2012 年的第二次修订继续回避了这一问题。2017 年《民法总则》也沿用了大监护的概念，再一次忽略了亲权的界定，令人惋惜。亲子关系作为婚姻家庭法律关系中的一个主要组成部分，亲权规范的缺失势必影响婚姻家庭制度的完善。单独设立亲权的理由如下：

（一）改变监护概念的混乱现状

不同的法系，关于未成年人的监护制度和亲权制度不仅关系各异，大陆法系兼采取监护和亲权制度并存的体系，而英美法系则仅仅存在监护制度。而且具体概念的内涵外延界定也是不同的，大陆法系的监护概念是指对不能得到亲权保护的未成年人设定专人进行保护的制度。从外延上而言，大陆法系的监护制度是对亲权制度的一种补充。从内涵上而言，监护概念是亲权概念的延伸。我们借鉴了大陆法系的立法模式，却没有亲权制度，这造成了理解上的困难。

（二）体现亲权以亲情为基础的特质

亲权以亲情为基础，与监护制度相比较而言，其更多地强调亲情。父母抚养教育未成年子女，无论是从经济上的供养帮助，还是在精神上的引导教育，日常生活中点点滴滴的照顾都是基于父母对子女的爱，带有强烈的感情色彩；也包括了父母对子女义务的履行及权利的行使，这些亲权的内容都融合了法律规定与人类情感。所以涉及亲权制度的内容必然要更多地考虑感情的因素。更何况我国深受父慈子孝传统文化的影响，亲权注定了带有更加浓

---

① 薛宁兰：《我国亲子关系立法的体例与构造》，载《法学杂志》，2014 年第 11 期。

厚的感情色彩。

（三）体现对未成年人的保护

亲权融入了父母对子女的爱，更容易被子女接受。在亲权制度下，未成年子女更容易接受父母物质和精神上的照顾，满足其自尊心和自信心，更有利于未成年人的成长。随着历史进程的推移，"人生而平等"已为众人视为当然，我国"民法总则"第十四条也规定：自然人的民事权利能力一律平等。事实上，这种抽象的人格平等，并不影响在具体场景中的不平等。洛克曾言，我承认孩童并非生来就处于这种完全的平等状态中，虽然他们生来就应该享受这种平等。他们的父母在他们出世时和出世后的一段期间对他们有一种统治和管辖权，但这只是暂时的，他们所受到的支配限制，犹如在他们孱弱的婴儿期间用来缠裹和保护他的襁褓衣被一样。最后，需强调的是亲权是父母对其未成年子女的一种权利，是一种相对权，这种相对权与债权的不同并不体现为利益的对等关系。因此，独立的亲权制度更能够体现对未成年人的保护。

三、如何安排亲权制度

（一）亲子关系的体系宜采取一般法规定与特别法规定相结合的模式

无须单独设立有关亲子关系的专门性规范，但是需要在《婚姻法》里设置专门的亲子关系章节，来调整亲子关系。

我国现行的《婚姻法》一共分六章，总共五十一条。其中在第三章"家庭关系"中，一并规定了夫妻关系和亲子关系。在家庭生活的现实中，最重要的两种家庭关系的确为夫妻关系和亲子关系，其中婚姻是源，亲子是流。而其他的祖孙关系、兄弟姐妹之间的权利义务关系相对简单，也不丰富。因此《婚姻法》第三章事实上是有关婚姻法调整的法律关系的规定，这种立法体例看似合理，但事实上并不适宜。因为，夫妻关系和亲子关系是两种截然不同的家庭关系，从产生原因到终止事由，再到权利义务的具体内容，两者都有很大的差异。夫妻之间法律关系的产生是因为婚姻的缔结，而且这种法律关系可以人为地解除；但是亲子关系是因为血缘而产生（部分亲子关系也可以因为法律的拟制而产生），而且亲子关系不能人为地解除（法律拟制的亲子关系除外）。此外，夫妻关系的内容更多的是强调互助，平等及共财；而亲子关系更多强调的是付出与责任。而且在大陆法系国家的立法例中，其"民法典""亲属编"大多也是设立独立的章节来规定夫妻关系、父母子女关系。因此，在立法上，不宜将这两种家庭关系笼统地进行概括规定，应该将家庭关系的内容区分为夫妻关系、亲子关系和其他家庭关系（主要包括祖孙关系和兄弟姐妹关系），在不同的章节中分别立法。

综上，婚姻法应该设置专门的章节来调整亲子关系。而且，这种结构设置也并非没有先例，1950 年《婚姻法》就在第四章专门规定了"父母子女间的关系"，该章内容主要有四条，主要体现在三个方面。一是亲子关系的种类。包括了亲生的父母子女关系（婚生子女与父母的关系及非婚生子女与父母的关系）、养父母子女关系和继父母子女关系。由于当时医学条件的限制，人工辅助生殖技术还未引起法学界的关注，因此，人工生育子女还未成为亲子法调整的内容。二是亲子之间权利与义务的内容。包括父母子女相互扶养的权利义务、相互继承遗产的权利义务等。其三是非婚生子女的法律地位与生父认领。因此，虽然 1950 年《婚姻法》受到时代的限制，亲子法律规范并不完善，但是在立法体系上却开启了将亲子法律关系独立于夫妻法律关系的先河。虽然 1980 年的《婚姻法》并未坚持和延续这一立法例，而是将亲子关系、夫妻间的权利义务合并在一章中进行了规定。但是在儿童权益受到越来越多关注的当前社会，在《婚姻法》中开设单独的章节来规定亲子关系，不仅有利凸显亲子关系在婚姻家庭法中的地位，与其重要性地位相匹配，也有益于亲子法规则的进一步细化。

（二）保持现有的特别法律规范

目前，在有关亲子关系的法律规定中，最基本的内容都体现在《民法总则》与《婚姻法》的相关规定里（主要由《婚姻法》调整）。但是在这两部基本的法律之外，还有其他很多调整亲子关系特别内容的法律法规。例如，《收养法》专门调整因为收养关系形成的养父母亲关系；《未成年人保护法》虽然主要从未成年人利益保护的角度来对未成年的权益进行全面保护，但是未成年人家庭权益的保护则涉及亲子关系的内容;《反家庭暴力法》虽然是对家庭内部的暴力行为进行规制,但是未成年人作为家庭的弱势群体,其也有可能遭受来自父母的家庭暴力,因此《反家庭暴力法》也涉及对亲子关系的规范。如何处理《婚姻法》与这上述特别法律的关系?是否有必要将这些特别法律规范纳入统一的亲子法律规范中来?对于该些问题,学界有不同的观点,中国社会科学院的薛宁兰老师建议将收养法纳入亲子法总体框架,其认为收养是创制亲子关系的民事行为。只是由于现行《婚姻法》对收养关系规定得非常原则,所以立法机关又于1991年颁行了《收养法》。显然,《收养法》在我国独立于《婚姻法》,是《婚姻法》关于收养关系的设定、效力、变更、解除等设定一系列规则的必然结果。这样的立法体例,一方面割裂了亲子关系立法的整体性,使法律适用难以统一;另一方面,也易产生拟制血亲关系不是亲子关系的误解。其实,基于收养所建立的养父母子女关系与亲生父母子女关系一样,都是亲子法调整的对象,应当纳入统一的亲子关系立法体例中。① 本文认为,虽然因收养而形成的养父母子女关系是亲子关系的一种,但是因为收养行为较为复杂,规范收养法律的法律规范内容较多,如果将收养法律规范全部纳入婚姻家庭法里,从体系上看来可能会显得杂乱。现行《婚姻法》总共51条,但是有关亲子关系的法律条文仅仅只有8条,而《收养法》则多达34条。如果将《收养法》纳入《婚姻法》规范中,则会在8条亲子关系中,加入34条有关收养关系的规范,应该注意体系上的协调与内容上的精简。

(三)完善亲子关系立法的体例结构

《法国民法典》深受罗马法影响,构筑了人法、物法、取得财产的各种方法的三编制体例。在这一体例下,亲子关系立法居于第一卷“人”(法)中,具体由第七编亲子关系、第八编收养子女、第九编亲权、第十编未成年、监护及解除亲权组成。②《法国民法典》从第311条到第487条,系统规

① 薛宁兰:《我国亲子关系立法的体例与构造》,载《法学杂志》,2014年第11期。
② 《拿破仑法典》,李浩培、吴传颐、孙鸣岗译,商务印书馆1983年1月版,第145页。

定了亲子关系的确定、婚生子女、非婚生子女、养子女、与子女人身相关的亲权、与子女财产相关的亲权、亲权的行使、亲权的转移、亲权的丧失或部分撤销、亲权的解除等内容。

首先，亲权制度更适宜在婚姻法中进行规定。我国现行《婚姻法》并不限于调整婚姻关系，还调整因为婚姻关系而产生的家庭关系，事实上就是一部调整家庭关系的法律。因此，在婚姻法部分调整亲子关系是合宜的。

其次，适宜在《婚姻法》第三章"家庭关系"一章里增设亲权制度。现行《婚姻法》第三章是对家庭关系的立法，目前主要规范三类家庭关系：一是夫妻关系；二是亲子关系，包括亲生父母子女关系、继父母子女关系、养父母子女关系；三是其他家庭关系，包括（外）祖父母与（外）孙子女之间的关系和兄弟姐妹关系。第三章规范的家庭关系虽然广泛，但大多是原则性和基础性事项的规定。例如，养父母子女关系仅仅在第三章进行了原则性的规定，而具体关于收养的条件、种类和后果等则统一由《收养法》进行规定。亲权本身是关于亲子关系的基础性和指导性规定，因此在第三章亲子关系部分规定亲权制度，从逻辑和体系上并不会对现有立法造成困扰。

如前文所言，建议在《婚姻法》设立单独的章节来规定亲子关系。在《婚姻法》第三章"家庭关系"部分将家庭关系细分为三节：第一节规定婚姻关系，保留原有婚姻法关于夫妻关系的规定（即现行《婚姻法》第三章）；第二节规定亲子关系，规定亲子关系的一般内容；第三节规定其他家庭关系，主要内容为祖孙关系和兄弟姐妹关系，以及其他家庭成员的关系。现行《婚姻法》第三章第二十八条和第二十九条的内容可以放在第三章第三节其他家庭关系部分。即第二十八条，有负担能力的祖父母、外祖父母，对于父母已经死亡或父母无力抚养的未成年的孙子女、外孙子女，有抚养的义务。有负担能力的孙子女、外孙子女，对于子女已经死亡或子女无力赡养的祖父母、外祖父母，有赡养的义务。第二十九条有负担能力的兄、姐，对于父母已经死亡或父母无力抚养的未成年的弟、妹，有扶养的义务。由兄、姐扶养长大的有负担能力的弟、妹，对于缺乏劳动能力又缺乏生活来源的兄、姐，有扶养的义务。

具体而言，关于亲子关系的内容，应该包含以下三个方面：

第一部分，是原则性地关于亲权的界定和调整亲子关系的基本精神——平等原则和子女利益最大化原则。

第二部分，亲权的内容和父母子女的权利义务内容。

第三部分，亲子关系的类型。包括亲子关系的三种类型：婚生子女的推定、子女非婚生的推定，推定的否认、子女的认领、人工生育子女的法律地位，继父母子女关系和养父母子女关系。

第四部分，收养。

最后，完善亲子法的基本制度。建议在亲权部分针对父母对未成年子女的姓名决定权、居所指定权、人身保护权、财产保护权、民事行为代理权和惩戒权等进行原则性的规定。

第五节　亲子法的基本原则

一、平等原则

消除身份差异，保障人格平等是私法的精髓所在，也是现代文明社会的本质要求。调整亲子关系的法律规范首先要遵从平等的原则。具体而言，包括父母与子女之间的法律地位平等，父亲与母亲享有平等的亲权，子女之间无论出生情形均是平等的。

首先，父母与子女之间的法律地位平等。

亲子法律规范在其形成之初就带有浓郁的家长权特征，父母子女之间从来就不是平等的，在亲子关系中也完全不用考虑子女的利益，家庭成员必须绝对服从于家长的支配。在我国封建社会，传统的亲子关系更是以孝道为最基本的准则，崇尚"父为子纲"的道德准则，子女必须绝对服从于父母。在现代文明社会，天赋人权、平等自由的观念已经被绝大多数国家和地区普遍接受。但是在现实生活中，由于子女缺乏独立生活的能力，需要父母的抚养，未成年子女平等的权利容易受到轻视和侵犯。因此，在亲子关系立法中要坚持法律地位平等的原则，继续加强对未成年子女的保护。

其次，父亲和母亲享有平等的亲权。

如前文所言，亲权最初由家父权发展而来，家长权最初只赋予了父亲或者其他男性家长。在奴隶制和封建制社会中，虽然也逐渐赋予母亲亲权和家长权，但是其本质仍然是维护男性父权。受到女性社会地位低下的影响，母亲并不当然享有家长权。随着女性权利意识的觉醒和女性社会地位的提升，各国法律不断修正。当代国家，大多在法律上赋予了父亲和母亲同等的亲权，亲权已经从单纯的父权发展到父亲和母亲享有平等的亲权。

但是在我国的现实生活中，受到传统思想的影响和传统习俗的制约，女性在亲子关系中的地位仍然无法得到完全的保障。例如，因为我国的子女冠以父姓的传统，大多数子女出生后随父姓。虽然《婚姻法》在家庭关系和亲子关系规范中的第二十二条明确规定，子女可以随父姓，可以随母姓。但是这一规定本身恰恰证明了，女性在亲子关系中权利得不到保障的现状。因为父亲和母亲拥有平等的亲权，则当然地享有平等地决定子女姓氏的权利。第二十二条的规定恰恰反映了女性在亲子关系中可能遭受的不平等。因此，在亲子法律关系中，仍然要强调父亲与母亲平等的亲权。

最后，子女之间无论其出身情形如何，地位平等。

自人类社会进入父系氏族时代，一夫一妻制度成了婚姻家庭领域的重要原则。统治者严格规定了婚姻成立的要件，符合婚姻缔结条件并依照要求缔结了婚姻关系的男女，其生育的子女受到法律的保护。但是生育本身是一种自然现象，并不以缔结婚姻为前提条件。因此，在严格规定婚姻成立条件的同时，非婚生育子女的现象也随之出现。

在社会现实生活中，一方面，社会尊重婚姻缔结制度，歧视没有合法婚姻关系的男女性关系，但是又无法禁止这种非婚男女之间的性关系。另一方面，随着私有制的发展和私有财产的丰富，家庭财富的传承成为社会成员密切关注的重要问题。考虑到血统和利益，家庭财产需要传给有血缘关系的嫡亲子女，非婚生子女被社会所排斥，社会地位低下，这是早期国家的普遍现象。歧视非婚生子女的传统在各个国家和地区延续了几千年，成了奴隶制社会和封建制社会的普遍现象。但是在历史的发展过程中，实行子女平等的原则是反封建的成果，也是文明社会亲子法的发展方向。大多数国家已经抛弃了歧视非婚生子女的陈旧观念，开始保护非婚生子女的合法利益。不过，虽然在亲子法领域，平等保护子女成了立法的原则，但是各国贯彻的程度各不相同。

虽然资产阶级在反封建社会的战争中提出自由平等、天赋人权等观念，各国对于非婚生育现象的态度有所转变，但是在早期资本主义立法中，受到封建残余思想的影响，对于非婚生子女依然无法做到平等保护。如英国普通法上曾经规定，非婚生子女不属于任何人的子女，其生父不具有抚养的义务。法国1804年民法典规定，非婚生子女不得主张婚生子女的权利，非婚生子女不得为继承人。

传统习惯和早期法律根据父母的过错将他们区分为婚生子女和非婚生子女，并基于此种区分给予不平等的待遇。法律的歧视是一种惩戒，通过惩罚无辜的子女来警戒那些无视婚姻规则的父母们。当社会继续发展，各个国家普遍意识到，每一位来到这个世界的孩子都应当是平等的。到了20世纪初，各个国家相继在非婚生子女的权益保护方面作出明确的规定，给予非婚生子女与婚生子女类似或者同等的保护。法国首先取消了禁止非婚生子女搜索生父的法律规定；德国《魏玛宪法》也规定，非婚生子女在身体和精神及社会的权利方面，享有与婚生子女同等的待遇；1918年苏俄《婚姻家庭法典》则率先完全赋予了非婚生子女与婚生子女有平等的法律地位。现代大多数国家均在立法上规定，婚生子女和非婚生子女平等的法律地位，甚至不在立法上区别子女的身份，不再作出婚生子女和非婚生子女的划分。如德国、美国、埃塞俄比亚等国家在立法上规定，子女无论在何种状况下出生，他们都是父母的亲生子女。还有不少国家将平等的原则贯彻到具体的利益关系中，通过立法、判例，逐渐消除子女之间的差别和抚养、继承问题上的歧视待遇。

在我国的封建社会，"婢生子""奸生子"受到歧视，非婚生子女不能取得与婚生子女同等的法律地位。在身份方面，不允许"婢生子""奸生子"

继承宗祧；在财产方面，"婢生子""奸生子"只能依子量予半分。但是新中国成立后的婚姻法，明确规定父母子女之间的权利和义务不受婚生与否的影响，赋予了非婚生子女与婚生子女同等的法律地位，反对歧视"非婚生子女"原则，将平等保护的观念在立法中予以明确规定，并进一步深化。当然，在亲子法律规范中贯彻平等保护的原则，不仅要求彻底抛弃非婚生子女之观念，树立子女在法律地位上的平等，而且要保证各项权利的具体实现途径，保障未成年子女的健康成长，倡导积极的伦理价值观念。

二、儿童最大利益原则

(一) 儿童最大利益原则的沿革与发展

父母与子女之间的关系是婚姻家庭关系的一个重要组成部分，统治阶层如何来引导和规制父母子女之间的关系，这本身是一个变化调整的过程。在人类社会的早期，在尚未出现国家机器和集权机器之前，父母子女之间的关系应乎自然而自由形成。此外，早期社会的生产力水平低下，人们与自然做斗争的能力有限。这个阶段，体力和生存技巧是决定生存与否及生存好坏的决定力量。由于成年男子在生产生活中占用体力上的优势，因而也控制着食物和家庭财产的分配，所以家父在家庭中享有绝对的地位，拥有绝对的主导权，控制着包括未成年子女在内的其他家庭成员的人身和财产。在这个阶段，应乎自然的生存，家父已经掌握了家庭的主宰权利，未成年子女被视为家父财产的一部分。连独立人身权利都不能享有的家子，其财产利益肯定也无法得到保障。所以在这个阶段并不存在子女最大利益原则产生的基础。人类社会继续发展，出现了国家机器和集权机器之后，统治者需要利用家长权来稳定家庭关系，进而巩固稳定的社会关系。所以在漫长的封建社会，子女利益的保护开始逐渐受到关注，家父权也受到一定程度的限制。但是在家为国用、家国一体的封建政治需求下，也不存在子女最大利益原则产生的基础。

在资本主义与封建社会做斗争的过程中，"天赋人权""自由平等"等思想成了斗争的武器，人们开始关注未成年子女、妇女等弱势群体的利益保护。在国际文件中，"儿童最大利益"（best interest of the child）的表述首次出现是在 1924 年《日内瓦儿童权利宣言》文件中。紧接着 1959 年《儿童权利宣言》中最早出现了"儿童利益最大化"的概念，并将儿童最大利益原则作为一项保护儿童权利的国际性指导原则。该宣言原则二规定：儿童应受到特别保护，并应通过法律和其他方面而获得各种机会与便利，使其能在健康而正常的状态和自由与尊严的条件下，得到身体、心智、道德、精神和社会等方面的发展。在为此目的而制订法律时，应以儿童的最大利益为首要考虑。宣言原则七还规定：儿童的最大利益应成为对儿童的教育和指导负有责任的人的指导原则；儿童的父母首先负有责任。

在此后的 1979 年联合国《消除对妇女一切形式歧视公约》、1986 年《关于儿童保护和儿童福利，特别是国内和国际寄养和收养办法的社会和法律原则宣言》、1987 年《非洲儿童权利和福利宪章》等若干国际文件中，儿童最大利益原则得到了重申和进一步发展。其中 1979 年联合国《消除对妇女一切形式歧视公约》第五条第二款责成缔约国采取所有适当的措施，"保证家庭教育应包括正确了解母性的社会功能和确认教养子女是父母的共同责任，当然在任何情况下都应实现考虑子女的利益"。第十六条第一款第四项规定，任何与婚姻和家庭相关的事物，"均应以子女的利益为重"。而《关于儿童保护和儿童福利，特别是国内和国际寄养和收养办法的社会和法律原则宣言》则在第五条指出："在亲生父母以外安排儿童的照料时，一切事项应以争取儿童的最大利益特别是他或她得到慈爱的必要并享有安全和不断照料的权利为首要考虑。"《非洲儿童权利和福利宪章》也在第四条规定："任何个人或当局所作的涉及儿童的行为，应首要考虑儿童的最大利益。"

国际公约有的是明确而直接地将儿童最大利益作为一项基本原则。如 1987 年联合国难民高级专员署执行委员会就难民儿童问题明确提出："强调对于涉及难民儿童利益的一切行动均应以儿童的最大利益原则和家庭统一原则为指导。"也有的文件如《公民权利和政治权利国际公约》《经济、社会和文化权利国际公约》等，虽然没有明确将儿童最大利益原则概念化和术语化，但是却将儿童利益的首要保护体现在文件的具体条文和精神中。特别值得一提的是 1989 年《儿童权利公约》，该公约的制定和颁行被认为是儿童最大利益原则确定的里程碑。波兰的亚当·洛帕萨教授（Adam Lopatka，后为公约起草工作组主席）最早在 1978 年联合国人权委员会会议倡议起草儿童权利公约。其后，在 1979 年纪念《儿童权利宣言》20 周年和庆祝国际儿童年成立大会上，波兰政府提出公约草案的正式文本，并于 1980 年提交联合国人权委员会工作组讨论。由于种种原因，公约的起草一度陷入了困境。

直到联合国儿童基金会从 1986 年以后开始介入公约起草和宣传工作，联合国儿童基金会通过鼓励广大发展中国家加入公约的起草，使得公约草案获得国际社会的广泛认同，并为公约成为普遍接受的国际公约奠定了基础。联合国《儿童权利公约》在其第 3 条明确规定："关于儿童的一切行动，不论是由公私社会福利机构、法院、行政当局或立法机构执行，均应以儿童的最大利益为一种首要考虑。"公约关于儿童最大利益原则的确定在以下三个方面存在意义。其一，确立了儿童最大利益原则在国际法上的意义具有原则性和纲领性的地位。其二，儿童最大利益原则创建了一个有关儿童权益保护的新理念，要求世界各国各组织都应该以"儿童的最大利益"为首要考虑条件。其三，将儿童最大利益原则从政治理念转化为一项儿童的具体权利。为保护儿童权益，公约中儿童最大利益原则得到了人权学者和人权活动家的关注，强调的是把儿童作为个体权利主体而不是作为一个家庭或群体的成员来加以保护。

《儿童权利公约》是世界上加入国家最多、影响最广泛的公约之一，对各国的国内立法和儿童权利保护产生了深远的影响，并由此带动了各国亲属立法由"父母本位"发展为"子女本位"。一些国家对其国内亲子法进行修订，不仅将子女最大利益原则作为亲子法中的基本原则，还抛弃了原有的法律术语，以彻底改变父母本位的亲子法，实行子女本位的亲子法。例如，德国亲属法将亲权改称为父母照顾，英国儿童法将父母监护改称为父母责任，强调父母身份是责任而非权利。1989 年英国《儿童法》第一部分第 3 条规定：父母责任（parental responsibility）是父母对其未成年子女及其财产的所有权利（right）、义务（duties）、权力（powers）和责任（responsibility）及权威（authority）的总称。以父母责任（parental responsibility）取代父母权力（parental power），并取消了监护权的概念。1925 年，英国法律正式采纳了子女最大利益原则。美国受到英国法的影响，从 19 世纪也开始关注子女最大利益原则，并确定了"敏感年龄"规则。俄罗斯家庭法将"未成年子女的权利"单独成章，专门作出明确的保障性规定。这些立法在法律术语、名称、体例上的变化均体现出父母子女法律地位平等、子女具有独立的主体地位、子女最大利益的立法理念。同时，由于离婚率的逐步上升，亲属立法也强化了离婚后父母子女关系的规定。子女最大利益原则成为离婚亲子关系立法的准则，在确定离婚后父母子女关系、子女抚养费数额、一方对子女的探望等问题时，强调父母对未成年子女责任的持续性，重视父母双方在决定有关子女利益事项中的积极参与。同时，在确定子女与父母的居住权、联络权时要充分考量和尊重子女的意愿，将子女利益放在首位，以保障父母离婚后子女最佳利益的实现。有学者指出，现代亲权或监护权是一种基于父母身份而产生的对未成年子女身体上和财产上管教保护的权利义务综合体，以关心、照顾未成年子女为特点，是一种以法律形式为子女利益而行使的权利，实际上就是一种义务，也称为义务权。这种以重视子女利益、保护子女权利、强调父母对于子女的义务和责任的立法，就是具有现代亲子法精神的子女本位立法。

（二）如何理解"最大利益原则"

自从 1959 年的《儿童权利宣言》最早出现儿童最大利益这个概念之后，随后的多个国际公约中都出现了儿童最大利益的专有术语，乃至将其作为一个基本原则。但是任何国际公约中无一例外地，没有具体界定最大利益的含义、确定标准及其性质。作为一个非常抽象的原则，如何将其具体运用到儿童利益保护的实践中来，到底什么是儿童的最大利益？儿童的最大利益在适用上是否具有强制性？是一项政治性的要求还是纯道德规范方面的要求？上述问题均存在争议。由于没有先例可遵循，最大利益原则只能简单视为对儿童利益的一种保护原则，从表面来看，儿童最大利益原则和父母之间没有非常直接的关系，但最大利益原则涵盖了儿童作为人在健全的人类环境中依据其能力的全面发展，当然约束父母与子女之间关系。

　　首先，关于"最大利益原则"的界定。概念上，由于没有先例可遵循，最大利益原则只能简单视为对儿童利益的一种保护原则。在该原则和概念确定之初，单纯强调对儿童的"特殊保护"，逐渐到从"个体人权"的角度理解儿童权利，这样成功地将"儿童利益最大化"由一个政治概念转化为一个法律概念。澳大利亚国立大学奥斯通教授认为，公约的基本框架就是儿童个体权利和"最大利益"标准的结合。对公约的阐释可以引导出这样的结论："最大利益"标准超出了传统的权利保护的概念，开辟了新的保护儿童权利的发展方向和法理解释。这种非传统的概念和新的法理解释便是儿童作为权利个体的权利理念。通说则认为，"最大利益"标准是能够使儿童在健康和正常的状态下，增加发展身体、心智、道德、精神和社会方面的机会和便利。这就意味着，"最大利益"涵盖了儿童作为人在健全的人类环境中依据其能力的全面发展。

　　其次，关于"最大利益原则"的效力。公约上的最大利益原则并不能保障儿童权利的实现。只有将国家行为和责任与尊重权利相结合才能实现儿童人格的独立。德国学者沃尔夫认为，"最大利益"标准具有极强的灵活性，其涵盖了儿童作为人在健全的人类环境中依据其能力的全面发展，且几乎囊括了儿童的全部权利及国家的全部义务。澳大利亚国立大学法学教授，国际法和公法中心主任。沃尔夫的见解给我们以启迪。最大利益的这种便宜行事特色在从前的国际文件中是没有先例的。在宣言的准备工作中，"最大利益"标准也没有经过细致的考虑，而只把它理解为通过法律及相关手段对儿童的一种特殊保护。因此，在亲子法领域适用"儿童利益最大化原则"是国际规则在婚姻家庭领域的细化和具体化。

　　再次，关于"最大利益原则"内容。有人对儿童最大利益原则的内容提出质疑，因为公约没有明确说明儿童"最大利益"的具体内容。该原则因为带有浓厚的主观色彩，因而产生了适用上的不确定性。需要由法官和其他裁判者做进一步地适用解释。《儿童权利宣言》序言中规定："本公约缔约国，回顾联合国在《世界人权宣言》中宣布：儿童有权享受特别照料和协助，深信家庭作为社会的基本单元，作为家庭所有成员，特别是儿童的成长和幸福的自然环境，应获得必要的保护和协助，以充分负起它在社会上的责任，确认为了充分而和谐地发展其个性，应让儿童在家庭环境里，在幸福、亲爱和谅解的气氛中成长，考虑到应充分培养儿童可在社会上独立生活，并在《联合国宪章》宣布的理想的精神下，特别是在和平、尊严、宽容、自由、平等和团结的精神下，抚养他们成长。"

最后，关于"最大利益原则"的运用。因为最大利益原则本身作为一项国际公约中的原则被提出，只有被各国国内法接受并适用，才能真正达到保护儿童利益的立法目的。儿童最大利益原则最开始由英美法系国家学者提出，后来作为一项国际原则被各项国际公约广泛认可，进而又通过国际公约的影响力推进了该原则在世界各国国内的理论拓展与法律适用。然而如同其他国际原则在国内的适用意义，儿童最大利益原则需要与一国具体的文化、宗教和传统相融合。由于原则本身抽象性与不确定性，在一国国内适用时其内涵及外延、内容等就体现出了不同的表现。这些区别主要体现在三个方面。其一，关注的内容不同。在经济发展欠发达国家及法制化进程相对较慢的国家，更多地关注儿童利益在于保障儿童的人身安全和健康成长等物质方面。而在一些经济发展水平更高、法制化进程更快速的发达国家，其国内法在保障儿童的最大利益方面，更多的是关注儿童个性发展等高层次的精神方面。其二，关注的角度不同。在经济发展欠发达国家及法制化进程相对较慢的国家，更多地关注一国儿童的整体利益。而在一些经济发展水平更高、法制化进程更快速的发达国家，更多关注儿童的个体利益。其三，依赖的主体不同。受到不同经济基础文化和习俗的影响，各国针对儿童利益的保护依赖不同的主体。发达国家更相信国家和社会的力量。欠发达国家由于经济压力，更多地将儿童利益保护的责任置于家庭之中。

（三）"最大利益原则"在我国亲子法领域的适用

1. "最大利益原则"本土化的意义

孟德斯鸠（Montesquieu）站在传统的相对论的立场主张法律的道德接受能力依赖于他们所建立的社会、文化和政治状况的演进等。文化相对主义运动的主要代表人物之一的 A. 那依姆（Abdullahi An－Na'im）也认为，正如人权领域中其他规范的普遍性一样，不论是地方、区域还是世界范围内，儿童最大利益原则都不会得到一致接受也不会成为普遍的文化的准则。原则的基本理论及其适用需要从涉及儿童问题的不同的视角探讨它的本质。换言之，不同的历史时期、不同的文化背景以及不同的地方特色会对最大利益作出不同的诠释，如 20 世纪前，英美法传统下的社会立法，虽以"国家监护权"为名保护儿童，有时甚至将其与父母分离，其目的与其说是追求"儿童的最大利益"，不如说更大程度上是为了社会公共秩序和善良风俗的考虑。只有通过严密的分析，才能回答权利由谁实施、以什么作为权利基础，以及为了谁的利益，权利是怎样对儿童产生影响的等问题。特别应注意理解不同的行为主体之间的权利关系的本质、背景和原动力，以及改变和调整那些权利关系的可能性，也就是怎样处理规则的普遍性和特殊性的关系问题。我们需要在文化的多样性和普遍性之间，构建一项具体的法律规则首先需要尊重文化背景的多样性，关注地方和区域特殊性及历史、文化和宗教背景的不同。

　　2. 儿童最大利益原则与传统文化

　　一方面，中国的亲子观体现为"父慈子孝""爱子护子"的具体内容。中华民族是一个重感情的民族，特别是在亲子之间，父母爱护子女的拳拳之心在很多文献记载中均有体现。孟子曰："老吾老以及人之老，幼吾幼以及人之幼。"这种爱子之心得到了社会一般公众普遍的认可与信任，常言道，虎毒不食子。另一方面，传统社会崇尚礼教治家。从经济体制和政治体制上而言，小农经济和集权专制是传统中国社会的两大特征。由于长期受到这两种经济模式和政治模式的影响，中华民族缺乏法治的传统文化意识与习惯习俗。长久以来，家庭和社会（特别是家庭关系）的稳定要靠礼教。礼教始于奴隶社会，却在封建社会得到了极度的推崇。受到宗法制度和家长制度的影响，未成年子女作为家父财产的一部分，没有独立的人身权利和财产权利。传统礼教推崇"君君臣臣""父父子子""棍棒底下出孝子"的观念，这些礼教制度赋予父亲剥夺未成年子女人身权和财产权的权利。传统的礼教更多的是考虑家族和父权的权威，没有顾忌到未成年子女利益的保护，更谈不上儿童利益最大化。直到推翻清王朝之后，民国政府开始意识到儿童利益保护的重要性，我们的社会才开始逐渐关注儿童利益。新中国成立后，立法机关更是关注儿童权益的保护，以《中华人民共和国宪法》为基础，在《中华人民共和国民法通则》《中华人民共和国刑法》《中华人民共和国继承法》《中华人民共和国收养法》《中华人民共和国婚姻法》等一系列部门法中进一步保障儿童的合法权益，甚至专门出台了保护儿童利益《未成年人保护法》。然而，我们不得不承认，我国的基本国情和文化特色受到传统礼教的深远影响，我国在关于儿童工作的立法和司法等各方面的工作中，需要将保护儿童权利的最大利益原则进一步深化和具体化。

3. 关于子女利益保护的现有立法缺陷

我国现行法律中有关未成年子女利益保护的规则，存在以下几个问题。

其一，数量可观，但是位阶不高。

以《中华人民共和国宪法》为基础，《中华人民共和国民法通则》《中华人民共和国刑法》《中华人民共和国继承法》《中华人民共和国收养法》《中华人民共和国婚姻法》等部门法中都有关于儿童权益保护的内容，我国保护未成年人权利的法律保障体系已经基本形成。从数量上而言，法律规则的数量可观。但是现有立法对儿童权利的法律保护更多是从多侧面来保护，更多的内容来源于司法解释性文件。

其二，缺乏对儿童最大利益原则的明确界定。

现有部门法更多的只是单纯规定，立法要保护儿童利益，但是并未将儿童利益的保护上升到儿童最大利益原则的层面来予以保护。事实上，世界上绝大多数国家和地区的法律，均在实体法上明确规定了儿童最大利益原则。在我国，无论是最高位阶的宪法，还是具体部门法，还是司法解释，均只是单纯规定保护儿童利益，至于进行何种程度的保护，并未明确地说明。我国要切实保护儿童利益必须首先做到有法可依，将儿童最大利益的原则在宪法和其他相关部门法中明确规定，而不是单单体现出保护儿童最大利益的精神。

其三，保护内容不具体。

虽然诸多部门法把儿童利益保护纳入了法制的轨道，但是关于儿童利益的保护范围并不具体。宪法作为基本母法，并不宜具体规定儿童最大利益原则的具体内容，而且我国现行宪法仅仅有理论上的可诉性，在司法实践中将宪法适用于具体案件中来保护儿童利益并不现实。但是，我们在一些具体部门法中，如民法、刑法、婚姻法、收养法、继承法等，结合本部门法的内容，将儿童最大利益保护原则进一步具体化。例如，在民法通则中的监护和法定代理规则方面、在婚姻法的离婚财产分割和子女直接抚养人的确定方面、在继承法中继承份额的确定方面等，均可以更为具体的体现儿童的最大利益原则。

此外，在立法上是否可以适用列举式的规定来将儿童最大利益原则具体化？在理论界素来存有争议。有的学者对这种做法能否实现它的初衷提出质疑，如台湾地区"民法"中针对"子女最佳利益"所列举的那些注意事项，是否提供了足够的实体标准，规范法官裁量权之行使；在认定何种安排最符合"子女最佳利益"时，法院如何权衡这些列举因素之间的轻重；等等。总结国际社会及各国司法实践中的问题，实体法中的规定不宜采取——列举注意事项的规范方法。很多个案的审理也证明，法规所列举的保护儿童最大利益应参照的诸项因素，并没有为正确审判提供足够的规范。按照中国的传统做法，在实体法中仅做原则性的规定，然后在实施细则或司法解释中再做具体的列举式的规定的做法是现实可行的。

其四，在司法程序保障方面不足。

实体法与程序法是实现权利不可或缺的内容，程序法上的支持是建立健全儿童权利保护机制，使实体法得以顺利实施的关键。虽然实体法和程序法作为法律的整体功能是一致的，但是程序法的主要功能在于及时、恰当地为实现权利和行使职权提供必要的规则、方式和秩序。在司法实践中，单纯依靠实体法无法体现儿童最大权益的保护。在具体的刑事和民事等各类案件的审理中，如何具体地在程序上保护未成年人的利益，应当特别注意儿童身心健康的发展，如儿童案件的不公开审理制度等。没有救济就没有权利，没有救济的权利不是权利。因此，完善与实体法相配套的程序法规范具有十分重要的意义。但是，其他国家的司法实践告诉我们，针对最大利益原则所设计的程序法规范及其实施的确不是一件轻而易举的事情。如若允许法院、父母、子女甚至社工人员介入亲子关系，通过最大利益原则保护儿童利益，法律实践中如何权衡各方权利的消长？以及各相关法律能否提供足够的程序保障？作为司法机关的法院在寻求用"最大利益原则"保护儿童权利时，面对当事人及社会所涉及的诸多价值观，应该扮演什么样的角色？究竟什么样的实体标准或程序，才能恰如其分地平衡在寻求"最大利益"中所涉及的价值与利益冲突？共同监护通常针对法律监护而言，而身心监护多半由一方行使。推定心理上父母强调子女与父母间稳定而可靠的情感与亲密关系，有助于子女心智的健全发展。前两种推定原则在理论和运用中多有争议，目前比较认同的是推定主要照护者原则。针对上述问题，实践中，我们既要赋予法官相应的自由裁量权，又要避免裁判者和当事人将最大利益原则作为规避法律的借口，或曲解儿童最大利益原则的内涵概念，或空化儿童权益保障的最大利益原则的内容，侵害未成年子女的利益。

4. "最大利益原则"在我国亲子法领域中的适用

在"最大利益原则"的运用过程中，要注意儿童利益保护与其他弱势群体利益保护的权利冲突问题。尊重理性启蒙和个性解放是现代法制社会尊重人权的表现之一，那么儿童是否想要个性解放的权利？在社会发展的早期，儿童往往被排除在权利主体之外，是家父权的客体，不享有独立的人身权和财产权。但是随着社会权利的增多和集体福利制度的出现，包括儿童、妇女、老年人、残疾人等在内的弱势群体得到了社会的普遍关注与保护，这是人类追求公平和正义的结果。然而在具体适用儿童最大利益原则、保护儿童最大利益的过程中，却不可避免地出现了儿童利益与其他弱势群体之间利益保护的冲突。例如，妇女和儿童利益保护的冲突问题、老人与儿童利益保护的冲突问题、失独老人主张对孙子女、外孙子女行使探望权的问题。由于老人失去了唯一的子女，未成年子女失去了父亲或者母亲，允许老人探望孙子女、外孙子女，不仅可以满足老人的情感慰藉需求，也可以让儿童感受到更多的亲情。但是这种共同利益并非是普遍存在的，如果老人的探望行为影响了孙子女、外孙子女的生活，对其融入新的家庭产生了不利影响，那么在老人利益与儿童利益之间就产生了冲突。解决这类探望权纠纷时，如何平衡失独老人的利益与未成年孙子女、外孙子女的利益就是裁判者必须考量的问题。

在我国宪法和婚姻法上，"保护妇女、儿童、老人合法权益"的语句表达也曾经引起了争议。联合国《儿童权利公约》是以牺牲妇女权利为代价来提升儿童利益保护的地位的。儿童权利的保护，本身涉及父母权利的分配与父母义务的分担。因此，在家庭内部，儿童最大利益原则的实施，对于父母和儿童双方均产生了重要的影响。当然，也有观点认为，家庭内部父母和儿童的利益并不是绝对不可调和的，在很多时候父母与子女的利益是一致的，保护儿童最大利益并非是限制父母的权利。对于该争论，我们应当保持清醒的认识，在考量儿童最大利益标准时，也要考虑到父母权利的现实。如果出现为了维护儿童最大利益需要牺牲父母的利益时，要权衡两者之间的得失。

通过对最大利益原则历史演进的严格考察，不难看出，最大利益原则的生成是人类文明的体现。虽然该原则的生成在国际和国内层面都遇到了不同程度的困难，但是最终却增进了对儿童权益保护的认识。我国受到传统家族观念的影响，儿童权利保护的研究和立法工作起步较晚，而且由于经济、文化、传统习惯等方面的原因，在具体制度落实方面存在一些困难。但是目前社会各界已经充分认识到了保障儿童的权利对于国家振兴和社会进步的意义所在，我们欣喜地看到儿童利益受到了越来越多的关注，朝着越来越好的方向发展。因此，未来我国的亲子立法应该将儿童利益最大化原则贯穿始终。

第六节　亲权制度的完善

一、亲子关系确认制度的完善

亲子法律问题的一个重要内容是亲子关系的确认制度。因为，只有确立了亲子关系，才能将亲子问题纳入法律调整的轨道。因此，亲子关系的确认是享有亲子权利义务关系的前提，所有关于亲子之间的权利义务内容的适用均以当事人之间存在法律承认的亲子关系为基础。

亲子关系确认制度追求的目标就是维护家庭的稳定，保障家庭利益的传承。同时，亲子关系的确认制度也是法治社会与现实社会的一种妥协。一方面，法治社会对婚姻缔结条件有明文规定，并保护婚姻利益；另一方面，因为现实社会中非婚生育现象的存在，还需要保护未成年子女的利益。因此，不能简单地根据生育的表象来推定亲子关系，亲子关系的确认制度应该是一套完善而合理的机制。

那么，以何种事实和行为来认定当事人之间具有亲子关系呢？对该问题的回答离不开某一具体社会的传统文化观念、法律价值观念及科学技术发展水平。亲子关系的确立首先必须以真实的血缘关系为前提，这是早期社会确定亲子关系存在与否的唯一依据，也是现今当代各国亲子法所遵循的主要原则之一。围绕这一亲子关系的认定需求，就产生了亲子关系的推定问题及推定规则。由于人类两性生理条件的限制，生育主要由女性来承担具体的分娩和生育任务，母亲身份的认定并不成为问题，但是由于存在生物性父亲与社会性父亲不相符的事实，就需要对父子关系加以确定。婚姻的目的在于确定社会性的父亲，对于生物性的父亲的确定应属次要，婚姻关系足够确立父子关系了。① 具体而言，亲子关系确认制度不仅包括亲子关系的推定和否认制度，还包括对非婚生子女的认领和准正制度，以及对人工生育子女的身份确认制度。

现行的立法对亲子关系的确认问题尚未明文规定，关于亲子法的立法结构、立法原则和具体规则均是一片空白。面对现实生活中出现的与亲子关系确认有关的纠纷，司法裁判者无从寻求立法的依据。理论界对该问题也缺乏研究的热情，关注度不高。在司法实务中遭遇亲子关系的确认问题时，只能单一地采取亲子鉴定的办法，但是如果现实已经不具备亲子鉴定的条件了，

---

① 费孝通：《生育制度》，商务印书馆 1999 年版，第 73 - 74 页。

亲子关系的确认就成了一个无法推定的问题，这给当事人权利义务的确定和权益的保护带来了挑战。

（一）婚生子女的推定制度

亲子关系的推定是一种最常见也最可行的确定亲子关系的办法。由于亲子关系的推定一般基于某一个客观事实（主要是子女的出生事实，以及子女与母亲的关系）来推定另外一个尚待证明的事实，即子女与其生母的丈夫之间具有（亲子关系的推定）或者不具有（亲子关系的否认）血缘关系的事实。因此，亲子关系的推定实际上主要是关于子女父亲身份的确认，确定父亲与子女之间的亲子关系。

1. 亲子关系推定概述

所谓亲子关系的推定是指，对父母与子女之间具有亲子关系的确定制度。之所以会产生亲子关系的推定问题，主要是因为生育的自然条件的限制。依照生物学的要求，生育需要男女异性之间的结合，但是胎儿的孕育与分娩任务则主要由女性来承担。因此，在自然生育的情形下，婴儿一旦出生，依据生育的事实就能确定生母的身份。也就是说，子女与母亲的身份基本上依据生育的事实就能确定，但是子女与父亲的身份则需要进行推定。推定子女与生母之夫具有亲子关系的标准有两个。其一是看双方是否具有血缘关系，推定的结果是子女与生母之夫是否为亲子关系。当然，如果单纯依靠子女出生的事实（子女由母亲分娩）和生母与其丈夫的婚姻关系（母亲和父亲具有合法婚姻关系）来确定亲生子女的身份，有可能出现错误的结论，这种简单的推论可以被客观事实所推翻，因为子女可能是母亲与婚外异性所生育。古今中外任何国家都不可能杜绝婚外性行为，在一夫一妻制下，即使法律对婚外性行为的惩罚严厉残忍，也无法完全制止婚外性行为。而这种婚外的性行为可能会产生新的生命，这也是任何国家都普遍存在的社会现象。现代科学技术的发展和亲子鉴定技术的成熟对鉴定子女与父母之间是否具有血缘关系提供了有力帮助，如果不借助于现代的科技手段，或者说在当事人不希望借助技术手段来确定亲子关系的情形下，关于血缘关系的推定，还可以依据父母婚姻缔结时间来判断。因此，第二个标准是看子女是否在父母婚姻关系存续期间孕育，推定的结果是婚生子女或者非婚生子女。根据分娩时间与父母婚姻缔结时间的计算，该子女并非在婚姻关系存续期间生育，是非婚生子女。第三种情形是子女与生母之夫间具有亲子关系，并且根据分娩时间与父母婚姻缔结时间的计算，该子女是在婚姻关系存续期间生育，是婚生子女。

2. 现有立法关于婚生子女推定制度的规定

在一夫一妻制下，婚姻的合法性问题决定了生育的合法正当性，子女的身份有了婚生与非婚生的区别。符合婚姻家庭制度，权利则会受到法律的保护。在人类发展历史上，很长一段时间内，非婚生子女的权利无法得到全面的保护。之所以要确定亲子关系，最开始是为了确定家族利益的传承人，这种观念在现今仍然具有强大的现实需求。但是在确定了当事人之间具有亲子关系之后，关于子女是否为婚生子女的推定问题，在未成年人利益保护和法律平等保护观念深入发展的背景下，该问题在当前社会越来越不被关注。

我国现行《婚姻法》并未对婚生子女和非婚生子女进行界定，也未对亲子关系的确认在实体法意义上作出明确的规定。仅仅对非婚生子女的法律地位和权益保障作出了一般性的规定，《婚姻法》第二十五条规定，非婚生子女享有与婚生子女同等的权利，任何人不得加以危害和歧视。不直接抚养非婚生子女的生父或生母，应当负担子女的生活费和教育费，直至子女能独立生活为止。

3. 域外法借鉴

（1）关于婚生性推定的原则

英美法系国家关于子女婚生性的认定标准普遍规定得较为宽松。英国普通法对子女婚生性的推定标准比较宽松，如果子女的父母具有法律认可的合法婚姻关系，只要子女是在父母婚姻关系的存续期间中出生，不论其是否婚前受胎，子女就取得婚生子女的资格；如果受胎发生于婚姻关系存续中，即使子女在出生前父母的婚姻关系已经解除，也不影响子女取得婚生的资格。

而在美国有些州关于子女婚生的标准则更为宽松，如《纽约州家庭法》第24条第1款规定，父母在子女出生前或者出生后，已举行世俗的或者宗教的婚姻仪式，或者已按照普通法规定完婚，婚姻被认定为有效并经婚姻登记地法律认可的，所生育子女均为婚生子女。①

大陆法系国家关于婚生子女的推定规则相对要严格。如《比利时民法典》第321条规定，妻子婚姻期间所怀孕的子女，其丈夫即为该子女之生父。第314条和第315条规定，子女于婚后125天内出生，而若丈夫于结婚前已知其妻子怀孕，或者子女的出生证书上记载有其名字，或者有其署名，或者载有其不会签名的声明，或者婚姻关系解除后125—300天之内所生子女无人承认为其父或者表示认领的，该子女为婚生子女。②《瑞士民法典》第225条规定，凡在婚姻关系存续期间或者在婚姻关系终止后300天内生育子女的妇女的丈夫，应该被确认为子女的生父。③

《日本民法典》也有类似的规定，其第772条规定，妻子于婚姻关系存续期间受孕怀胎的子女，即自婚姻成立起200日后，或者自婚姻关系解除，或者婚姻被撤销之日起300日内所生子女推定为婚生子女。④

依据我国台湾地区"民法典"的规定，婚生子女者，即由婚姻关系受胎而生之子女。所谓受胎期间，即从子女出生日回溯至第181日起至第302日止。

在大陆法系国家中，法国继承传统，确立的婚生推定规则仅限于父亲身份的推定。德国法的改革更为彻底，不再有婚生与否的区别。不过在亲子关系确认制度中，增加了对母亲身份的定义（第1591条），以父亲身份推定取代婚生推定（第1592条）；增加第1697a条，规定法官在处理父母照顾、交往权以及看护等事务方面，应当考虑实际情况和各种可能性以及利害关系人的正当利益，做出最有利于子女利益的裁判。⑤为进一步明确子女在亲子关系确认上的主体地位，实现其最佳利益，德国联邦法院确认"知悉自我基因出生是子女的一项具有高度人身属性的权利"。在德国联邦法院敦促下，

① 张贤玉：《外国婚姻家庭法资料选编》，复旦大学出版社1991年版，第45页。
② 张贤玉：《外国婚姻家庭法资料选编》，复旦大学出版社1991年版，第46页。
③ 杨大文：《亲属法》，法律出版社2012年版，第220－221页。
④ 杨大文：《亲属法》，法律出版社2012年版，第220－221页。
⑤ 《德国民法典》，陈卫佐译注，法律出版社2010年版，第501页。

2008 年 3 月《德国民法典》增加第 1598a 条，赋予子女享有请求父母双方允许进行基因血缘检测，查明其出身的权利。如果亲子鉴定会造成对未成年子女最佳利益的侵害，法院应终止该程序。①

（2）婚生性推定的标准

目前世界各国对于婚生子女的推定标准并不一致。

第一种，子女必须是在合法婚姻关系的存续期间受胎，才能推定为婚生子女。根据自然规律和医学标准，一般情况下卵子受精后至少在母体孕育 7 个月以上，分娩后才有存活的可能。同样，卵子受精后在母体内孕育的时间最长也不超过 10 个月就会分娩。很多国家，例如日本，将婚姻成立起 200 日后，或者自婚姻关系解除或者被撤销之日起 300 日内所生子女推定为婚生子女。

第二种，子女必须是在合法婚姻关系的存续期间出生，才能推定为婚生子女。这是一种最为简单的推定方法，也是推定标准最为苛刻严格的立法。

第三种，子女在合法婚姻关系存续期间受胎，或者在合法婚姻关系存续期间出生，均推定为婚生子女。

宽松的推定标准有利于维护夫妻关系，巩固社会秩序，也有利于未成年子女的健康成长，因此受到了世界上绝大多数国家的欢迎。

（3）立法的可借鉴之处

让子女为父母的婚外性行为，或者父母的其他行为承担责任，是不公平的。现代文明国家的立法均坚持子女身份平等的原则，我国立法在消除传统观念对子女身份的歧视方面作出了较大的努力，并且取得了显著的成效。《婚姻法》第二十五条规定，非婚生子女享有与婚生子女同等的权利，任何人不得加以危害和歧视。虽然上述规则是一条抽象的规则，但是该规则将非婚生子女完全等同于婚生子女来进行法律保护，将权利涵盖在了各个方面，是一个非常大的进步。

---

① ［德］迪特尔·施瓦布：《德国家庭法》，王葆莳译，法律出版社 2010 年 7 月版，第 293－294 页。

在我国传统宗法观念下，子女的身份受到父母的身份和其出生时客观条件的影响，而且这种对不同身份子女规定不平等法律地位的身份歧视情形，不仅出现在中国传统社会，也出现在其他国家的历史上。大多数国家都是在文明发展的过程中逐渐赋予非婚生子女与婚生子女同等法律地位的。而且，直至今日，也并非所有国家均赋予了非婚生子女与婚生子女完全同等的法律地位。例如，法国于 1972 年才真正在法律上明确确立了非婚生子女与婚生子女完全平等的法律地位。虽然法国立法上逐渐在消除对非婚生子女与婚生子女的差别保护，但是其并没有完全取消对非婚生子女和婚生子女的区分。例如，《法国民法典》第 334 条规定，非婚生子女"一般"享有与婚生子女相同的权利。① 而在《法国民法典》的第 760 条，对于财产继承方面的权利，则通过迫使子女牺牲财产利益，补偿父母在道德和法律上的过错。② 此外，在法定继承权享有、继承份额方面，现行《法国民法典》还在第 733 条和第 735 条中规定，法律不区分婚生亲子关系和非婚生亲子关系。③ 这显然是一种典型的歧视行为。相比较而言，德国法关于非婚生子女的平等保护规则更有力度。1969 年以来的一系列亲子关系立法改革，在消除对非婚生子女的法律歧视方面，从称谓到权利的平等享有都具有划时代性，代表着人类亲子法发展的趋向。④ 并且，非婚生子女过去在财产继承权实现方面受到不同于婚生子女的差别对待，也随着民法典第 1934a 条被废止而消除。

(4) 立法的缺陷

子女身份平等的规则不够具体，缺少可执行性是目前立法面临的一个很大的挑战。《法国民法典》虽然没有完全赋予非婚生子女与婚生子女同等法律地位，但是却在最大限度内细化了非婚生子女的保护规则，并为贯彻这一基本原则制定了诸多的具体规则。例如，规定了非婚生子女取得婚生子女资格，规定了非婚生子女与婚生子女享有平等的权利等。还在法典的第 342 条

---

① 杨大文：《亲属法》，法律出版社 2012 年版，第 220－221 页。
② 杨大文：《亲属法》，法律出版社 2012 年版，第 220－221 页。
③ 杨大文：《亲属法》，法律出版社 2012 年版，第 220－221 页。
④ 陈苇：《外国婚姻家庭法比较研究》，群众出版社 2006 年 1 月版，第 316 页。

特别为那些尚未确立亲子关系的非婚生子女设定补助费请求权。1977 年第 77
－1456 号特别法律规定，子女未成年期间可随时向其母亲怀孕期间与之有共
同生活关系的人提起支付补助费的诉讼；如果子女在未成年期间没有提起，
可在成年后 2 年内提起（第 342 条第 2 款），此类补助费实为对该子女的抚
养费。如果被告在诉讼中被证明有过错，法官还可判令被告支付保障子女生
活与教育的补偿金（第 342－3 条），并由公益组织或法院指定的委托人代为
收取。法国法对非婚生子女的特别保护突出体现在这一制度上，尤其是由
"儿童社会援助基金、具有公益性质的慈善组织或法院确定的受委托人"代
为收取补偿金，保障子女生活和教育支出的规定，凸显了国家公权力对非婚
生子女的特别保护。①

4. 我国立法是否需要规定婚生子女的推定规则

如前文所言，从目前世界范围看来，几乎所有的国家都加强了对非婚生
子女的保护，而且很多国家还赋予了非婚生子女与婚生子女同等的法律地
位。我国现行的《婚姻法》并未界定何谓婚生子女，何谓非婚生子女，但是
却在《婚姻法》第二十五条规定了非婚生子女与婚生子女平等保护的原则。
那么我国法律是否还需要完善婚生子女的推定规则呢？对于该问题，学界有
不同的观点。有观点认为，应当完善婚生子女的推定规则；但是也有观点认
为，未来立法无须完善婚生子女的推定规则，为了平等保护非婚生子女的利
益，应当直接取消婚生与非婚生的称呼。

如果直接取消婚生子女和非婚生子女的称呼，的确从形式上可以不强调
子女出身的事实差异，同时也就无须在法律条文中明确对非婚生子女的平等
保护原则。但是事实上非婚生子女在现实生活中是现实存在的，其非婚生的
身份也是客观存在的。很多非婚生子女可能还是父母一方在有配偶的情形下
与他人同居或者重婚的情形下出生的。在中国传统的婚姻家庭伦理观下，婚
外性行为本身受到了法律的否定和道德的谴责，这种对婚外性行为的否定评
价本身也影响了因为这种行为而出生的非婚生子女，是否在立法上取消非婚

---

① 薛宁兰：《我国亲子关系立法的体例与构造》，载《法学杂志》，2014 年第 11 期

生子女的称呼，其现实意义不大。

在我国，传统文化一贯非常在意子女的身份，不同身份的子女，其在家庭里的地位差异很大。在我国封建社会，婚生子女本身就分为嫡子、庶子等多种类型。由于传统伦理制度强烈排斥不忠实于婚姻的行为以及因这种行为产生的子女，因此非婚生子即奸生子，更是不被认可。这样的歧视现象在短期内无法完全消除，如果仅仅由法律来原则性地规定子女平等的法律地位，缺乏具体措施的支持，根本无法切实保障非婚生子女的合法权益。例如，法律规定婚生子女和非婚生子女有平等的继承权，那么被继承人通过遗嘱也可以排斥非婚生子女的继承权，非婚生子女的继承权得不到保护。而且来自社会的不友好的评价，也会给非婚生子女的成长产生不利影响。因此，具体区分非婚生子女的现实情形，同时结合非婚生关子女的认领和准正制度来保障非婚生子女的法律权益，更加符合我国的现实。

还有观点认为，亲子鉴定技术可以完全取代亲子推定规则的适用。事实上在中国的家庭文化环境下，亲子鉴定的弊端明显。直接依靠亲子鉴定技术确定亲子身份的确便利准确，但是进行亲子鉴定后，会破坏夫妻之间的信任与感情，不利于和谐婚姻家庭关系的建立。

由此可见，如果希望简单地通过模糊和抹消概念来达到消除身份影响的效果，无疑是一种不切实际的幻想。因此，未来立法仍然需要明确提出对非婚生子女利益的保护。而且一旦立法中出现了非婚生子女的字眼，那么也应该相应地明确非婚生子女的认定标准。

5. 婚生性推定规则在我国立法上的完善

为了保护子女的合法权益，建议对婚生子女采取宽松的界定标准，一般情况下，婚生子女需要满足三个条件：其一，该子女的父母之间具有合法的婚姻关系；其二，该子女是生母之夫受胎所生；其三，该子女是在父母婚姻关系存续期间受胎或者出生。对于第一个条件，即要证明子女的父母之间有合法的婚姻关系，证据非常容易取得。而对于第二个条件，要求子女是生母之夫受胎所生，该事实的证明存在一定的困难。生命的孕育是一个长期的过程，男性的精子与女性的卵子在女性体内结合后，整个生命的孕育过程主要由女性承担，胎儿最终也由女性分娩而出。在这个复杂长期而又相对隐秘的过程中，子女与女性（母亲）孕育的过程可以通过明确的行为和事实来确定。而子女与父亲的血缘联系在受精一刻产生，此后男性（父亲）的参与程度较低，很难从外在行为上直观地判断父亲与子女的亲子关系的存在。因此子女与母亲之间的亲子关系容易证明，根据子女出生的事实加以确定即可，不必经过法律手续。而子女是否出自生母之夫，则难以直接通过子女的出生事实而加以确定。在我国传统的观念里，将亲子关系和其他家庭实务诉诸法律，暴露于公众视野，在情感上是难以被接受的。一般情形下，大家比较排斥亲子鉴定等技术手段介入家庭实务。也就是说子女与父亲的亲子关系需要进行推定，但是公众心理却难以接受鉴定与诉讼等非常规手段。

对于父亲与子女亲子关系的推定，该推定标准也应该采取最为宽松的标准。特别是在我国，由于传统文化对血缘联系和家族基因的推崇，从我国的社会实际出发，宽松的标准有利于维护未成年子女的利益和婚姻家庭关系的稳定。因此，我国立法可以作出规定，子女在合法婚姻关系存续期间受胎，或者在合法婚姻关系存续期间出生，均推定为婚生子女。在立法中增设婚生子女推定制度是我国社会生活和司法实践的需要，将结婚前受胎怀孕、结婚后出生的子女，及婚姻存续期间受胎、婚姻解除后出生的子女都纳入亲生子女的范围，符合世界各国家的立法趋势和我国国情。

但是有观点认为，如果采取最为宽松的亲子关系推定标准，的确有利于保护未成年子女的利益。但是宽松的标准有可能推定出不符合血缘认定标准的错误结论，有可能将不具有血缘关系的当事人推定为父子关系和父女关系。对于生母之夫而言，是不公平的。

本文认为，其一，人类情感具有丰富性和包容性的特质。亲子关系原则上应该以生物学上的血缘关系为基础，这也符合人类繁衍传承的本质需求。但是生活具有多样性，在现实生活中，血缘并不能取代一切。如果子女与生母之夫之间，即子女与名义上的父亲之间经过长期的生活，或者因为夫妻双方的情感，父亲已经与子女之间建立了深厚的情感，法律规则强制否定这种亲子关系的合法性，恢复子女与其生物学意义上生父的身份，没有尊重当事人的需求，也无益于社会关系的稳定。其二，婚生推定事实上就是依据法律条文来确定子女的婚生性。然而亲子关系的推定并非唯一认定亲子关系的条件，在宽松的推定标准之外，可以结合亲子鉴定技术手段、举证责任、否认制度等来对推定规则进行修正，平衡双方当事人的利益。

（二）婚生子女的否认制度

1. 婚生子女否认制度的概述

婚生子女的否认则一般是指当事人依法否认亲生血缘的父母子女关系，从而否定相应法律上的权利和义务。

如前文所言，婚生推定是依据法律条文来确定子女的婚生性，但是法律规则并不能保证推定的结果（血缘联系）的正确性。各国在明确婚生子女推定规则的同时，也制定了婚生子女的否认制度，来修正婚生子女的推定结论。

2. 现有立法关于婚生子女否认制度的规定

我国现行《婚姻法》并未对亲子关系的确认在实体法意义上作出明确的规定，仅仅是在《最高人民法院关于适用〈中华人民共和国婚姻法〉若干问题的解释》（以下简称《婚姻法司法解释三》）第二条规定，夫妻一方向人民法院起诉请求确认亲子关系不存在，并已提供必要证据予以证明，另一方没有相反证据又拒绝做亲子鉴定的，人民法院可以推定请求确认亲子关系不存在一方的主张成立。当事人一方起诉请求确认亲子关系，并提供必要证据予以证明，另一方没有相反证据又拒绝做亲子鉴定的，人民法院可以推定请求确认亲子关系一方的主张成立。

《婚姻法司法解释三》第二条仅仅从证据推定的角度明确了婚生子女否认之诉、非婚生子女认领之诉的证据推定规则。而且在《婚姻法司法解释三》出台之前，未解决司法实务中的亲子关系认定纠纷，最高人民法院已经通过司法解释和批复答复的形式作出了类似的规定。如最高人民法院对四川省高级人民法院涉及亲子关系否认这一民事案件所作的复函，即1992年4月2日（1991）民他字第63号《关于夫妻关系存续期间男方受骗抚养非亲生子女离婚后可否向女方追索抚养费的复函》（以下简称复函），已经确定了这一证据推定规则。《婚姻法司法解释三》第二条是对上述复函精神的细化和认可，根据该条解释的规定，人民法院可以依据原告提供的必要证据，在被告以各种理由拒绝进行亲子鉴定时，作出不利于被告的判决。

3. 其他地区法律借鉴

目前世界各国和地区关于婚生性的否认制度，因为婚生推定制度的不同而有所区别。

（1）关于否认权人的确定

追求血缘真实是法律确立亲子关系确认制度的初始目的。法律在追求血缘真实时，需要顾及亲子身份的稳定，故对否认权人的范围和否认权的有效期间做出规定，以限制权利人范围，并敦促其及时行使诉权，尽早稳定亲子关系。

具体而言，围绕否认权人的确定问题，我们需要思考下列问题：谁有权提起亲子关系的否认权之诉？否认权人是否仅限于被推定的丈夫呢？夫妻双方是否均享有否认权？子女的生母是否有权否认子女与父亲的亲子关系？子女（成年后）是否享有否认亲子关系的权利？

亲子关系的否认是为求得法律推定与客观事实相一致所确立的法律救济途径。在传统的"亲本位"的亲子法说上，其规则大多认定，仅被推定的丈夫享有否认权。其实，当代亲子法中的否认之诉不仅关系丈夫的利益，也关涉其他利益相关人，如子女本人、子女的母亲，以及子女血缘意义上的生父等主体的利益。各相关利益方是否均应享有此项否认权？对于具有完全民事行为能力的子女，如果其不能作为否认权人，则无法自主决定自己的身份，也就无法保护自身的正当利益。同样，子女的生母、血缘意义上的生父，在亲子关系否认之诉中也享有相对独立的利益。

关于否认权人的范围，不同的国家和地区在此问题上的规定有所不同。《法国民法典》原则上规定丈夫享有否认权，丈夫死亡后，在否认权有效期间内，其继承人也可提起该项诉讼。并且，子女的生母、成年子女也可以提起否认之诉。而《德国民法典》对亲子关系提出否认之诉的主体范围规定得最宽，依第1600条，与生母成立婚姻关系之人，承认父亲关系之人、子女、生母，以及依第1592条第2款对该类案件有管辖权的机关，都享有撤销父亲身份的权利。① 《保加利亚家庭法》第三十三条第四款还特别规定，在人工生育的情形下，如果子女的生母持有其配偶向有关单位主管人员以书面形式同意的证明时，夫无权提起否认之诉。②

至于利害关系人可否提起否认之诉，美国有的州规定夫妻或其一方或双方的直系卑亲属均可成为婚生推定之争讼当事人；③ 《俄罗斯联邦家庭法典》则规定被推定的父母，实际上的父母、成年子女、子女的监护人、无行为能力的父母的监护人等都可以作为否认权人。④

（2）否认之诉的相对人

有关否认之诉的相对人，各国和各地区法律规定较为一致。《法国民法典》规定，子女应由亲属会议所选任的特别监护人为代理人应诉且须在生母到场的情况下进行诉讼程序。⑤ 《德国民法典》规定在子女生存中，乃以子女为被告；如在诉讼过程中，夫或子女死亡时，该诉讼即行终结。⑥ 在我国台湾地区，子女为亲子关系否认之诉的被告，即使子女不能独立地进行诉讼（如为限制行为能力人）。当三方当事人一方起诉时，其他两方应为共同被告，如果有夫起诉者，以妻及子女为共同被告，由妻起诉者，以夫及子女为共同被告，如果妻或夫死亡者，以子女为被告。至于子女起诉者，当以夫为被告，不需将妻列为共同被告。⑦ 《日本民法典》规定否认权的相对人是子女或行使亲权的母亲；无行使亲权的母亲时，家庭法院应选任特别代理人。⑧ 《瑞士民法典》规定："夫对子女及母有诉权；子女对夫及母有诉权。"⑨ 我

---

① 薛宁兰：《我国亲子关系立法的体例与构造》，载《法学杂志》，2014年第11期。
② 杨大文：《亲属法》，法律出版社2012年版，第220－221页。
③ 杨大文：《亲属法》，法律出版社2012年版，第220－221页。
④ 杨大文：《亲属法》，法律出版社2012年版，第220－221页。
⑤ 杨大文：《亲属法》，法律出版社2012年版，第220－221页。
⑥ 杨大文：《亲属法》，法律出版社2012年版，第220－221页。
⑦ 杨大文：《亲属法》，法律出版社2012年版，第220－221页。
⑧ 杨大文：《亲属法》，法律出版社2012年版，第220－221页。
⑨ 李洪祥、徐春佳：《我国未来民法典中亲子关系否认制度的建构》，载《当代法学》，2008年第9期。

国的亲子法应该借鉴上述规则，完善否认之诉相对人的选择。

（3）关于否认理由的规定

英国普通法规定，如果子女生母的丈夫能举证证明"不接近"的事实，则可以推翻子女婚生性的事实。《德国民法典》规定，只有在夫妻于受胎期间没有同居的事，或者有明确的证据，如血型或遗传生物学检查证明，才能提起婚生子女的否认之诉。而法国立法对婚生否认的理由规定得最为全面，规定否认之诉的三种情形：一是丈夫举证在受胎期间不能与妻子同居的物理事实，或者别居的事实；二是母子关系不存在，即出生证书之记载与身份占有实际存在矛盾；三是争执子女婚生性之诉，包括争论"父母婚姻关系是否存在"及"子女受胎或者出生是否在婚姻关系存续中"这两方面的内容。

（4）否认权的请求期限

子女死亡是否可作为否认请求权消灭的原因各国立法不同。《德国民法典》规定，夫之否认权的行使，应该在知悉子女非自己亲生子女的事实后两年内提出。《日本民法典》第774条规定，父提出婚生否认权之诉的期限是，自知悉子女出生时起一年以内。《韩国民法典》将其作为诉权相对消灭的原因，认为子女死亡时不绝对消灭否认权，但以子女死亡时有直系卑亲属时为限，以其母为相对人，无母时以检察官为相对人。我国台湾地区将其作为诉权绝对消灭的原因，认为子女死亡时，夫不得再提起否认之诉，起诉后子女死亡时，视为诉讼终结。①

4. 我国立法是否需要规定婚生子女的否认规则

在现实生活中，因为亲子鉴定技术的采用关涉到夫妻（尤其是妻）和子女的感情和利益，不宜随意进行。婚生子女的推定规则使得婚姻内不稳定的父子关系处于一种相对的稳定，维护了子女的利益，巩固了因婚姻而建立起来的家庭。在亲生子女的推定中，决定父子关系的主要因素是婚姻关系和血缘关系，而不是单纯取决于血缘关系。因此，这种推定不仅是对子女的婚生身份的推定，同时也是对父亲身份的推定，推定的法律结果是该子女取得婚

---

① 杨大文：《亲属法》，法律出版社2012年版，第220－221页。

生子女的法律地位，同时母亲之夫就是该子女的法律上的父亲。但是，利用婚姻关系的存续期间来推定子女的父亲，确定婚生子女身份，有可能会出现错误，这种推定可能会被其他客观事实所推翻，因此法律允许利害关系人提出亲子关系否认之诉推翻亲子关系推定。因此，规定婚生子女的否认规则非常有必要。

5. 婚生子女否认规则在我国立法上的完善

关于否认权的权利人范围。婚生子女否认权之诉讼主体的确立，首先应定位于夫、妻、子女三方。具体分析如下。首先在三方当事人中，丈夫是最直接的当事人，丈夫享有否认权毋庸置疑。父母对子女的法定抚养义务是基于一定的身份关系而产生的，既然这种亲子关系事实上并不存在，丈夫当然可以停止履行抚养义务，并通过婚生子女否认之诉使自己的权利受法律的保护。因此，丈夫享有婚生子女否认权无论从法律还是道德方面考虑，都是无可厚非的。家庭生活的保障或对子女身份安定性的需求，仍旧是立法者所欲一并追求的目标。家庭关系自然不只是父子，应当包括母亲，虽说婚生否认之诉的对象是父子关系，但直接的利害关系人，理应包括该家庭成员的母亲才是。毕竟亲子关系的否认与否，的确会影响母亲行使亲权的权限，而不能说与母亲无利害关系。母亲因子女非其夫之血统，而认为无法维持和谐的家庭生活，要以婚生否认之诉排除父子关系，则应尊重其意愿，并由母亲单独负起对子女的义务，此未尝不是以子女利益为考量的一种方式。至于是否因妻为通奸行为在先，有违公平正义之原则，而排除其提起否认之诉的权利，一来此对公平正义实有扩大适用之嫌，二来过于泛道德化。而究其母亲提起婚生否认之诉的背后原因，如夫对子女的管教有重大过失或夫有不名誉之行为，多处于无法再与夫维持和谐的家庭生活，并有生父愿意承担子女之责任，或自己有能力扶养该子女之缘故，若结果对子女并无不利，实无因母亲的通奸行为而加以禁止之理。子女作为婚生否认之诉的最直接利益关系人，应有独立提起婚生否认之诉权，以明确其真实父子关系，进而确定其权利义务关系。因此其享有否认权是符合"公平、平等"的法律精神。①

关于否认权期间的起算点。有的学者主张吸取一些国家和地区的经验，结合我国国情，婚生否认的时间规定为得知子女出生后一年内，或子女成年后得知自己出生情况一年以内为宜。② 但是这个建议只关注了明知自己没有生育能力，而妻子怀孕生育的子女显然与其没有血缘关系时，夫之否认权的行使，忽略了当子女出生时，丈夫并不知道并非其亲生，事后才知道的情形，由于已过了期限，而无法行使否认权。有的学者认为否认权的行使期限应当且只能从权利人知道或应当知道受推定的子女非夫的亲生子女之日起算，而不宜自子女出生时起算。如果丈夫只知道子女出生而不知道非其亲生，根本就不可能行使否认权。③ 这个建议则有些模糊，容易给有的当事人留下抗辩的空间。夫行使否认权有更大的可能性和随意性，不利于子女尤其是未成年子女的成长和家庭稳定。

关于否认请求权期间的长度。从各国立法例来看，多数国家采用的是一年的期间，我国应该借鉴其他国家的经验，采取一年的期间。从现实情况来看，一年的时间足够男方发现和解决问题，过长的时间只会使家庭长期处于不稳定中，不利于未成年子女的健康成长。而且，即使采用一年的期间也不会引起法院实际操作的不便。综上所述，建议应将否认请求权的期间规定为：父母提起否认之诉的期限为一年，自知道或者应当知道否认事由之日起计算；成年子女提起否认之诉的期限为一年，自子女成年后知道或者应当知道否认事由之日起计算。④ 该期限均不适用时效的中断、中止和延长。如果这期间夫未提出亲子关系否认之诉，诉权归于消灭。此外，将来立法坚持的是未成年子女利益最大原则，兼顾保障双亲合法权益的立法原则，所以采用相对消灭原因是最佳的选择。同时，夫同意承认与出生子女为亲子关系是否

---

① 陈玉玲：《德国亲子法视野下的婚生子女的否认——兼论对我国立法的启示》，载《时代法学》，2011 第 4 期。

② 杨大文：《亲属法》，法律出版社 1997 年版，第 248 页。

③ 王洪：《婚姻家庭法热点问题研究》，重庆大学出版社 2000 年版，第 209 - 211 页。

④ 杨立新：《疑难民事纠纷司法对策》，吉林人民出版社 1997 年版，第 6 页。

应作为否认请求权消灭的原因？原来很多国家将该情形承认为否认权消灭的原因，但以后逐渐删除。我们在司法实践中可以采取的办法是，如果夫在明知其子女为非亲生子女的事实之后，愿意继续承担亲生父亲义务的，不得再提出亲生子女的否认；如果夫在并不知情的情况下而承认，则不能作为真实的意思表示。

关于否认的法律效力。子女被确定为非亲生子女后，父子（女）之间就不具有相应的法律地位，其义务应该由孩子的母亲和亲生父亲来承担。这种效力溯及至孩子出生之日，夫与子女之间自始没有发生父子（女）的法律效力，在这期间基于血缘关系而产生的继承、赠与等均不发生法律效力。

（三）非婚生子女的认领

1. 非婚生子女认领制度概述

生命的繁衍与延续是生物的本能，婚姻制度的形成伴随着非婚生子女问题的产生。在古代，因为伦理观念和宗教思想的影响，婚外的性行为被视为罪恶行为，非婚生子女被视作罪恶的种子，长期受到歧视和虐待，社会地位低下，甚至被认为是"无亲之子"。随着时代的进步、思想文化的改革，尊重人权的思想大范围得到肯定和实行，非婚生子女的法律制度也日趋完善，自愿认领制度和强制认领制度相继产生。

非婚生子女的认领是指通过法定程序使非婚生子女婚生化的法律行为。认领有两种形式：一是自愿认领，也称任意认领，即生父自愿承认该非婚生子女是自己的子女，愿意承担对子女的抚养义务，自愿认领一般须经生母同意方为有效；二是强制认领，又称生父的寻认或生父的搜索，即生父不自愿认领时，子女、生母或其他请求权人，可通过诉讼程序强制确认子女的生父，使其承担对子女的抚养义务。

然而我国现行《婚姻法》既没有对非婚生子女进行界定，也没有规定非婚生子女的认领制度。

2. 其他国家和地区法律的规定

20 世纪以来，基于人道主义及血统思想，许多国家在婚姻家庭法（亲属法）中确立了非婚生子女的法律地位。保护非婚生子女之利益，使其与婚生子女有同等的权利，是 20 世纪以来世界各国共同的目标。如 1912 年法国民法规定可以提起强制认领之诉，1915 年挪威法使非婚生子女与婚生子女具有同等地位，父子关系确定后，除可以使用父姓受父母之监护、教育、抚养外，与婚生子女同样有继承权。1917 年美国明尼苏达州法规定，应确保非婚生子女有近于婚生子女所能享有的监护、教育、抚养的权利。1919 年魏玛宪法第 131 条规定，出生是家庭的基础，不能认为婚姻内出生所产生的血亲关系与婚姻外出生所产生的血亲关系之间，有任何差异。1926 年苏俄婚姻法规定，子女与父母间相互之权利，基于血缘而生，婚姻外所生之子女与婚姻内所生之子女有同一的权利。英国 1926 年制定准正法使非婚生子女可以依其父母的婚姻而成为婚生子女等。

综观世界各国家（地区）亲子关系立法，法律保护非婚生子女权益的方法各异。对其分析，可以概括出两种立法体例。

一种是以法国、意大利和我国台湾地区为代表的间接保护方式，即法律明确规定非婚生子女的准正与认领制度，通过准正与认领制度，首先使非婚生子女取得婚生子女的法律地位，然后再按婚生子女权益的保护方式一并进行保护。如《法国民法典》第 329 条规定："非婚生子女，只要依法确立亲子（女）关系，均可取得婚生子女资格。"《意大利民法典》第 261 条规定："认领对进行认领的父母产生所有与对待婚生子女相同的权利和义务。"我国台湾地区"民法"第 1064 条规定，生父与生母结婚，非婚生子女经准正后视为婚生子女。

另一种是以德国、埃塞俄比亚和我国澳门民法为代表的直接保护方式。首先，立法不设准正制度，仅以认领制度确认非婚生子女与生父母的法律身份；其次，法律已不再将子女划分为"婚生子女"与"非婚生子女"，实行差别待遇；并从父母角度立法，将父母分为有婚姻关系的父母和无婚姻关系的父母，对有婚姻关系的父母与其子女之间的亲子关系的认定设有亲子关系推定与否认制度，对无婚姻关系的父母与其子女间的亲子关系的认定设有父亲（母亲）身份的确认（类似于传统亲子关系的认领与认领否认制度和强制认领制度）。①

　　比较分析两种立法体例，在间接保护方式下，子女须依父母是否存在婚姻关系被划分为"婚生子女"与"非婚生子女"，分别立法。非婚生子女的权益要得到法律的保护，必须通过一定的法律途径转换身份，取得婚生子女的资格，否则就享受不到婚生子女的待遇。不仅如此，在《法国民法典》中，即使非婚生子女通过认领确立了与生父母的亲子关系，在某些权利的享有上与婚生子女也存在一定的差异。如《法国民法典》第 760 条和第 761 条有关继承的规定中，非婚生子女对其生父或生母遗产的继承份额是生父或生母另有婚姻关系中的婚生子女的遗产份额的一半，由此而减少的非婚生子女继承遗产的部分，在婚生子女间按他们各自的继承份额比例分配。在分配遗产时，非婚生子女的生父或生母的健在配偶或他们的婚生子女有优先于非婚生子女的权利。这种规定对子女而言是不平等的，是对非婚生子女的歧视。因此，我国在建立子女认领制度时，应借鉴德国、埃塞俄比亚和我国澳门民法典的立法体例，对无婚姻关系的男女所生子女的权益采直接保护方式。首先，对子女称谓不再区分婚生与非婚生，所有子女，无论父母有无婚姻关系均统一称为"子女"。其次，不设准正制度，仅以认领制度来确认无婚姻关系的男女与其亲生子女的亲子关系，从而平等保护子女的利益。②

　　诚然，现代社会更倾向于保护具有合法婚姻关系当事人的权益，但是无辜的非婚生子女，他们对自己的出生是无法选择的，不能将父母的过错强加在子女的身上，而应强化父母的责任以保护未成年子女的成长。更为重要的是，子女出生后，主要不应是区分其为婚生还是非婚生，而是要尽快确立父母与子女的亲子关系，明确父母的身份，使未成年子子女享有受抚养和受教育的权利，保护未成年子女的利益。就此而言，德国、埃塞俄比亚和澳门地区民法典的直接保护方式对子女的保护是平等的，这种立法体例不再赋予子女以不同的身份，而是对子女实行一体保护，是一种较为科学的立法体例，

---

①　陈苇、靳玉馨：《建立我国亲子关系推定与否认制度研究》，见《民商法论丛》第 27 卷，金桥文化出版（香港）有限公司 2003 年版，第 246 页。

②　黄娟：《非婚生子女认领制度的理论建构》，载《东岳论丛》，2006 年第 9 期。

符合当代亲子法保护子女最大利益的立法理念。我国现行《婚姻法》第二十五条规定："非婚生子女享有与婚生子女同等的权利，任何人不得加以歧视和危害。"由此可见，我国《婚姻法》仍将子女作婚生与非婚生的区分，但是从立法精神上看，是将有婚姻关系的男女所生子女与无婚姻关系的男女所生子女一视同仁地对待，子女权益的保护不受父母婚姻状况的影响。

3. 非婚生子女认领制度的立法完善

（1）非婚生子女认领制度的基本原则

有关非婚生子女认领制度的基本原则，可以规定为"保护非婚生子女合法权益原则"。非婚生子女同婚生子女一样，也是生父母的亲生子女，其法律地位应当平等。因此，在制定非婚生子女认领制度时，必须从充分保护非婚生子女合法权益，促进其健康成长出发，切实保障非婚生子女合法权益；尊重血缘的真实性并兼顾当事人主观意愿，亲子关系的确立须以真实的血缘关系为前提，违背血缘真实性的认领无效，这也是现代各国亲子法所遵循的原则；维护第三人合法权益不被侵害原则和子女平等原则等。

（2）关于非婚生子女认领人的规定

认领人应为子女的生父、生母。生父作为认领人是各国的立法通例。一般而言，生母与子女的法律身份较易确定。只要有出生的事实（如出生登记、产院的证明），母亲不能够拒绝承认其母亲身份。但是基于种种原因，有时可能无法知悉母亲的身份，如出生登记中未载明谁是母亲、母亲抛弃子女、第三人迫使母亲与子女分离或者被推定为母亲者否认出生登记中载明其为母亲的事实而使该登记不产生效力，等等。在此种情况下，法律应规定母亲可经过认领或经权利人的请求，由法院强制其认领子女，从而确立母亲与子女的身份。

此外，生父或生母作为认领人在认领时应具有完全民事行为能力，无民事行为能力或限制民事行为能力人的认领，不发生认领的法律效力。

（3）关于非婚生子女认领的方式

参酌各国立法，我国的认领制度应确立以下两种方式，即自愿认领和强制认领。

自愿认领是生父、生母或生父母自愿承认其父母身份、认领子女。鉴于认领使认领人与其生子女间产生特定的身份关系及法律上的权利义务，我国法律应规定认领为要式行为为宜，即自愿认领的应当采用书面形式，其书面形式可以是出生证书、公证书或户籍登记。认领也可依遗嘱方式进行。强制认领是指在认领人不愿认领时，为保护非婚生子女的权益，经利害关系人请求，法院可以判决方式确认父母子女间存在亲子关系。强制认领的请求权人，可以是子女、生母、生父和其他代理人。在现实生活中，大多数是由生母提出针对生父的强制认领之诉。在少数情况下，如生母遗弃婴儿等情况下，也可由生父提出针对生母的强制认领之诉。另外，"对于弃婴或者与父母离散的未成年非婚生子女，公安机关查找到生父母，而生父或生母拒不承认时，公安机关或者民政部门亦可以作为请求权人"。强制认领的原因，应采纳概括性的规定，只要能提出证据证明存在事实上的亲子关系即可。必要时，人民法院可以要求当事人进行亲子鉴定。强制认领请求权的行使不应受期限限制，因为血缘关系的事实是永恒的，不能以时间来加以限制。

（4）关于被认领人的规定

对于被认领人的规定必须是非婚生子女。对于婚生子女，也不存在生父认领问题。认领人与被认领人之间存在事实上的血缘关系。不存在事实上的父（母）子血缘关系的，不得因认领而成为父子关系或母子关系。认领应经过非婚生子女的生母同意，或非婚生子女的其他法定监护人的同意。非婚生子女是成年人的，认领还必须经过非婚生子女本人同意。首先，在自愿认领中，生父或生母认领婚外所生子女，如子女未成年则应经其生母或生父或其他法定代理人的同意。因为通过设有认领同意权，一方面可以防止冒领，确保认领的真实性；另一方面也可以防止一些不利于子女身心健康成长的认领，保护子女利益不被侵犯。其次，认领是确立亲子关系的亲属身份行为。亲属身份行为重视血缘关系的真实性，因而其意思表示应受到一定的限制。只要认领符合真实的血缘关系，则其不应因错误、欺诈和胁迫而被撤销。再次，认领子女应有充分的证据证明亲子关系的存在，不符合真实性的认领无效。最后，认领不得附有条件或附期限，认领行为中任何变更或限定其法律效果的条款无效。认领权的行使以权利人本人行使为原则，他人不得代理。但是当认领人无法行使该权利维护自己的权益时，如认领权人失去行为能力，则可以由其监护人代为行使以维护其合法权益。

（5）认领的效力方面

认领后，亲子关系确立。认领具有追溯力，亲子关系溯及子女出生之时。法律关于父母子女之间权利义务的一切规定均得适用。

在认领的效力方面，非婚生子女认领的效力应溯及该子女出生时，但第三人已得之权利，不因此受到影响。因此，非婚生子女对于已死亡的生父母或其继承人不得请求认领，因而不发生非婚生子女因认领而继承死亡生父母遗产的问题。

二、亲权剥夺制度的完善

（一）亲权剥夺的概念

各国（地区）立法对于亲权剥夺制度的法律用语不尽相同，德国立法采亲权"剥夺"（entzogen）的用语（德国民法典第 1666 条），[1] 而我国台湾地区立法将亲权的剥夺称为亲权的"宣告停止"（台湾"民法"第 1090 条）。[2] 此外，法国将此制度称为亲权的"撤销（retrait）（法国民法典第 378 - 381 条）"，[3] 日本则称之为亲权的"宣告丧失"。[4] 本文赞同采取"亲权剥夺"的概念，所谓剥夺，在汉语里有两种解释，一是用强制的方法夺去，二是依照法律取消。[5] 亲权的剥夺能够体现出亲权丧失和消灭的强制性，体现了对不合理行使亲权行为的否定性评价，有利于未成年子女利益的保护。

一般情形下，所谓亲权的剥夺是指，父母滥用亲权或不履行父母职责，侵害子女人身或财产利益之时，法院依申请或依职权判决部分或全部剥夺父

---

① 《德国民法典》，陈卫佐译，法律出版社 2010 年版，第 494 页。

② 王泽鉴：《民法概要》，北京大学出版社 2011 年版，第 562 页。

③ 《法国民法典》，罗结珍译，法律出版社 2005 年版，第 372 - 374 页。

④ 陈苇：《外国婚姻家庭法比较研究》，群众出版社 2006 年版，第 301 页。

⑤ 中国社会科学院语言研究所词典编辑室：《现代汉语词典》第七版，商务印书馆 2017 年版，第 98 页。

母亲权，当剥夺亲权的事由消失后，法院可依法宣告亲权恢复的制度。①

（二）我国现有立法的规定

我国《婚姻法》第二十一条规定，父母对子女有抚养教育的义务。第二十三条规定，父母有保护和管教未成年子女的权利和义务。但是父母的亲权是否会被剥夺？在何种情形下可能会被剥夺？无论是《婚姻法》还是《民法总则》均没有明确亲权剥夺的规定。仅仅由《民法总则》在其第三十六条对监护人资格的撤销作出了相应的规定。根据该规定，监护人有下列情形之一的，人民法院根据有关个人或者组织的申请，撤销其监护人资格，安排必要的临时监护措施，并按照最有利于被监护人的原则依法指定监护人：（一）实施严重损害被监护人身心健康行为的；（二）怠于履行监护职责，或者无法履行监护职责并且拒绝将监护职责部分或者全部委托给他人，导致被监护人处于危困状态的；（三）实施严重侵害被监护人合法权益的其他行为的。本条规定的有关个人和组织包括：其他依法具有监护资格的人，居民委员会、村民委员会、学校、医疗机构、妇女联合会、残疾人联合会、未成年人保护组织、依法设立的老年人组织、民政部门等。前款规定的个人和民政部门以外的组织未及时向人民法院申请撤销监护人资格的，民政部门应当向人民法院申请。但是该规定存在以下几个问题：其一，监护人资格的撤销没有考量到未成年人监护的特殊性；其二，该规定过于抽象；其三，缺乏对亲权撤销后继问题的保障。

（三）立法借鉴

亲权剥夺已成为近现代亲权立法中的一项重要内容。《德国民法典》1666条规定，亲权人对子女利益造成损害，而父（母）又不愿不能制止损害时，可由监护法院采取措施制止损害，也可由法院剥夺其父母的亲权，待损害消除时，恢复亲权。同时1666a条规定，亲权的剥夺有子女人身照顾权、子女财产管理权的单独剥夺，也有二者一并剥夺。

---

① 孙跃：《论亲权的剥夺》，载《北京化工大学学报（社会科学版）》，2015年第1期，第21页。

《法国民法典》第337条规定，父与母，或者经亲属会议批准的监护人，在将未满13岁的未成年子女交给可信任的个人照管，或者交给在这方面得到认可的机构或者省援助儿童社会部门时，得双方一起或分别放弃行使亲权之全部或一部分。……在儿童的父母显然对该儿童漠不关心、放弃照管，时间已超过一年的情况下，依接受亲权转移的人单方申请，亦可决定转移亲权之全部或一部分。第378条规定，父与母作为对其子女之人身实行的重罪或轻罪的正犯、共同正犯或共犯而被判刑时，或者作为其子女本人实行的重罪或轻罪的共同正犯或共犯而被判刑时，得因刑事判决之规定（1996年7月5日第96-604号法律）而被全部撤销亲权。第378-1条规定（1996年7月5日第96-604号法律），父与母，因虐待子女，或者因经常酗酒，明显行为不轨或者有犯罪行为表现，或者因对子女不予照管或引导，使子女的安全、健康与道德品行显然受到危害时，可以在任何刑事判决之外，被完全撤销亲权。在对其子女已采取教育性救助措施后，父与母在超过两年的时间内故意放弃行使与履行第375-7条规定的权利与义务者，得同样被完全撤销亲权。第444条规定，明显行为不轨的人以及公认不诚实、一贯失职或无能力管理事务的人，得被排除或撤销其负担监护任务。第445条规定，本人或其父母与未成年人之间有争议的人，在此争议牵涉到该未成年人身份或财产之重要部分时，应当自行回避或者被申请回避负担各项监护任务。日本民法第836条规定，当父（母）滥用亲权或有显著劣迹时，家庭法院可根据子女的亲属或检察官的请求，宣告其丧失亲权。但当前述情况消灭时，家庭法院可依法撤销失权宣告。

儿童虐待问题也是我国现实社会中一个颇受关注的问题。虽我国儿童虐待的法律规制起步比较晚，国家公权力限制父母权利的手段也相对单一。现阶段，我国有关儿童虐待的法律规制中具有强制性分离父母与儿童的法律制度，主要是反家庭暴力法规的紧急安置措施和民法总则规定的监护权撤销制度，并未形成通过阶段性地限制父母的权利来保护受虐儿童的制度体系。虽然我国近年的立法活动在公权力介入儿童虐待案件的制度层面上有了突破性的进展，但较之立法相对成功的国家，公权力限制父母权利的环节仍显得十分薄弱。从比较法的视角出发，立法相对成熟的日本儿童虐待的法律规制对我国有着重要的参考价值。关于是否应当借鉴日本亲权限制制度的制度设计是十分值得进行探讨的。首先，就制度层面来说，我国限制父母权利的主要手段是监护权撤销制度，并没有其他法律效果相对柔和的限制父母权利的制度。这可能对介于轻微和严重之间的儿童虐待案件的处理造成一定的困难。其次，监护权撤销制度与亲权丧失制度相似，由于制度本身具有无限期地剥夺父母亲权利的重大法律效果，试图让监护权撤销制度在实践中被广泛应用是不现实的。那么，是否需要创设比监护权撤销更为灵活的限制父母权利的制度就十分值得思考。再者，日本法既重视对儿童的利益的保障，同时也十分警惕国家公权力过度干涉父母的亲权的危险。我国现阶段正处于儿童虐待问题的应对初期，立法活动十分重视保障儿童的生命安全的介入措施，但同时也不应当忽视对父母正当权利的保障。例如，是否可以由人民法院对紧急安置措施的实施进行必要的事前或事后的审查，这措施既注重对儿童的利益的保障，同时也防止行政机关对父母的权利进行过度干预。最后，对于是否赋予子女本人亲权丧失等审判请求权这一点，我国与日本同样作为儿童权利条约的缔约国，理应履行相关条约的义务，应当尊重儿童表明自己意见的权利。在监护权撤销的诉讼中，即便子女本人是有着重大利害关系的当事人，但目前却未被赋予撤销监护权的请求权，这对保障受虐儿童的利益是十分不利的。①

（四）亲权剥夺制度的文化背景分析

在一定条件下剥夺父母对于子女享有的亲权，一方面体现了法律对失职的亲权人的监督和制裁，另一方面也是在家庭对未成年子女保护和教养失灵时，社会公权力介入家庭，对未成年人进行保护的重要手段。

但是，亲权剥夺制度在我国缺乏文化支持背景。我国传统文化历来信任父母对于子女无私的感情，"虎毒不食子"，缺乏亲权剥夺制度的构建背景。但是在现实生活中，父母伤害子女的现象却层出不穷。

---

① 白瑞：《亲权限制的法理在日本之展开——儿童虐待问题的法律对策》，载《日本法研究》，2017 年第 3 卷。

亲权本身的产生基础是血缘和姻缘，其外在主要是供养和保护，内在则是一种情感的依托，未成年子女的权益往往是基于血缘联系加以保障的，父母监护未成年子女的根本动因也源于此。尽管在现实生活中，父母损害未成年子女权益的现象时有发生，但社会层面对亲子关系的信任，在根本上从未被质疑或动摇。依据心理学理论，父母和家庭对子女成长影响巨大，未成年子女的行为社会化进程大多会汲取家人的是非观、价值观以及道德判断系统，并以此作为自身的价值判断和行为准则。就人类监护制度的历史而言，家庭自治基础上的亲属监护是人类社会承担子女抚养、教育以及监护职责的普遍的历史样态。即便在现代社会也仍然是监护的常态模式，其本身具备情感基础、心理基础和利益基础的支撑，无疑是未成年人监护的最佳实现方式。监护权的撤销不管基于何种法定理由，客观上是对完整亲情的暂时性甚或长久性的拆分和剥离，既涉及精神层面也涉及非精神层面。而未成年人成长有着相当的历程性，监护权的撤销对未成年人成长既有可预见的影响，也有着不可预见的潜在影响。家庭关系的规范调整不仅是对法律逻辑的应和，也往往会融入生活的逻辑，其背后所蕴含的就是社会背景。

由传统沿袭下来的家庭伦常，作为社会调控手段，法律的调整与亲情的调整在一定程度上存有冲突，但这并不必然意味着法律与亲情伦理观念要相互背离，法律不能从对亲情的维护转为对亲情的压制。因此，我们的制度设计不能漠视和回避对其调整对象主体的最基本需求，即亲属之爱的考量。切不可盲目地从家庭自治监护转向为国家监护的一边倒之势，而应慎重考察固有家庭伦常并倾以人伦情怀的关注，力求在未成年人的健康成长与亲情之间寻找到利益最大化的平衡点，使未成年人的成长历程尽可能处于亲情的氛围中，这其实也是法律制度体系本身的题中应有之义。

（五）亲权剥夺制度的立法完善

完善亲权剥夺制度具有深刻的现实意义，可以从以下几个方面进行立法完善。

1. 明确亲权剥夺的事由

我国法律规定的监护人撤销的适用条件为"监护人不履行监护职责或者

侵害被监护人的合法权益",这一立法模式为概括式,并未列举具体情形。此立法模式并无理论错误,但考虑到我国目前的法治水平、公民的法治观念,可借鉴列举式的立法模式,以"子女最佳利益"作为原则性衡量标准和兜底条款,并列举部分典型的父母失职情形。具体而言,我国亲权剥夺制度的事由或可仿照如下模式进行立法。亲权人若有如下行为,法院得依申请或依职权判决剥夺父母亲权:①亲权人不履行保护教养职责,使未成年子女遭受重大损害,或遗弃未成年子女的;②对于未成年子女实施犯罪或者教唆其犯罪的;③被判处有期徒刑以上的刑罚,不适宜也不能行使亲权的;④亲权人存在赌博、吸毒等恶习,可能导致未成年子女权利遭受重大损害的;⑤其他损害未成年子女最佳利益的情形。

2. 完善亲权剥夺的程序

第一,明确亲权剥夺的申请主体,并对有关单位课以强制报告义务。我国立法对于"监护人撤销"之诉的申请主体并未明确规定,对此,许多学者均对"有关人员或有关单位"的主体范围提出了立法建议,未成年子女所在学校、当地居民委员会、村民委员会、辖区派出所、当地妇联、共青团、共产党组织、当地民政局均被提及。以体系解释的方式对我国现行法律制度进行分析,未成年人近亲属、当地基层群众自治组织及未成年人父母所在单位,均可以被认为是"有关人员或有关单位"。考虑现行法律的稳定性,在立法不做大的修改的情况下,以司法解释或行政法规的形式,明确亲权剥夺之诉(监护人撤销之诉)中,未成年人近亲属、当地基层群众自治组织、未成年人父母所在单位享有诉讼主体资格且通过适度的目的性扩张将辖区派出所及当地民政部门赋予诉讼主体资格,或属允当。同时,为防止有诉讼主体资格的个人或单位消极不行使诉权,也可通过立法或行政手段,对基层群众自治组织、辖区派出所及当地民政部门课以强制报告义务。若有关单位知悉父母失职的情形,则应当向人民法院报告或起诉。

第二,在不告不理的基础上适度扩张法院职权。如德国和我国台湾地区,法院得依职权发现和介入亲子关系案件,在父母失职之时,主宣告剥夺父母亲权。我国若在建立独立的家事法院(法庭)或家事诉讼特殊程序的基础上纳入这一条款，的确可以从国家公权力的角度更完善地保障未成年子女的权利。但是，就目前而言，这一方式移植到我国却是行不通的。我国人口众多，城市人口密度大，基层人民法院法官工作任务重，大城市基层法院的法官每人每年办结案件几百件，多者可达千余件，依"不告不理"原则尚且如此，法官主动依职权介入亲子关系案件不存在客观可行的条件。不过，在现实基础上，虽然不具备赋予人民法院主动介入亲子系案件的职权之客观条件，但人民法院在审理离婚或已受理的亲子关系案件中，可在一定程度上打破"辩论原则"的约束，兼采职权探知主义，若发现父母失职的情形，且达到一定的严重程度，可于当事人诉讼请求之外判决剥夺父母亲权。

第三，明确亲权剥夺的后果。若父母一方被剥夺亲权，另一方单独履行对子女的保护教养义务；若父母双方均因被剥夺亲权或其他事由无法履行保护教养义务，依我国现行法律，则须为未成年人另行指定监护人；若我国能通过立法修订明确划分亲权与监护，则须为未成年人启动监护制度。而且，我国现行《未成年人保护法》第五十三条规定，被撤销监护资格的父母应当依法继续负担抚养费用这一规定当属允当，可继续秉承。

第四，设立亲权的恢复程序。我国立法在亲权的恢复这一环节尚属空白，应当设立剥夺亲权的事由消失后亲权的恢复程序。我国基层人民法院工作任务繁重，也无法借鉴德国家庭法院对剥夺的亲权定期审查的做法。因此，在我国建立独立的家事法庭和家事诉讼程序之前，对于亲权的恢复程序，可由被剥夺亲权的父母向法院提出恢复亲权的申请，法院审理后认为剥夺亲权的事由确已消失的，可以判决恢复父母亲权。①

三、亲权监督制度的完善

（一）建立亲权监督制度的必要性分析

家庭是未成年人成长的港湾，本应该是温暖安全的；亲子关系是最纯真的人类情感，本应该是无私健康的。不仅仅未成年人可能面临社会的伤害，

---

① 孙跃：《论亲权的剥夺》，载《北京化工大学学报（社会科学版）》，2015 年第 1 期。

家庭内部对于子女的侵害也是现今社会不容回避的问题。很多未成年人遭受的侵害恰恰来自家庭内部，来自最亲密最可信赖的父母。在未成年子女利益的保护上，一方面保护未成年人权益不受侵害是全社会关注的重要问题，人们不能容忍未成年子女受到来自社会的侵害。另一方面，对于来自家庭内部对未成年子女的侵害，法律的介入又显得如此窘迫。就我国家庭关系的现状而言，未成年子女利益保护的现状担忧。而英国、美国、日本、澳大利亚等国家在儿童权益的保护方面都有比较成熟的制度，我们应该借鉴国外亲权方面的立法，吸收它们的先进经验，结合我国传统的家庭伦理思想，建立合理的亲权监督制度。

亲权监督机制的缺失导致了生活中大量令人心痛案例的出现。

有因经济原因，不能妥善照顾子女，致使未成年子女遭受生命危险的。在广州白云区务工的一对夫妇因平时无暇照看女儿和儿子，亦负担不起幼儿园费用，又怕孩子跑掉或出现危险，遂将儿女用铁链拴在工地上。根据街坊报料称，白云区石井环滘村一工地上，记者见到一对小姐弟被铁链锁着，无法走远，经常哭喊。现场了解到，小姐弟是一对地盘工人夫妇的孩子。孩子父母说，由于无人看管，只好带着他们开工，为防走失，才出此下策。事实上，本案中的该父母没有尽到监护的职责，也没有合法适用亲权，其行为已经违反《未成年人保护法》。

也有父母对子女抚养照顾的不当，导致未成年子女死亡的惨剧。2012 年 11 月 16 日，贵州毕节市 5 名男孩被发现死于七星关区街头垃圾箱内。当地警方调查后表示，5 名男孩因在垃圾箱内生火取暖导致一氧化碳中毒而死亡。而据目击者称，5 名流浪儿童均是男孩，最大的大概 13 岁，最小的约 7 岁。

还有大意父母不尽监护职责，致未成年子女死亡的。2011 年 10 月 13 日下午 5 时 30 分，一出惨剧发生在佛山南海黄岐广佛五金城。年仅 2 岁的女童小悦悦走在巷子里，被一辆面包车两次碾压，几分钟后又被一小货柜车碾过。事件发生的几分钟内女童身边经过了 18 个路人，都选择离开。最后，一位捡垃圾的阿姨陈贤妹把小悦悦抱到路边并找到她的妈妈。10 月 21 日，小悦悦经医院全力抢救无效，在 0 时 32 分离世。然而，对于"小悦悦事件"，人们在拷问道德良知、同情女童父母的同时，很少有关注未成年人监护责任的问题。肇事司机粗心大意，事发地段交通混乱，固然都是造成车祸的重要原因，但作为孩子的监护人，父母也应该承担监管不力的责任，虽然父母也是受害人，人们似乎不忍心去批评他们什么。如何在家庭领域更好地保护未成年子女的利益是不能回避的问题。

还有望子成龙，意外失手伤害子女的。《广州日报》社会新闻版块报道，清明长假，2010 年 4 月 3 日下午 6 时许，家住广东省佛山市顺德区杏坛镇光华村的 9 岁小学生小龙（化名）原本可以享受一个舒适的假期，但没想到 4 月 3 日却成了她的祭日。3 日下午 6 时许，小龙因为拒绝被父亲拉去附近的补习班上课，被当街暴打，其后送医院不治身亡。①

不当行使惩戒权，伤害未成年子女的案例并不少见。在浙江温州，也发生了一起"狼爸"罚 6 岁女儿跑步 6 小时致其死亡的案例。6 岁的小如（化名），出生后一直都在老家跟着爷爷奶奶生活，直到 2012 年 8 月中旬，才到浙江乐清与父母团聚，不料，因"狼爸"父亲的"管教"，被体罚 6 小时致死。小如的父亲张某今年 30 岁，河南许昌人，是温州乐清柳市某厂的电焊工，有一儿一女，儿子今年 3 岁，女儿 6 岁。8 月中旬，女儿小如从河南老家来到了乐清。据张某交代，10 月 5 日下午 4 时许，张某下班回家，看见家中乱糟糟的，地上有小便痕迹，怀疑是小如干的，但小如说不是。张某大怒，脱下工作鞋殴打小如，因为小如不认错，张某还让小如原地跑步，不许停。其间，张某的妻子安某曾哭着劝说停止体罚女儿，但他铁了心要将女儿教好。他除了允许小如短暂地吃饭和读课文，仍要求女儿原地跑步，直至睡觉前。当晚 11 时 30 分许，小如醒来，说自己肚子疼，张某并不在意。没过多久，女儿大小便失禁，怎么也叫不醒。张某这才慌了，赶紧和妻子将孩子送往乐清市第三人民医院，医生诊断小如已经死亡。

还有致未成年人安全健康不顾，利用子女乞讨的。2012 年 6 月 17 日，福建厦门鼓浪屿，一名婴儿被放在路旁的泡沫箱里乞讨，没有任何遮雨措

---

① 广州日报，http://gzdaily.dayoo.com/html/2010－04/06，2010 年 4 月 6 日。

施。当时有好心人看不下去，送了一把伞给婴儿，但伞很快被旁边的一名女子扔开。网友担忧婴儿是被拐卖的，便将相关情形发至微博曝光，引来众多网友关注。19 日，记者从鼓浪屿派出所了解到，警方早前已为婴儿和带他乞讨的妇女做过 DNA 亲子鉴定，证实孩子并非被拐儿童，两人是亲生母子关系。民警对这名妇女多次进行教育、劝导，但女子均不听劝。

也有特殊家庭里，未成年子女遭受来自其他家庭成员伤害的案例。2012年 1 月 31 日，有网友爆料，在江苏响水县裕廊大桥下有村民挖出一具女童尸体。据当地宣传部工作人员介绍，1 月 29 日上午，响水县公安局刑警大队接到孙荣荣（滨海县人）报警称，其女儿孙吉儿（4 岁）在其生母吴维维（西安市人，暂住在响水县响水镇东园居委会）处无故死亡，死因可疑，要求公安机关立案查处。经调查，4 岁女童疑为被其母同居男友打死。①

也有貌似关爱子女，却对子女实施"亲情暴力"的。2018 年 11 月，在武汉发生一起由于夫妻离婚、孩子抚养权无法达成一致，女方藏匿孩子一年多的事件，最终抚养权的执行通过法庭调解得以解决。这类事件并不独有，2018 年来在江西、上海、广东等多个省市都出现了因父母离婚而发生的"抢子大战"，使得孩子的抚养权和探视权的实施被人们关注。为了争夺孩子抚养权问题而发生的暴力行为不在少数，其中的暴力行为对未成年人的身心健康都会造成伤害。事件发生后，再次引发了社会大众对婚姻案件中抢孩子现象的热议。妇女权利工作者，中国妇女研究会理事冯媛认为，很多婚姻案件中的"抢孩子"现象凸显出一个人们"习以为常"的问题：在父母关系危机中，孩子长期被一方"藏"起来，原因或是为了让孩子免遭对方的不当对待，或是成为要挟或惩罚对方的"人质"。对亲人的"藏"或"抢"，无论是当事人还是社会公众意识中都不觉得是对儿童的暴力，司法机关在介入上也感到很为难。除非相见会危及儿童，否则亲子交流和见面，应当是儿童的不可剥夺的权利，任何人的"藏"或"抢"都是对儿童的暴力。"抢孩子"

---

① 网易新闻，http://news.163.com/photoview/00AP0001/20471.html. 2012 年 2 月 1日。

事件应该终结，因为它是一方亲人实施的对儿童亲情的无情剥夺，是对儿童独立的权利主体地位的无视。

甚至也有长期虐待子女致使未成年子女死亡的案例。

（二）亲权监督机制的文化背景分析

中国传统的观念认为，父母对于子女的爱是无私而伟大的，根本不需要任何道德和法律的约束和监督。父母对子女的一切惩罚行为都是可以理解的，即使父母有伤害子女的情形存在，其目的也是为了子女的成长，无可厚非。所以国人不能接受父母之外的任何人介入亲权，否则会被认为是多管闲事。事实上，当家长不履行或者不正确履行监护职责时，单凭道德的力量无法保护未成年子女的利益，法律的介入不可或缺。

（三）国家亲权观念的引入

为对亲权进行有效的监督，我国有必要引入国家亲权观念。国家介入亲权的理论基础是国家亲权的理念。将每个儿童不仅仅视作父母的子女，同时也视作社会的成员，一旦发现家庭危及儿童，由社会介入和干预，并在社会福利服务中，增设"问题家庭干预机制"，保障未成年人的合法权益，让每一个孩子都能平安、健康地长大，这就是国家亲权。国家亲权制度作为一项普通法制度为人所知，它在英国表现为对自然亲权的补充，在美国表现为国家对经济上弱者的保护。包括我国在内的诸多大陆法系国家，有广泛的国家亲权的实践，却无相应的理论甚至术语，甚为遗憾。[1] 英美法系国家将国家亲权作为其剥夺父母亲权的理论基础，并将国家亲权作为其少年司法的基础。当生父母无力承担教育子女的义务时，则选择用国家亲权来替代。联合国《儿童权利公约》规定："在受父母、法定监护人或其他任何负责照管儿童的人的照料时，不致受到任何形式的身心摧残、伤害或凌辱、忽视或照顾不周、虐待或剥削，包括性侵犯。"很多国家据此都有自己完善而具体的亲权监督和剥夺制度。例如，美国的联邦《预防虐待儿童及处理法案》规定，

---

① 徐国栋：《普通法中的国家亲权制度及其罗马法根源》，载《甘肃社会科学》，2011年第1期。

任何人无论是邻居还是路人发现儿童受到家庭成员的虐待，都可以报警，并设立 24 小时热线举报电话。

亲权制度的完善首先要求纠正传统"父权"观念和"父本位"的思想，确立"子本位"的价值观，将未成年子女利益保护放在首位。"子本位"的核心价值取向可以在保证相关当事人权利义务分配平衡的前提下，尽量使得未成年人的利益获得最大限度的保护。我国《民法通则》和《婚姻法》对于亲权和亲权的行使均只有笼统的制度性规定。《未成年人保护法》作为儿童法体系中的核心法律和专门性法律，对未成年人利益的保护是其最基本的原则，其对未成年人的保护是全方位的，但是其本身也存在着规定过于笼统的问题。而且这样的法律原则在实践中无法执行，需要具体的制度和规范的支持。另外我们往往更多关注来自社会对未成年人利益的伤害，忽略来自家庭得父母对未成年人的伤害。事实上，未成年人在家庭生活中的时间长，受家庭的影响更大。所以如何在家庭中保护未成年子女的利益是一个非常重要的内容。1989 年《儿童权利公约》确立了儿童"最大利益原则"，其第三条第一款中规定："关于儿童的一切行动，不论是由公私社会福利机构、法院、行政当局或立法机构执行，均应以儿童的最大利益为一种首要考虑。"现今，"儿童最大利益原则"已为国际社会所普遍接受，并被普遍被认为是处理子女监护抚养等事宜的唯一最高准则和依据。我们不仅要在社会中树立未成年人保护的"子本位"的价值观，在家庭中更要树立"子本位"的亲权价值观，而国家亲权观念是符合子女本位价值观的。

我国在《未成年人保护法》第六十二条规定："父母或者其他监护人不依法履行监护职责，或者侵害未成年人合法权益的，由其所在单位或者居民委员会、村民委员会予以劝诫、制止；构成违反治安管理行为的，由公安机关依法给予行政处罚。"国家亲权介入亲子关系后，应该有具体的部门（福利机构或专门的儿童保护机构）来代行父母的亲权。由于缺乏相应的社会福利配套机制，《未成年人保护法》第六十二条的实用性有限。引入国家亲权概念后，更重要的是在我国的国情内选择适合的代养机构。国家亲权作为保护未成年人和弱势群体的制度，其表现方式多样。在我国目前的社会保障体系不健全的情况下，就我国的居民委员会和村民委员会这两类基层组织而言，其符合中国人传统居住习惯和传统民众心理，而在亲权监督方面有着其他组织无法比拟的优势。朱苏力先生在《法治及其本土资源》中说："寻求本土资源，注重本国的文化传统，往往容易理解为从历史中去寻找，特别是从历史典籍规章中去寻找。这种资源固然重要，但是更重要的是要从社会生活中的各种非正式法律制度中去寻找。"研究历史知识是借助本土资源的一种方式。但是本土资源并非只存在于历史中，当代人的社会实践中已经形成结果、正在萌芽发展的各种非正式的制度是更重要的本土资源。所以在亲权监督制度的完善方面，一方面要发挥传统伦理观念对亲子关系的积极约束和引导作用，更要在当今社会生活中寻求非正式组织的力量来完善亲权制度。在亲权的监督方面，发挥我国传统基层组织的优势，赋予居民委员会和村民委员会监督家庭的职责，是值得尝试的办法。

四、亲权配套机制的完善

《民法总则》《婚姻法》《未成年人保护法》为未成年子女的利益的保护打下了坚实的基础，针对亲权和监护问题作出了相关规定，但是还远远不能适应司法实践的需求。特别是在配套法律程序和救济机构方面存在立法缺失。例如，若父母行使亲权存在不当，判断父母行使亲权不当的标准是什么？哪些个人和机构负有监督和报告的义务？更为重要的是，剥夺或暂时剥夺父母教育管理照顾子女的权利后，谁来监护这些未成年人？立法应该完善亲权的剥夺制度和救济制度，建立完善的报告制度，调查、评估制度和救济制度。不可否认，法律不可以离开制度环境而达到立法的目的，特别是与家庭法相关的诸多权利，法律制度保障是一个重要方面，但是法制的外部环境更为重要。要完善亲权制度，加强对未成年人的保护，固然需要先进法律观念的引入和法律的变革与完善，更需要的是配套社会福利体系的完善。

我国《未成年人保护法》第六条规定，保护未成年人，是国家机关、武装力量、政党、社会团体、企业事业组织、城乡基层群众性自治组织、未成年人的监护人和其他成年公民的共同责任。对侵犯未成年人合法权益的行为，任何组织和个人都有权予以劝阻、制止或者向有关部门提出检举或者控告。这是关于未成年子女在家庭中受到伤害的报告制度。就法条本身规定而言，我国法律规定的有权举报人员的范围是非常广泛的。但是受传统思想的影响，国人多认为家务事外人不宜介入。即使有人报案，由于缺乏具体的调查和评估机构和操作制度，警方一般也难以重视发生在家庭内部虐待伤害未成年子女的情况，打消了群众的积极性。所以应该借鉴其他国家和地区成熟的报告制度，建立专门的调查机构和调查制度。规范接受报告后有权机关处理的时间期限、处理程序和处理结果监督制度。接到报告之后，应该指定特定人员对个案进行调查，评估未成年人面临的困境以及对该家庭是否需要干预和采取措施。以美国联邦《预防虐待儿童法（CAPTA）》为例。根据该法律，由各州分别立法。首先各州设立举报电话，任何人都可向警察或者当地儿童保护部门举报虐待儿童的现象，由接线员分析过滤，确定是否需要提交调查，如需要，则由儿童保护部门的个案调研员直接开始调查，在紧急情况下，可由警察立即将受虐待儿童带走，并向法院起诉。各州都设有公立的或私立机构招募的抚养家庭，这些家庭由政府给予津贴，以抚养被带离家庭的儿童，政府部门会严格审查这些抚养家庭，看是否有利于儿童的成长。在法院审理之后，做出是否终止父母监护权的判决。① 其后对问题家庭进行调查和评估。最后，根据调查和评估的情况，分别采取既能最有效保护儿童最大利益又对家庭影响最小的措施。情节轻微的可以采取评判教育的方式，性质恶劣的可以采取行政处罚。性质极其恶劣的，剥夺父母等监护人的监护资格，将儿童重新安排由他人收养或做其他长期安置。但是就现行法律制度而言，没有规定具体采取措施的部门、程序、方法、时间、期限、责任制度、监督机制以及惩罚措施等。需要注意的是，在我国当今社会保障体制并不健全的情形下，在无法确定具体接收部门之前，不能贸然剥夺父母等监护人的监护资格。没有社会保障制度的支持保障，无法切实保护未成年子女的

---

① 王鹏祥：《试论通过亲权立法预防未成年人犯罪》，载《河南社会科学》，2006 年第 5 期。

利益。

所以，现阶段可行的办法是，一方面，消除传统"父权观"的影响并利用传统文化的优势，继续宣传父慈子孝的优良传统，稳固和谐的亲子关系；另一方面，加强对现有资源的利用，充分发挥我国的居民委员会和村民委员会这两类基层组织在未成年人保护工作中的作用。加大社会保障资金的投入，建立可行的儿童保护机构，在未成年子女受到来自家庭的伤害时，切实用亲权制度保护儿童的最大利益，给未成年人健康安全的成长环境。

第四章

特殊情形下的亲子法问题研究

第一节　继父母子女之间的亲子法问题

在亲子关系中，还有一种特殊的类型，那就是继父母子女关系。所谓继父母，指子女对母亲或父亲后婚配偶的称谓，包括继父或者继母。继子女则是指丈夫与前妻，或者妻子与前夫所生的子女。继父母子女关系的产生原因不同于其他亲子关系的产生原因，继父母子女关系一般是由于生父母一方死亡或生父母双方离婚后，生存一方或离异一方带子女与他人再婚而形成的。规范亲子关系除了要重视正常情况下具有血缘关系的父母子女之间的关系外，也要关注未成年子女与继父母之间的关系，保护未成年继子女的合法权益。我国婚姻法第二十七条对继父母子女关系作出了相应的规定。规定，继父母与继子女间，不得虐待或歧视。继父或继母和受其抚养教育的继子女间的权利和义务，适用本法对父母子女关系的有关规定。由于该规定过于笼统模糊，导致了司法实务界理解上的偏差。

一、继父母子女关系的类型

在现实生活中，继子女与继父母之间的关系大致有如下三种情况。

一是名分型的继父母子女关系。两种情形下可以产生名分型的继父母子女关系：第一种是生父（母）与继母（父）再婚时，继子女已经成年独立生活；第二种是继子女虽然未成年，但仍由其生父母提供生活教育费，没有受到继父或继母的抚养教育。这两种名分型的继父母子女关系为纯粹的直系姻亲关系，相互之间不产生权利义务关系。继父母没有或者不需要抚养教育继子女，继子女成年以后也没有赡养继父母的义务。

二是共同生活型的继父母子女关系。即生父（母）与继母（父）再婚时，继子女尚未成年，他们随生父母一方与继父或继母共同生活时，继父或继母对其承担了部分或全部生活教育费。或者成年继子女在事实上对继父母长期进行了赡养扶助，也视为形成了抚育关系。此类继子女与生父母、继父母之间形成了双重权利义务关系。未成年继子女可以同时接受生父母与继父或继母对其的抚育，将来成年后不仅要同时履行赡养生父母、继父或继母的义务，而且在生父母、继父母去世后，可以继承生父母、继父或继母的遗产。

三是收养型的继父母子女关系。即继父或继母经继子女的生父母同意，正式收养该继子女为其养子女。此时，该子女与共同生活的生母（父）一方仍为直系血亲关系，而与不在一起共同生活的生父（母）一方的权利义务随之消灭。继父母收养继子女，是将继父母子女关系转变为养父母子女关系的法律行为。《收养法》第十四条规定："继父或者继母经继子女的生父母同意，可以收养继子女，并可以不受本法第四条第三项、第五条第三项、第六条和被收养人不满14周岁以及收养一名的限制。"上述法律规定，对稳定继父母和继子女间的家庭关系、明确继子女和生父母之间双方的权利义务关系，以及有利于被收养的继子女的健康成长方面，均具有积极意义。由于继父母收养继子女不同于一般的收养情况，双方实际上已经共同生活。因此，收养法除了规定"继父或者继母经继子女的生父母同意，可以收养继子女"外，对继父母收养继子女几乎没有规定任何条件限制，被收养的继子女既不受"不满14周岁"的限制，也不受"生父母有特殊困难无力抚养"这一规定的限制；作为送养人的生父或生母一方也不受"有特殊困难无力抚养子女"这一规定的限制；作为收养人的继父或继母不受"无子女""有抚养教育被收养人的能力"和"未患有在医学上认为不应当收养子女的疾病"以及

"年满 30 周岁"这四项条件的限制。

不同类型的继父母子女之间，其亲权的内容存在差异。依据继父母与继子女之间是否形成了抚养的事实，其父母子女之间的权利义务关系并不一样。对于形成了事实上的抚养关系的继父母子女而言，前夫或前妻的子女与继父或继母长期生活在一起，形成了事实上的抚养关系，继子女与继父母之间的权利、义务关系与生父母子女关系相同，互有继承权；而对于未形成事实上的抚养关系的继父母子女关系而言，由于生父母再婚时，子女已长大成人，分居另过。或者其生父母再婚后，继子女并未与继父或继母共同生活，而由其生父母，或者生父母之外的祖父母或外祖父母扶养教育成人。继子女对继父或继母没有尽过什么赡养义务，没有形成扶养关系，彼此之间也就不存在继承权问题了。

二、继父母子女之间产生法律关系的原因

继父母子女之间形成亲子关系的原因是什么？对此学界有两种不同的观点。其中一种观点认为，继父母与继子女之间由于生父母与继父母的结婚行为而产生亲属关系，所以继父母与继子女之间是姻亲关系。对此，有反对观点认为，继父母与继子女如果是姻亲关系，那么他们之间就不可能存在抚养继承关系。而事实上，形成了抚养事实的继父母子女之间，其亲权关系与具有血缘关系的亲子之间是相同的。具体而言，形成了抚养事实的继父母对继子女有抚养教育义务，而形成了抚养事实的继子女对继父母有赡养的义务。此外，形成了抚养事实的继父母与继子女之间还有继承的权利义务关系。但是在我国亲属法上，大多数姻亲之间是没有法定的权利义务关系的。即使是女婿和岳父母，以及儿媳和公婆之间，也没有恒定的权利义务关系。在子女离婚或一方死亡之后，女婿与岳父母之间、儿媳与公婆之间并不负赡养义务。至于其他的姻亲关系，如因儿女结婚形成的亲家关系，其他的再如妯娌关系、连襟关系等，更是不存在法定的权利义务关系。所以第二种观点认为，无论是否形成了抚养事实，继父母子女之间最开始是姻亲关系，但是如果继父母与继子女形成了抚养事实后，他们之间的关系就由姻亲关系转化为

了拟制的血缘关系。

继父母与继子女是因婚姻而派生出的一种亲属，其性质属于姻亲，彼此间本无法定权利义务。因此，根据法律规定，继父母与继子女间形成了实际的抚养教育关系，是继父母与继子女发生权利义务的条件。但是，我国现行《婚姻法》对继父母与继子女之间形成抚养教育关系认定的具体要件未予规定。实践中一般是根据继父母对继子女在经济上尽了抚养义务（对继子女给付生活费、教育费的一部分或全部），或者生活上尽了抚养教育义务（与未成年继子女共同生活，对其生活上照料、帮助，在思想品德、学业上对继子女关怀、培养）等来认定。如果在继父和母亲或继母与父亲实行共同财产制的情况下，以夫妻的共同财产来支付全部或主要抚养费的，或在继父与母亲或继母与父亲实行约定财产制的情况下，以继父和母亲或继母和父亲的共同生活费用支付全部或主要抚养费的，就符合"受其抚养"的条件。

继父母获得对继子女的照顾权的原因是什么？既有学说总是笼统地解释为，因为亲生父母与继父母的婚姻导致了拟制血亲（在继父母与继子女有抚养关系的情形下）和姻亲关系（在继父母与继子女没有抚养关系的情形下）的产生。但是为什么继父母与生父母结婚后，就能够获得对继子女的照顾抚养的权利，极少引发学界的进一步思考。我国现行立法也没有能够说明继父母获得照顾继子女权利的原因是什么。在域外立法上，有直接获得说、合意获得说、法院判决获得说等不同的理解。

目前西方国家关于继父母获得对继子女的照顾权的立法例可细分为三种。第一种立法例，以生父母和继父母的合意申请为要件，如荷兰就是依据法院判决来确认继父母获得对继子女的照顾权。有些立法例中，特殊情形下，如生父母一方死亡（在共同申请现实不可能）的情形下，或者生父母与继父母分居和离婚情形下，继父母也可以享有单独的（独立于生父母）的申请权。第二种立法例，继父母由法院赋予居住命令或者父母责任获得的方式取得继子女的照顾权。例如，英国立法事实上是将所谓的居住命令和照顾权捆绑在一起实现的。由于婚姻关系的变化性和家庭生活的多样性，在任何国家的现实生活中，都大量存在重组家庭和大量的继父母子女关系。这样的家庭里必然会有多重父母的存在，或包容或制约，法律必须考量到现实生活并将其纳入规范与调整的范围。更为关键的一点是，亲子之间情感的联系并不完全取决于生父母一方与继父母关系的法律属性。共同生活时间的长短、关系的融洽性等都会产生直接的影响，而对于后者，关系的融洽性标准过于主观，无法在法律上量化，但是第一个因素——共同生活时间的长短在一定程度上是可以量化的，所以可以将共同生活时间的长短作为考量亲子关系是否建立和是否有必要建立的考量因素，并将其作为纳入法律调整范畴和与法律结合的切入点。

由于继家庭生活状况多种多样，继父母和子女之间的关系千差万别，为了更好地保障作出符合子女利益的照顾权的决定，在制度安排上，原则上不应当使继父母方依法直接获得照顾权，而应使其依照法院判决获得照顾权。不过继父母方获得照顾权，不应当以亲生父母一方享有单独的照顾权为前提条件，虽然亲生父母的单独照顾权能有效地避免在子女利益上可能发生的潜在的冲突，但是这个问题可以通过这样的照顾权的安排解决，即只在涉及子女的基本问题的决定上要求与自然血亲的父母另一方达成一致。因为在子女利益根本就不需要共同照顾权时，就产生了废除共同照顾权的诱因。如果在社会现实中存在多重父母，法律必须承认这种情况。这意味着，父母的照顾权在这种情况下也可能属于三个人。在大多数国家都存在这种情况：允许第三人获得照顾权。在存在多个有照顾权资格的人的情况下，就需要对每个照顾权人的决定权限作出安排。不仅生父母的配偶应当享有与社会意义上的父母相应的照顾权，而且这一照顾权也应当赋予生父母的非婚生活伙伴。法律对继父母子女关系保障的必要性关键在于事实上的父母子女关系的存在，事实上的父母子女关系的深度和质量不取决于生父母一方与其新伴侣关系的法律属性。子女在婚姻或者非婚姻生活共同体缔结时年龄越小并且共同生活持续越长，事实上的父母子女关系的形成就越早。因此，对于照顾权调整的关键点应该是：超过一定期限的家庭共同生活存在。社会性的家庭关系从权威的角度讲，必须是这个关系在交往权和血统权范围内已经找到了被民法典调整的切入点。此外，在继父母关系解除时，或者在生父母方缺位时，不依赖于以前的安排作出原则上符合子女利益的照顾权调整是可能的。①

三、传统文化对待继父母子女关系的态度

在我国，通说认为，继父母子女关系的产生是因为父母的再婚行为，因此公众对于继父母子女关系的理解不可避免地牵扯到对再婚行为的态度。

首先，传统文化对于女性和男性再婚的态度是不一样的。男性丧偶或者离异后，再与他人缔结婚姻，无论在哪个历史时期，公众是理解并支持的。但是对于女性丧偶或者离异后的再婚行为，往往难以得到公众的理解。例如，我国宋代著名的女词人李清照的再婚就受到了社会的责难。李清照在宋词创作上所取得的成就，彪炳史册，后与金石考据家赵明诚结婚。天有不测风云，金兵侵入中原，李清照夫妇流落南方。建炎三年（1129）戊申秋，49岁的赵明诚病死于建康（今南京）。赵明诚死后，倍感孤独的李清照与张汝舟再婚（两人后来离婚）。李清照的再婚受到好几位文人的讥笑。例如，胡仔的《苕溪渔隐丛话》说："易安再适张汝舟，未几反目，有启事与綦处厚云：'猥以桑榆之晚景，配兹驵侩之下材'，传者无不笑之。"王灼的《碧鸡漫志》说："易安居士再嫁某氏，讼而离之，晚节流荡无依。"这都是李清照在世时的记载。在当时，年龄偏大的官宦女子再嫁，人们会嘲笑其"晚节"不好。按照传统观念，李清照堂堂名门闺秀，宰相儿媳，郡守妻子，"老命妇也"，居然再嫁，成何体统？当时的舆论对李清照造成很大压力。

事实上由西周到隋唐，从道德层面上看，很早就主张妇女应"从一而终"。但是，这种观念的影响在很长的一个时期里是相当有限的。从制度层面上看，不管是上古的礼制还是以后的法律，都不曾禁止过妇女再婚。在西汉时，有"夫妇之道，有义则和，无义则离"的说法。在我国封建社会鼎盛时期的唐朝，其贞节观的淡薄是最突出的，在妇女改嫁问题上，政策也比较宽松。事实上，宋朝之前，对妇女改嫁不如后世严苛。

---

① ［德］妮娜·德特洛夫：《21世纪的亲子关系法——法律比较与未来展望》，载《比较法研究》，2011年06期。

随着儒学的兴起，宋代以后，一些理学家适应封建专制主义的需要，宣扬"饿死事小，失节事大"从一而终的贞节观。统治者的专制欲望和闭关锁国思想日益强烈，特别是宋代的理学泛滥之后，妇女被认为要对社会道德负起责任。理学家们强迫妇女生活在禁闭的世界里，认为寡妇再嫁是道德上的罪恶，极其珍视妇女的贞洁，这也直接导致明代节烈观达到封建社会的顶峰。宋代以后的贞节观对后世的影响颇大，虽然当今的观念已经不反对再婚，但是对于再婚后的继父母子女关系，仍然无法得到与一般意义上亲子关系的同等对待。

现在，随着公民个人权利意识的增强，离婚成为比较普遍的社会现象。此外，由于意外疾病等原因，丧偶的人再婚的现象也比较常见。由于夫妻一方死亡或双方离婚情形比较多，继子女关系也成为较为常见的一种社会关系。所以立法应该重视继子女与继父母的关系，明确继父母子女之间的法律关系，共同督促当事人依法妥善处理彼此的关系，构建和谐的婚姻家庭关系。继父母和继子女之间由于缺乏血缘关系，相互之间缺乏信任，容易产生矛盾。在继子女未成年时，其在与继父母相处过程中处于弱势一方。而在继父母年老之后，继父母又称为弱势一方，所以法律有必要规范继父母子女之间的亲权关系。

四、继父母子女关系的解除

（一）继父母子女之间关系解除的后果

继父母子女关系不同于具有血缘关系的亲生父母子女之间的关系，也不同于养父母子女之间的关系。对于亲生父母子女之间，由于血缘的客观存在性，我国法律不允许亲生父母子女之间解除亲子关系。我国《婚姻法》第二十九条规定，父母与子女间的关系，不因父母离婚而消除。离婚后，子女无论由父方或母方抚养，仍是父母子女。这是因为，父母子女的这种直系血亲，是基于子女出生的事实而发生的自然血亲，它不会因父母的离婚而消失或变更。所以即使父母与子女之间发生矛盾，当事人采取了各种貌似合理的公开方式（包括登报声明、协议等）来解除亲子关系，并自以为亲子关系已经解除，因为不能得到法律的支持，事实上不能发生亲子关系解除的法律后果。而对于因收养行为而形成的养父母子女关系，只要符合法律规定的条件，收养人与被收养人之间的收养关系是可以解除的，收养关系解除，收养人与被收养人之间的养父母子女关系也当然地解除。对于同样因为法律拟制而形成的继父母子女关系，其亲子关系的解除则视情况而定，比起养父母子女关系的解除，要更为复杂。

（二）婚姻关系的终止对继父母与继子女之间关系的影响

婚姻关系的终止，是指合法、有效的婚姻关系因发生一定的法律事实而归于消灭。婚姻关系终止的原因有两种情况，一是自然终止，即因配偶一方死亡而终止。包括我国在内的大多数国家都是如此规定，配偶一方在婚姻关系存续期间死亡的，其与配偶之间的婚姻关系自然终止。二是夫妻双方的婚姻关系因离婚而终止。所谓离婚，是指配偶双方依照法定的条件和程序解除婚姻关系的民事法律行为。历史上除了少数国家和地区在特定历史时期受宗教的影响不允许离婚之外，现代大多数国家允许婚姻当事人依照法律规定的条件和程序解除婚姻关系。婚姻当事人离婚之后，其婚姻关系也终止。对于具有血缘关系的父母子女之间，无论父母之间的婚姻关系是否终止，以及因为什么原因而婚姻关系终止，并不影响父母与子女之间的亲子关系。但是对于继父母和继子女之间，继父母与生父母婚姻关系终止，是否会对继父母与继子女之间的关系产生影响呢？要具体看待。

1. 对于继父母与生父母婚姻关系解除（离婚），要具体情况具体对待

对于相互之间没有形成抚养教育关系的继父母与继子女之间，由于本身无法律上的权利义务关系，继父母对继子女无抚养义务，成年继子女对年迈继父母也无赡养义务，其相互之间也无继承关系。如果继父母离婚，那么导致这种拟制血亲产生的基础便不复存在了，因而继父母与继子女之间的这种拟制血亲关系也随之结束。因此，当生父与继母、生母与继父婚姻关系解除时，继子女与继父母之间的姻亲关系也自然地解除。但如果继子女已经与继父母形成抚养教育关系，则要根据具体情况处理。

关于已形成抚育关系的继父母子女之间的权利、义务能否解除的问题，

现行婚姻法未做明文规定。最高人民法院在《关于继父母与继子女形成的权利义务关系能否解除的批复》中明确指出，继父母与继子女已形成的权利义务关系不能自然终止，一方起诉要解除这种权利义务关系的，人民法院应视具体情况作出是否准许解除的调解或判决。所以，当事人如果要解除继父母子女之间的权利义务关系，必须向人民法院提起诉讼，由人民法院作出是否准许解除的调解或判决。

在审判实践中，对该规则的理解要区分具体情况区别对待。再婚婚姻关系存续期间，对于尚未成年的继子女与继父母的关系的解除，裁判者大多持谨慎态度。如生父与继母、生母与继子女尚未成年，而继父母不同意继续抚养，根据有关司法解释，仍应由生父母抚养，继父母与继子女已形成的权利义务关系就此解除。但是如果继子女已经成年，并与继父母的关系恶化，经当事人提出请求，人民法院可以解除他们之间的权利义务关系。但是，对于已经丧失劳动能力，而且生活困难的继父母，该成年继子女仍有义务承担其晚年的生活费用。根据最高人民法院《关于人民法院审理离婚案件处理子女抚养问题的若干具体意见》法发〈1993〉30号第十三条的规定，生父与继母或生母与继父离婚时，对受其抚养教育的继子女，继父或继母不同意继续抚养的，仍应由生父母抚养。此时，继父母与继子女已形成的拟制血亲关系随之解除。但是生父母与继父母离婚时，受继父母抚养教育的继子女已成年并能独立生活，则对年老体弱、生活困难的继父母仍应承担赡养义务。他们之间的权利义务，并不因为生父与继母或生母与继父离婚而解除。所以当与继父或继母共同生活的生父母一方死亡时，继父或继母应当继续抚育未成年的继子女。在通常情况下，受继父母抚育成人并独立生活的继子女，应当承担赡养继父母的义务，双方关系原则上不能自然终止。当然，如果双方关系恶化，经当事人的请求，人民法院可以解除他们之间的权利义务关系。但是，成年继子女须承担丧失劳动能力、生活困难的继父母的晚年生活费用。

但是有一个尚未明确的问题，那就是如果继父母和继子女之间因为抚养关系形成拟制的血亲关系，那么其解除拟制的亲子关系之后，为什么成年的养子女还要赡养年迈继父母？这个是否缺乏赡养的正当性？依据法律的规定，赡养行为主要发生在家庭成员之间或者是有遗赠抚养协议的当事人之间，对于解除了亲子关系的继父母和继子女之间，既不是家庭成员，也没有遗赠抚养协议，那么解除了亲子关系的继子女对继父母继续承担赡养义务的依据是什么？这个问题值得我们深思。当然，我们并不反对关系解除之后继子女对继父母的赡养义务。法律规定生父母与继父母离婚时，受继父母抚养教育的继子女已成年并能独立生活，对年老体弱、生活困难的继父母仍应承担赡养义务，有利于维护家庭关系的和谐稳定，建立友爱互助的伦理道德秩序。但是此处用语不够严谨，司法解释简单将生父母与继父母离婚后继子女对年老体弱、生活困难的继父母的帮助义务界定为赡养义务，并不恰当，不仅混淆了传统的赡养概念，而且存在逻辑错误。所以此处的赡养义务事实上应当界定为一直反馈帮助义务，这样就可以在逻辑上更加圆满。

2. 因生父母的死亡而导致生父母与继父母婚姻关系终止的，是否影响继父母与继子女之间的关系

这是一个在司法实务中引起广泛争议的话题，如果养父母与养子女已经形成了事实上的抚养关系，生父母与养父母离婚时，养父母与未成年养子女之间是否需要维系亲子关系，由继父母继续抚养养子女。最高人民法院《关于人民法院审理离婚案件处理子女抚养问题的若干具体意见》法发〈1993〉30号第十三条的规定是，生父与继母或生母与继父离婚时，对受其抚养教育的继子女，继父或继母不同意继续抚养的，仍应由生父母抚养。由此可以推定，立法的本意是充分尊重继父母的意愿，将当事人的意愿放在第一位。除非继父母愿意，一般情况下由生父母继续抚养，这也符合人类的正常心理。继子女与继父母形成亲子关系的原因是生父母与继父母的婚姻关系，现在生父母与继父母采取法律途径解除婚姻关系了，那么继父母与继子女关系存在的基础就缺失了。结合实际案例来看，大多数继父母在与生父母离婚后，都不再愿意抚养继子女。但是如果生父母死亡，继父母与继子女的亲子关系是否必然解除呢？对此法律没有明确规定。

第一种观点认为，如果生父母死亡，继父母与继子女的亲子关系必然解除。原因是，继子女与继父母亲子关系的存在是因为继父母与生父母的婚

姻，而生父母的死亡导致了生父母与继父母之间婚姻关系的终止，那么继父母子女之间的亲子关系当然地解除。

第二种观点认为，如果生父母死亡，继父母与继子女的亲子关系不必然解除。原因是虽然离婚和死亡都是婚姻关系终止的条件，但是就人类一般情感而言，离婚会导致生父母和继父母之间产生感情上的纠纷，包括冷漠、厌恶或者仇恨等。继父母和生父母的这种夫妻之间的情感自然而然地会转移到继父母对待继子女的态度上。就像很多时候继父母接受继子女，最开始也是将对生父母的爱情转换成亲情，转移到继子女的身上。而一旦夫妻（继父母与生父母）离婚，这种友好的感情不复存在，将会直接影响继父母和继子女的关系。这种潜在的不友好对于缺乏自我保护能力的未成年人而言，是非常危险的。但是如果生父母与继父母婚姻关系的终止不是因为离婚行为，而是生父母的死亡导致了婚姻关系的终止，则继父母与生父母的感情尚未破裂，继父母对继子女的情感仍存在。如若继父母没有其他子女，还可能将继子女视为唯一的感情慰藉，这种亲子关系可以毫无障碍地继续存在。

此外，如果因生父母的死亡而导致生父母与继父母婚姻关系终止的，是否要解除继父母与继子女之间的关系。对该问题的理解要考虑到中国的传统观念。如前文所言，继子女由于是外姓，难以得到包括继父母在内的其家族的认可，生父母死亡时，又因为缺乏维系感情的基础，所以强行将继子女给继父母抚养是不符合民族心理的。因此，立法不宜作出一刀切的规定，应当赋予当事人选择的权利。

3. 形成抚养关系的继父母与继子女之间的权利和义务，适用婚姻法对父母子女关系的有关规定

此外，形成抚养关系的继父母与继子女之间的权利和义务，适用婚姻法对父母子女关系的有关规定。继父母收养继子女后，形成养父母子女关系，该类型的亲子关系同样是法律拟制血亲关系。法律拟制血亲关系既可通过一定的法律事实和法律行为成立，也可通过一定的法律事实和法律行为解除，故形成抚养关系的继父母子女关系也可以解除。

从现有立法的规定来看，一旦继子女与继父母之间通过收养行为成立了

养父母子女关系，则未成年子女与亲生父母中不共同生活的一方在法律上的权利义务关系就完全解除，抚养关系、赡养关系、继承关系都将彻底消灭。此外，未成年子女与关系解除父母一方近亲属之间的关系也随之消灭，如与祖父母的亲属关系解除；如果是继子女与继母建立收养关系，则与母亲解除亲子关系，也就与外祖父母的亲属关系解除。那么，继子女被继父母收养后，其与原来的兄弟姐妹之间关系是否解除，特别是半血缘的兄弟姐妹（同母或者同父）之间，随着某一子女（和兄弟姐妹们具有共同血缘关系）与父亲或者母亲一方亲子关系的解除，其他子女与该子女的兄弟姐妹关系已经没有生物学事实上的联系了，那么这些半血缘的兄弟姐妹之间的关系是否也应该相应地解除呢？考虑到《婚姻法》第二十八条和第二十九条的规定："有负担能力的祖父母、外祖父母，对于父母已经死亡或父母无力抚养的未成年的孙子女、外孙子女，有抚养的义务。有负担能力的孙子女、外孙子女，对于子女已经死亡或子女无力赡养的祖父母、外祖父母，有赡养的义务。""有负担能力的兄、姐，对于父母已经死亡或父母无力抚养的未成年的弟、妹，有扶养的义务。由兄、姐抚养长大的有负担能力的弟、妹，对于缺乏劳动能力又缺乏生活来源的兄、姐，有扶养的义务。"如果父母无抚养能力，未成年子女由祖父母、外祖父母或者兄姐抚养长大（或者有抚养事实），但是随着亲属关系的解除，祖父母、外祖父、兄姐在满足《婚姻法》第二十八条和第二十九条规定的情形下，能否请求被扶养人的赡养？如果不能请求赡养，那么显然是不符合法律公平精神的。或者说，这种抚养事实能否成为被收养的阻却事由？除此之外，更重要的考量点是，收养关系将会建立一个终生的法律关系，如果继父母方与生父母一方的婚姻破裂，收养关系仍然继续。但是生父母与继父母（此时已经成为生父母与养父母）婚姻关系的破裂，情感上可能已经有嫌隙，但是法律上亲子关系仍然持续保持，此时，这种亲子关系的保持是否有利于未成年子女的利益？如果要解决这个问题，唯一的办法是解除未成年子女与继父母（养父母）的收养关系，但是在收养关系已经斩断了未成年子女与生父母关系的情形下，要恢复亲子关系，面临两个问题，一是收养的解除需要收养人与送养人合意，而送养人包括了未成年子女的父亲和母亲，所以，已经解除关系的一方是否愿意恢复亲子关系，将直接影响到收养能否解除；其二，即使收养关系解除，若未成年子女与父母一方由于长时间没有情感联系，甚至因为生父母的情感纠纷而心生芥蒂，这样的安排是否符合未成年子女利益保护的需要，这些都是不可回避的问题。

五、继父母子女之间的继承问题

我国《继承法》第十条规定，遗产按照下列顺序继承：第一顺序：配偶、子女、父母；……本法所说的子女，包括……有抚养关系的继子女……1985 年 9 月最高人民法院《关于贯彻执行〈继承法〉若干问题的意见》第二十一条规定：继子女继承了继父母遗产的，不影响其继承生父母的遗产。继父母继承了继子女遗产的，不影响继承生子女的遗产。因此继父母和继子女之间相互之间享有继承权。此外，根据我国《婚姻法》第二十七条的规定，继父母与继子女间，不得虐待或歧视。继父或继母和受其抚养的继子女间的权利和义务，适用本法父母子女关系的有关规定。所以，继父母和继子女之间不仅享有继承权，而且继承的顺序和份额与亲生父母子女之间并无差别。但是，根据我国《婚姻法》第二十七条第二款的规定，继父或继母和受其抚养教育的继子女间的关系，适用本法对父母子女的有关规定。在实际生活中，继父母与继子女之间大体存在两种情况：一是继子女已成年并独立生活，或虽未成年，但他们的生活费、教育费仍由其生父（或生母）负担，因而继父母子女之间没有抚养和共同生活关系；二是继子女的生活费、教育费由继父或继母负担，继父母与继子女之间确实形成了事实上的抚养教育关系。只有在后一种情况下，继父母子女之间的权利和义务，才能够与亲生父母子女间的权利和义务是完全相同的。而对于第一种未形成抚养关系的继父母和继子女之间是没有继承权的。

第二节 养父母子女关系

一、现有立法关于养父母子女关系的规定

我国现行的《收养法》对收养的成立、收养的解除及收养的效力都作出了明确的规定。

（一）收养关系成立的实质要件

1. 收养人应当具备的实质条件

根据我国收养法的规定，收养人应当具备以下五个条件。①无子女，既包括未婚无子女，也包括已婚因生理缺陷无子女或者尚未生育子女。②有抚养教育被收养人的能力。主要是指收养人应当具备一定的抚养子女的经济能力和具有良好的品行。③年满三十周岁。④无配偶的男性收养女性的，收养人与被收养人的年龄应当相差四十周岁以上。⑤有配偶者收养子女，须夫妻双方同意。因为对子女进行抚育是夫妻双方共同的义务，所以，夫妻双方应当达成协议的一致意见才能收养子女。

收养三代以内旁系血亲的条件比较宽松，主要体现在以下几方面：父母无特殊困难，有抚养能力的也可以送养其子女。无配偶的男性收养女性的，不受收养人与被收养人须相差四十周岁的限制。被收养人可以为十四周岁以上的未成年人。

此外，收养法对于华侨收养三代以内同辈旁系血亲的规定更为宽松，除了不受上面所列举的三项条件的限制外，还不受收养人须无子女的限制，即作为收养人的华侨即使有子女，且不止一个子女，也可以作为收养人。

有关继父母收养继子女的规定，由于继子女和继父母很多情况下是在一起共同生活的，关系十分紧密，而通过收养关系的确立，可以使亲子关系单一化，有助于稳定家庭关系，为继子女的成长提供一个更为健康的生活环境。因此，对于继父母收养继子女的情况，收养法明确可以不受以下条件的限制：继子女的生父母无特殊困难，有抚养能力的也可以送养；继子女可以为十四周岁以上的未成年人；继父母可以有子女；继父母可以不满三十周岁。

2. 被收养人的条件

可以成为被收养人的条件包括两个。一是不满十四周岁的未成年人。对被收养人的年龄进行限制，其目的是为了便于被收养人与收养人之间建立起亲子关系，以保障收养关系的稳定和发展。二是孤儿、查找不到生父母的弃婴和儿童。由于年满十周岁以上的未成年人属于限制民事行为能力人，具备了一定判断事物的能力，因此，收养年满十周岁以上的未成年人的，应当征求被收养人的意见，由其自己判断是否愿意和他人建立起父母子女关系。

（二）收养应当具备的程序要件

收养大致可分为申请、审查、登记三个环节。

1. 申请

收养关系当事人应当亲自到收养登记机关申请办理收养登记。夫妻共同收养子女的，应当共同到收养登记机关办理登记手续；一方因故不能亲自前往的，应当书面委托另一方办理登记手续，委托书应当经过村民委员会或者居民委员会证明或者经过公证。

2. 审查

审查是收养登记的中心环节。登记机关受理登记申请后，要对当事人的情况进行全面的审查，审查的内容包括：收养人提交的证明材料是否齐全、有效；收养人、送养人、被收养人的条件是否符合我国法律的规定；收养人的收养目的是否正当，意思表示是否真实；是否有买卖儿童或变相买卖儿童的行为；是否有其他违反法律的行为。

审查工作必须耐心、细致，依法办事，不能草率，更不能徇私舞弊。

3. 登记

经过认真的审查，凡符合法律规定的，收养登记机关应当在受理登记申请之次日起30日内，为申请人办理收养登记，发给收养证，收养关系自登记之日起成立；对不符合收养法规定条件的，不予登记，并对当事人说明理由。

此外，收养查找不到生父母的弃婴、儿童的，收养登记机关应当在登记前公告查找其生父母；自公告之日起满60日，弃婴、儿童的生父母或者其他监护人未认领的，视为查找不到生父母的弃婴、儿童。公告期间不计算在登记办理期限内。

（三）收养关系的解除

收养关系可以依法成立，也可以依法解除。具体可通过以下两种方式之一处理：

一是依当事人的协议而解除协议解除收养。

具体条件包括：须当事人同意。就收养方而言，须得养父母同意，就被收养方而言，养子女已成年时，经养子女同意即可；养子女尚未成年时，须得养子女的生父母或原送养的监护人同意，养子女已有识别能力的，还须征得其本人的同意。当事人须对财产生活问题已有适当处理，别无争议。

二是因当事人一方的要求而解除。

如一方坚决要求解除收养关系，而另一方又坚决不同意的，一般可由有关部门进行调解，解除其收养关系，也可向人民法院提起诉讼，依法调解或判决解除其收养关系。一方解除收养关系的情形包括：收养人不履行抚养义务，有虐待、遗弃等侵害未成年养子女合法权益行为的，送养人有权要求解除养父母与养子女间的收养关系。送养人、收养人不能达成解除收养关系协议的，可以向人民法院起诉；养父母与成年养子女关系恶化、无法共同生活的，可以协议解除收养关系。不能达成协议的，可以向人民法院起诉。

（四）收养的效力

收养的效力包括收养的拟制效力和收养的解销效力。

所谓收养的拟制效力是指收养依法创设新的亲属关系及其权利义务的效力，也称为收养的积极效力。[1] 收养所产生的亲属关系为拟制血亲，也称"法亲"。可以依法产生，也可以依法解除。养父母与养子女间的权利义务关

---

① 杨大文：《亲属法》，法律出版社2012年版，第258页。

系，适用法律关于父母子女关系的规定；养子女与养父母的近亲属间的权利义务关系，适用法律关于子女与父母的近亲属关系的规定。

收养的解销效力则是指，收养依法终止原有的亲属关系及其权利义务的效力，也称为收养的消极效力。具体而言，养子女与生父母及其他近亲属间的权利义务关系，因收养关系成立而消除。

关于收养关系解除后的权利义务关系处理，法律也有明确的规定，具体包括三个方面。首先，收养关系解除后，养子女与养父母及其他近亲属间的权利义务关系即行消除，与生父母及其他近亲属间的权利义务关系自行恢复，但成年养子女与生父母及其他近亲属间的权利义务关系是否恢复，可以协商确定。其次，收养关系解除后，经养父母抚养的成年养子女，对缺乏劳动能力又缺乏生活来源的养父母，应当给付生活费。因养子女成年后虐待、遗弃养父母而解除收养关系的，养父母可以要求养子女补偿收养期间支出的生活费和教育费。最后，生父母要求解除收养关系的，养父母可以要求生父母适当补偿收养期间支出的生活费和教育费，但因养父母虐待、遗弃养子女而解除收养关系的除外。

二、现有立法存在的问题

（一）没有梳理好收养法规范与计划生育政策的关系

计划生育政策是基本国策，包括收养法规范在内的任何家事法规范都不应该与之相违背。但是，如果公民在主观上并没有规避计划生育政策的意图，一概剥夺个人收养子女的权利，是否合适呢？收养是一种带有社会公益性质的行为，现代收养立法宗旨应充分体现儿童利益最大化。因此立法需要重新定位收养与计划生育逻辑关系，避免不合理地排除公民收养权。

（二）关于收养人抚养教育能力的规定过于抽象

《收养法》第六条第二项规定，收养人必须具有"抚养、教育被收养人的能力"。此处的"能力"是指收养人的体力、劳动能力、物质条件？还是指精神能力如心理素质、道德品质、文化教育能力？抑或这些能力的综合？法律并没有具体明确规定。此外，上述抚养能力要达到的具体程度该如何确定？由于抚养教育被收养人所需能力的规定过于抽象，从而导致在实践中的困惑，无法判断收养人是否具备立法所要求的抚养教育被收养人的能力。尤其是当收养人丧失收养能力而不能对被收养人履行抚养教育义务时，政府机关和有关社会组织欲撤销收养人的收养资格时，缺乏具体的法律标准。

（三）关于收养人条件的规定过于严格

关于收养人条件的立法例主要有三种不同的观点：第一种主张建议采取限定主义，旨在严肃收养行为，防止违法收养产生；第二种主张建议采取不限定主义，对收养行为应采用包容、开放及更加人文关怀的态度，使收养行为更具开放性与包容性；第三种主张建议采取适度限定收养主义，如巫昌祯、杨大文、杨怀英、李志敏、王德意等老一代婚姻家庭法专家，多从理论与实务关注收养人条件的法律制度构建。[①] 本文认为，我国《收养法》对收养人条件规定采取的是典型限制主义，不符合我国现实情况，不利于老有所养、幼有所育的观念，应当放宽收养人条件的限制。

（四）关于收养人年龄的规定缺乏弹性

收养人年龄是确定公民在收养关系中的权利能力、行为能力和责任能力的界限，是收养人的基本资格条件。收养人年龄界定，主要基于立法传统、伦理秩序、国家和社会利益、家庭利益、收养人与被收养人利益等多种元素界定。我国《收养法》明确规定 30 周岁是收养人的年龄起点。该规定过于严格，缺乏弹性。

三、收养法律制度的完善

如前文所言，我国收养人条件法律制度凸显了许多与现代收养理念及精神的不适应之处。完善收养法律制度，不仅有利于保障收养人、被收养人各方的合法权益，还有利于稳定收养秩序，推进家庭与社会的和谐与发展。

（一）删除"收养一名"的限制条款，弹性规定收养子女的人数限制

计划生育政策的设置是未来防止超生，而收养则是针对已出生的孩子，

---

① 李志敏：《比较收养法》，北京大学出版社 1988 年版，第 252 页。

两者并不矛盾。① 因此，不能因为担心违反计划生育政策，而一刀切地限制收养子女的数额。而且计划生育政策已将由"一对夫妇只能生育一个孩子"，转变为"一对夫妻可以生育两个孩子"。因此，继续限定收养一名子女显然是没有必要的。

（二）放宽收养人年龄的限制

现行《收养法》之所以限制收养人必须年满 30 周岁以上，主要出于以下两点考虑。一是 30 周岁以下的夫妻仍然有较大的生育子女的可能性。担心年轻父母因为婚后不能生育，过早收养子女，收养行为完成后又生育了自己的子女，而不能善待养子女。二是 30 周岁以上的夫妻在经济能力和抚养能力等方面都更为成熟。但是，根据我国婚姻传统，夫妻婚后通常渴望享受亲子之情，对于不能生育的夫妻而言，一刀切地要求男女双方都达到 30 周岁的年龄限制，是不合理的。而且，抚养能力与年龄并没有绝对的关系，年轻夫妇在抚养子女方面具有更多的精力和体力。因此，对收养的衡量应该有一个动态和弹性的标准，建议放宽收养人年龄的限制。

（三）删除"无配偶男性收养女性为养女，年龄差 40 周岁以上"的条款

依据收养法第九条规定，无配偶的男性收养女性的，收养人与被收养人的年龄应当相差 40 周岁以上。该规定考虑到了女性容易受到男性性侵的可能性，主要是为了保护女童的身心健康。但是这一规定过于随意，且带有明显的世俗偏见。立法不应有性别差异与对单身者歧视性规定，因此，建议删除"无配偶男性收养女性为养女，年龄差 40 周岁以上"的条款。

（四）细化对收养人抚养教育能力的要求

收养人的抚养教育能力是顺利实现收养关系的基础条件，《收养法》应当细化收养人抚养教育能力的内容。衡量是否具有抚养教育被收养人的能力，不仅考虑收养人的家庭经济条件、住房保障，还要考虑收养人的思想道

---

① 赵川芳：《试论儿童收养中存在的问题及对策》，《中国青年政治学院学报》，2014年第 5 期。

德品质、健康状况等方面。①

（五）对收养行为建立动态的观测体系

在收养行为中要特别注意未成年人利益的保护，这也是儿童利益最大化原则在亲子法领域的体现。然而，家庭生活是一个持续长久并不断变化的过程，所以在收养行为成立后，应该建立一个动态的观测体系，确保养父母与养子女的权益能够得到合法的保护。

第三节　父母离婚诉讼中未成年子女利益的保护问题

随着物质生活水平的提高和人们权利意识的增强，夫妻对婚姻生活的质量提出了更高的要求，追求婚姻家庭生活质量也直接导致了离婚率的上升。婚姻的解除仅仅是解除了夫妻之间的婚姻关系，并不影响亲子关系变更。但是离婚往往并不单纯对夫妻产生影响，还会直接影响无辜的未成年子女，给未成年子女的生活带来极大的改变。这些影响往往是多方面的，在物质方面，由于女性在社会生活中的弱势地位，离婚后往往更容易降低物质生活的质量，而幼小孩子跟随母亲生活的可能性更大，所以父母离婚会直接影响未成年子女的物质生活质量。在精神生活方面，由于父亲或母亲角色的缺失，单亲家庭的子女往往更容易出现不同程度的心理问题。即使未成年子女内心坚强，但是也不可避免地陷入父母的感情纠葛之中，特别是夫妻因为离婚而交恶并相互嫉妒仇视的，未成年子女可能会被父母视为报复打击对方的工具。正是基于上述理由，我们需要重新审视离婚自由的原则。夫妻在享受婚姻自由原则，追求个人幸福解除婚姻关系之前，应该对未成年子女的抚养问题作出适当的安排。但是"适当的安排"过于抽象和主观化，如何来进行适当的安排，如何来保障父母离婚后未成年子女的利益保护是我们需要关注的

---

① 薛宁兰、金玉珍主编：《亲属与继承法》，社会科学文献出版社 2009 年版，第 228 页。

问题。

儒家文化为中国的亲子关系预设了"父慈子孝"的理想前提，事实上现实的亲子关系并不必然沿着儒家思想所期待的轨迹而运行。我国的协议离婚制度自由有余而限制不足，面对来自父母的伤害，现行立法无法对未成年子女进行充分保护。而我国现行协议离婚制度极少涉及未成年子女的利益保护。究其原因，中国传统家庭文化对婚姻家庭立法的影响是不可忽视的重要因素。因此，我们需要在剖析传统家庭文化对婚姻立法影响的前提下，对现有的协议离婚制度进行反思，并对协议离婚的监督制度提出可行性建议，以期更好地保护未成年子女的利益。

一、中国传统婚姻家庭文化对未成年子女权益保护制度的影响

所谓传统民族文化，一般是指某一民族在其长期的历史发展过程中所形成的反映该民族特点、民族历史和社会生活的文化。德国历史法学家萨维尼在《论立法与法学的当代使命》一书中曾经提出："在人类信史展开的最为远古的时代，可以看出，法律已然秉有自身确定的特性，其为一定民族所特有，如同其语言、行为方式和基本的社会组织体制。"① 传统文化影响了一国的具体立法内容，很可能也是造成某一法律制度缺陷的原因之一，反思并重构法律制度离不开该制度赖以产生和施行的民族性基础。所以我们无论是反思现有离婚制度的缺陷，还是重构更为合理的离婚制度，均不可忽视一国的民族性。对于我国而言，儒家思想和文化是传统社会的主导思想，特别是其中的家庭伦理，如"三纲五常""亲亲尊尊"观等对婚姻家庭观的形成和发展影响深远，中国的家庭里崇尚父慈子孝、兄友弟恭、累世而居、亲爱和睦的家庭关系，为中国的亲子关系预设了"父慈子孝"的前提。具体而言，儒家文化影响下的婚姻家庭观对未成年子女权益保护制度的影响体现在以下四个方面。

---

① ［德］萨维尼：《论立法与法学的当代使命》，许章润译，中国法制出版社 2001 年版，第 7 页。

（一）宗法性对未成年子女权益保护制度的影响

形成于西周的宗法制度，经过儒家的推崇与强化，最终奠定了"重家族轻个人"的封建家庭观。对于一个家庭和一个家族而言，生育子女的目标是为了维系家族的血脉，而子女仅仅是传承血脉的工具。以血缘关系为联系纽带的家庭本位观的产生，也导致了家庭内部成员身份的不平等，为了维护这种不平等的关系，封建宗法观推崇等级森严的伦理制度。陈独秀先生在《东西民族根本思想之差异》一文中指出，"以家族为本位，而无个人权利，其结果造成四大恶果：'一曰损坏个人独立自尊之人格；一曰窒碍个人意思之自由；一曰剥夺个人法律上平等之权利；一曰养成依赖性，戕贼个人之生产力'"。因此，"欲转善因，是在以个人本位主义，易家族本位主义"①。家族利益影响下的传统宗法观根本没有将子女视为保护的对象，既然子女仅仅是家长、家庭和家族的附属物，那么父母协议离婚时对子女的安排享有绝对的主导权利，这也可以解释为什么我国离婚制度中较少涉及未成年子女利益保护的内容。

（二）专制性对未成年子女权益保护制度的影响

孝是儒家文化在家庭领域的根本要求之一，孝道也是要求子女服从父母的最佳理由。中国的孝文化历史悠久、影响深远。然而孝虽为"德之本"，其本初之义只是感恩，但是后来却走向极端，成了专制的孝道。孝文化的专制性在家庭中体现为父亲对子女的绝对占有。以"长者为本位"的父子关系体现的也是孝文化的专制性，父亲在家庭中处于支配地位，支配子女的人身自由和家庭的财产分配。而且这种家长专制的习惯仍然影响着不少中国家庭，成了保护未成年子女利益的不可逾越的障碍。曾被胡适先生称之为"只手打孔家店的老英雄"的新文化运动倡导者之一吴虞先生在《说孝》一文中曾指出，孝是"专为君亲长上而设"的，是"利于尊贵长上而不利于卑贱"的，孝的根本精神是维护专制和不平等，无限制地提升父权而无限制地压低

---

① 陈独秀：《东西民族根本思想之差异》，载《青年杂志》，第一卷第四号。

子权。① 父慈子孝是儒家为亲子关系设置的一种理想状态，然而父慈子孝事实上更偏重于家长权的体现，严格要求子女绝对服从家长。现有协议离婚制度中缺乏对未成年子女的有效保护，事实上也是传统专制文化的影响之一，既然将子女直接视为父母的私人财产，在具体的离婚制度中当然也无须考虑子女的意愿。

（三）伦理性对未成年子女权益保护制度的影响

有学者认为，伦理化的中国传统法律在社会中竭力确认并维护等级特权制度，民主平等的观念在中国传统社会是无法产生的。② 儒家从根本上否认社会是整齐平等的，在家族中广泛存在着亲疏、尊卑、长幼的差异，而礼便是儒家维持这种社会差异的工具，维持儒家所期望的"君君臣臣父父子子"的理想社会。因此在我国封建社会缺乏独立公正的司法传统，传统法律文化是一个以宗法为本位，法律与道德融为一体的价值体系。而纲常伦理是立法和司法的指导思想，在家庭领域，伦理甚至可以直接替代法律。关于伦理治家，中国的传统观念是重伦理礼教轻法律，将情和理作为辨是非的标准。对此吴虞先生曾指出，儒家礼教导致了我国旧法律的两个弊端，一是"不重成文法典"，理大于法；二是礼"重尊贵而轻卑贱"，对于不同身份的人执行不同的标准。礼教标准可以随具体情与势任意转移。依靠伦理解决家庭问题的习惯在短期内无法彻底改变，所以我们在离婚规则的设计中既要借鉴其他国家成熟的制度，更要充分考虑传统伦理对离婚制度的影响，如此才能在离婚制度中实现未成年子女利益保护的目标。

综上，传统婚姻家庭观并不认可子女独立的人身权和财产权，子女只是父母的私有财产，是权利的客体。儒家文化也为家庭预设了"父慈子孝"的理想的亲子关系，并通过孝文化来巩固"家长专制"。因此，人们既不重视法律在调整亲子关系中的作用，也漠视子女在家庭中的权利，在父母离婚时极少顾及子女的利益。此外，人们习惯于在家庭内部和家族内部解决家庭纠

---

① 赵清、郑城编：《吴虞集》，四川人民出版社1985年版，第488页。

② 张中秋：《论中国传统法律的伦理化》，《比较法研究》，1991年第1期。

纷。大多数家庭并不欢迎外力因素介入家庭领域，特别是在父母与子女之间，不欢迎法律的介入，更不习惯于对簿公堂。如此不难理解为何现有的未成年人利益保护规则更多地关注于社会外部带来的伤害，而非家庭内部的伤害。因此我们有必要关注中国传统儒家文化对婚姻家庭观的影响，引导平等和谐亲子关系的建立，在现有的离婚制度中增设未成年子女利益保护的内容。

二、协议离婚制度中未成年子女利益保护的现状

（一）协议离婚并非婚姻当事人绝对的自由

婚姻自由是《中华人民共和国婚姻法》的基本原则之一，包括了结婚自由和离婚自由。作为婚姻的缔结者，夫妻双方既然能够自由地决定婚姻的成立，那么当然地也能够自由地决定婚姻的解除。然而婚姻关系的解除区别于婚姻关系的缔结，由于结婚在更多情况下仅仅涉及婚姻双方当事人的利益，所以只要双方意愿一致即可满足合意的结婚条件而缔结婚姻。但是婚姻的解除往往还会涉及家庭中未成年子女的权益保护。从这个意义上说，我们很难肯定夫妻之间享有绝对的离婚自由权。而且在现实生活大量的离婚案例中，未成年子女在父母感情破裂而离婚之后，往往比离婚当事人受到的伤害更大，离婚对未成年子女的不利影响也更严重。因未成年人不具备完全民事行为能力，故不能有效保护自己的权利。事实上，作为离婚事件中的弱势群体，未成年子女的利益更需要婚姻法的特别保护。但是我国现有的协议离婚制度对未成年子女的利益保护还远远不够。根据《婚姻法》的相关规定，只要求夫妻双方对子女抚养和财产分割达成一致意见即可协议离婚，婚姻登记机关和法院并不对离婚协议进行实质审查。可见法律给予了父母足够的信任，将父母视为未成年子女利益的当然代言人，而事实上父母协议离婚时，极有可能伤害未成年子女的人身权利和财产权利。因此，为了保护未成年子女的利益，我们必须对离婚协议进行限制。

（二）未成年子女在家庭中享有独立的人身权利和财产权利

"父慈子孝"是儒家为亲子关系设置的一种理想状态，事实上"父慈子

孝"更偏重于家长权的体现，严格要求子女绝对服从家长。这与现代法治社会自由平等的人权观不相符合，因此我们需要强化未成年子女在家庭中享有独立人身权利和财产权利的观念。一方面，未成年子女在家庭中的人身权利受法律保护，未成年子女作为独立的权利主体享有一切法律赋予的人身权利。这些人身权利中未成年人表达意愿的权利最容易被忽视。联合国《儿童权利公约》第一部分第 12 条第一款明确规定，缔约国应确保能够形成自己看法的儿童有权对影响儿童的一切事项自由发表自己的意见，对儿童的意见应按照其年龄和成熟程度给以适当的重视。未成年子女表达意愿的内容丰富，包括选择直接抚养人的权利、选择与父母及其他近亲属交往联络的权利、与家庭成员团聚的权利，等等。另一方面，未成年子女在家庭中的财产权利受法律保护。财产是未成年子女生存和发展的基本保障，特别是父母离异时对未成年子女独立财产权利的确认，以及父母离异后对未成年子女财产的保护措施，尤其重要。虽然我国《婚姻法》仅仅对夫妻之间的共同财产和个人财产作出了列举性规定，并没有关于未成年子女财产的专门列举性规定，但是作为天赋人权，未成年子女当然拥有独立的财产权。一般而言，未成年人通过以下四个方面取得的财产为其独立的私人财产，受法律保护，在父母离异时不能作为家庭共有财产被父母分割。第一是因继承、赠与或其他无偿方式等因受益行为取得的财产；第二是在法律允许的限度内因劳动、经营或其他有偿方式取得的财产；第三项是专属于未成年人个人使用的基本生活用品包括衣物书籍等；第四项是未成年子女作为保险受益人享有的权益。未成年子女对其上述财产享有所有权，父母仅仅有代管的权利，无论父母的婚姻继续抑或解除，父母均不可随意处分。现实生活中，父母关系正常时，与父母一起共同生活的子女虽然普遍没有劳动能力和收入来源，但是父母大多能尽到抚养教育子女的义务。如果未成年子女有一定的财产，一般由父母共同代管，很少会有侵害未成年子女财产利益的问题发生。可是一旦父母离婚，未成年子女的财产利益受到侵犯的可能性就会大大提高。其表现在，由于缺乏监督机制，父母协议离婚时可能会将未成年子女的财产作为夫妻共有财产予以分割。也有可能父母离异后，直接抚养孩子的一方由于缺乏日常监督与约束，不正当管理未成年子女的财产，甚至挥霍未成年子女的财产，侵害未成年人的利益。所以即使法律承认未成年子女的财产权利，但是未成年子女财产权利的实际行使，往往却存在诸多的障碍。所以，我们必须明确未成年子女的财产权利，并在立法中建立规范的离婚监督制度来保护未成年子女的利益。

三、现实困惑

在现实生活中，离婚后未成年子女的直接抚养权归属问题及日后的抚养教育问题，因为家庭生活的复杂性，其往往超越了法律的范畴，成了一个非常复杂的社会问题，包括了父母的情感冲突与矛盾、妇女权益的保护、未成年子女利益的保护，甚至是社会保障体制的完善和个体案件的机动处理。如果没有社会条件的支持，单纯凭借法律的抽象规定，不足以保护未成年子女的利益。

四、现行协议离婚制度的缺陷

受到传统婚姻家庭观念的影响，现有的协议离婚制度并未关注未成年子女的利益保护，其缺陷主要体现在五个方面。

（一）现有的协议离婚制度缺乏对未成年子女利益的保护

受传统儒家文化"父为子纲"思想的影响，子女的利益难以在父母离婚时得到尊重与考虑，《婚姻法》关于离婚条件的现有规定中也少有顾及未成年子女的意愿与利益。我国现行《婚姻法》并未使用"协议离婚"一词，只是区分为"双方自愿离婚"和"一方要求离婚"。但是广义协议离婚主要着重于"协议"的方式，既包括夫妻双方一开始就协商一致，通过行政登记程序离婚；也包括先由一方提出，经人民法院调解而实现合意的离婚。① 《婚姻法》第三十一条规定："男女双方自愿离婚的，准予离婚。双方必须到婚姻登记机关申请离婚。婚姻登记机关查明双方确实是自愿并对子女和财产问

---

① 杨大文：《亲属法》，法律出版社 2004 年版，第 173 页。

题已有适当处理时，发给离婚证。"《婚姻登记条例》第十三条规定："婚姻登记机关应当对离婚登记当事人出具的证件、证明材料进行审查并询问相关情况。"可见当事人到婚姻登记机关申请离婚，婚姻登记机关仅仅查明双方离婚的意愿和子女及财产的处理意见，并不对协议内容进行实质审查。同样，如果当事人能够在法官的调解下对子女和财产问题达成一致意见，法院一般也不干涉当事人关于子女和财产的处理意见，只要双方达成一致意见即可离婚。上述协议离婚的条件虽然涉及未成年子女的安排，但是上述制度存在以下三个问题。

1. "适当处理"的标准难以把握

按照现行婚姻法的规定，父母对子女问题已有适当处理，即可离婚。至于适当处理的标准是什么，却语焉不详。而事实上只要离婚父母双方协商一致，婚姻登记机关的工作人员和法官一般不会具体考察该协议是否有利于子女成长和生活。由此可见，在司法实务中婚姻登记机关的工作人员和法官显然是把"离婚双方当事人（父母）同意"等同于"对子女问题已有适当处理"。此处也毫无例外地体现了传统文化"父慈子孝"观念对立法的影响，立法者在假设父母对于子女之爱的基础上充分相信父母，认为夫妻当然会为了子女利益合理处理离婚问题。但现实中存在以下两种可能，一是父母的确可能在离婚问题上会为了未成年子女利益而充分考虑，但问题是，即使父母有爱子之心，却不一定能够正确选择最适合子女的离婚方案；二是并非所有的父母都会将子女利益置于自己利益之前优先考虑，为了一己之利、一己之愤而利用子女作为谋取利益或发泄愤怒的工具的案例在现实生活也不少见。

2. 婚姻登记机关不会对协议离婚条件进行实质审查

《婚姻法》第十条规定："内地居民自愿离婚的，男女双方应当共同到一方当事人常住户口所在地的婚姻登记机关办理离婚登记。中国公民同外国人在中国内地自愿离婚的……应当共同到内地居民常住户口所在地的婚姻登记机关办理离婚登记。"可见我国目前是由民政局的婚姻登记处负责办理离婚登记。如果要求婚姻登记机关对协议离婚的条件进行实质审查，涉及两个困难，一是婚姻登记机关是否有调查的权限，另一个是婚姻登记机关进行实质审查的能力。婚姻登记机关工作人员的数量和精力有限，让其对离婚协议进行实质审查并不现实。

3. 法院亦较少审查离婚协议内容

法院的离婚调解书一般根据离婚当事人的协议制定，法官较少对协议离婚内容的合理性进行审查，以判断是否符合未成年子女利益的保护。法院虽然有调查的权限，但是在司法实践中，离婚双方当事人如果在法院的调解之下能够对子女的抚养和财产分割达成一致意见，法院基本上不会对协议内容进行实质审查，也不会具体判断当事人的协议内容是否侵害了未成年子女的利益。由此可见，就目前的协议离婚制度而言，所谓"适当处理"即只要双方当事人达成一致意见即可，没有对离婚协议进行实质审查，也未曾对离婚协议是否有利于未成年子女的成长作出特别判断。

（二）夫妻共同财产的分割制度没有充分考虑到未成年子女的利益

我国有"同居共财"的大家庭传统，要求"父母在堂，别蓄私财"。历代法律对于同居卑幼不得家长的许可而私自擅用家财皆有刑事处分，按照所动用的价值而决定身体刑的轻重。[①] 这种家长责任制，一方面是基于传统儒家对家庭伦理的构想，另一更重要的方面则是出于政府管理实践中的便利考虑。[②] 虽然我国法律上早已经确定了自然人独立的人格与自由，但是传统文化对家庭观的影响依然深远。我国现行立法对未成年子女财产性质的界定和保护呈空白状态就是一个例证。特别是在家庭内部，未成年子女财产的确认和保护一直未曾引起法律界的关注。首先，关于未成年子女财产性质界定并不明确。未成年子女的财产是否独立于其他家庭的财产并需要获得特别的保护，婚姻法并无明确的说明。究其原因，作为未成年人，子女由于缺乏劳动能力，一般很少拥有财产。但是随着社会的发展，越来越多的未成年人拥有自己的财产，如未成年子女接受的赠与、未成年子女从事的力所能及的劳动所得等。但是另一方面，由于未成年子女缺乏独立的认识能力和判断能力，

---

① 瞿同祖：《中国法律与中国社会》，中华书局 2003 年版，第 16 页。

② 李如春：《宋代的户在财产关系中的民事主体性质》，载《史学月刊》，2012 年第 3 期。

即使拥有自己的财产也需要有人代为管理，未成年子女的日常生活大多由父母在照顾与负担，所以未成年人取得的财产未曾得到特别的关注与保护。其次，在夫妻双方离婚时，分割的往往并非绝对的夫妻共有财产，有时候也包括未成年子女的财产。但是婚姻法关于离婚时财产的分割并未特别关注未成年子女财产的保护。《婚姻法》第三十九条规定："离婚时，夫妻的共同财产由双方协议处理；协议不成时，由人民法院根据财产的具体情况，照顾子女和女方权益的原则判决。"根据该条规定，父母协议离婚时，关于财产的分割只需要离婚当事人双方协商一致即可，不需要考虑未成年子女的利益。而在协议不成时，法院根据财产的具体情况，照顾子女和女方权益的原则判决。

（三）直接抚养人的确认没有充分考虑到未成年子女的利益

现有的协议离婚制度在确定未成年子女的直接抚养人时缺乏子女的充分参与，没有充分考虑子女的意愿。当然，由于未成年人的心智并不成熟，其表达意愿的能力有限，所以大多数国家的立法和司法实践对于未成年子女的意愿和选择持相对承认的态度，父母离婚时如果关于未成年子女直接抚养人的确定存有争议，子女的意愿只起参考作用，不能单独作为决定因素。对此，最高人民法院在《关于人民法院审理离婚案件处理子女抚养问题的若干具体意见》第五条规定："父母双方对十周岁以上的未成年子女随父或随母生活发生争执的，应考虑该子女的意见。"这里存在两个问题。第一个问题，能否考虑十周岁以下的未成年子女的意见。每个孩子的发育状况不一样，而且不同时代孩子的心智发育状况也会发生变化，10 周岁的一刀切标准的制定是否经过了科学的论证？事实上，10 周岁以下的孩子也有一定的分析问题的能力和表达意愿的能力。而且随着教育和生活水平的提高，儿童的心智开发得越来越早，10 周岁以下的未成年人已经能够一定程度地表达其意愿。如何体现 10 周岁以下孩子的意愿是立法需要关注的问题之一。第二个问题，如何保障未成年子女表达意愿的权利？如何能既尊重未成年子女的意愿表达权，又能避免未成年人心智不成熟带来的缺陷，寻求两者平衡是未来立法需要解决的问题之一。即使是 10 周岁以上的未成年子女，如何保障未成年子女的意愿表达不被他人左右，也是不容回避的问题。未成年子女由于心智不够成熟，对父母和亲友有较强的依赖性，在父母离婚时其选择直接抚养人时容易受到其他因素的干扰。例如发生在 2006 年的小天才侯鸿儒的事件，在父母的离婚诉讼中，当时和父亲一起生活的侯鸿儒骂妈妈是"骗子"，坚定地要和父亲一起生活。然而后续报道称，侯鸿儒和母亲共同生活一段时间后，又写博文要和父亲断绝关系，让母亲抚养自己。所以保障未成年子女的意愿不被他人左右是保护未成年子女利益的一个重要前提。

（四）在抚养费的确定和监管方面没有考虑到未成年子女的利益

如何对抚养费的支配进行监管是离婚制度中保护未成年子女利益的重要内容。《婚姻法》第三十七条规定："离婚后，一方抚养的子女，另一方应负担必要的生活费和教育费的一部或全部，负担费用的多少和期限的长短，由双方协议；协议不成时，由人民法院判决。关于子女生活费和教育费的协议或判决，不妨碍子女在必要时向父母任何一方提出超过协议或判决原定的数额的合理要求。"该规定因为过于简单粗糙而导致了诸多争议的产生。有学者指出，现行婚姻法对父母离婚后，抚养费如何真正落实和运用到子女身上，以及抚养费被直接抚养子女一方侵占或挪用缺乏明确、具体的规定和保护措施。掌握子女抚养费的一方也因无法律的约束和不受有关部门的监督，可以随心所欲地支配使用，抚养费也可能根本就没有用到子女的抚养教育上，而可能用以满足自己的需求，甚至是一些不良的需求，这样势必影响未成年子女的健康成长和基本需求，侵害未成年子女的合法权益。[①] 由于儿童是限制民事行为能力人或无民事行为能力人，不能通过自身的行为实现全部的权利主张。在一般民事生活中，儿童的主体地位通过父母的代理行为得以实现。在离婚所涉及的各种法律关系中，儿童的利益与父母的利益可能存在着冲突，父母的代理行为有可能侵害儿童的利益，因此应当有公正的机构和组织对父母的代理权利进行限制和监管。

①　张伟：《论儿童最佳利益原则——以离婚后未成年子女最大利益保护为视角》，载《当代法学》，2008 年第 6 期。

五、完善协议离婚未成年子女利益保护制度之构想

现实生活对孩子的伤害不仅来源于社会外部，也来源于家庭内部，而在离婚制度中单纯依靠情感和道德的力量不足以保护未成年子女的利益，所以离婚监督机制的缺乏是我国目前未成年保护制度的一块硬伤。我们需要在肯定"父慈子孝"的伦理观之外，完善未成年子女家庭利益保护的外部监督机制，在父母离婚时为未成年子女提供有效的权利保护途径。

（一）坚持子女最佳利益原则

人类社会早期，"父本位"和"家本位"思想影响着家庭成员间关系的建立，父母与未成年子女之间是抚养与被抚养、占有与被占有的关系。未成年子女往往被视为家父的私有财产，是权利的客体而非主体。随着社会的发展和法制的进步，理性启蒙和个性解放的人权观得到发展与尊崇，儿童人格的独立和儿童权利的保护得到了普遍关注，儿童最佳利益原则也由此产生。1959 年《儿童权利宣言》中最早出现了儿童利益最大化的概念，并将儿童最大利益原则作为一项保护儿童权利的国际性指导原则。该宣言规定，儿童应受到特别保护，并应通过法律和其他方面而获得各种机会与便利，使其能在健康而正常的状态和自由与尊严的条件下，得到身体、心智、道德、精神和社会等方面的发展。在为此目的而制订法律时，应以儿童的最大利益为首要考虑。子女最佳利益原则不仅应当广泛适用于法院处理诉讼离婚案件的过程中，也应当适用于夫妻双方协议离婚的情形下。因此如何保障儿童的最佳利益是协议离婚制度必须解决的重要问题。未成年人的健康成长，既需要充足的物质保障，也需要来自父母的精神关爱。两者缺一不可，任何一方的缺失都有可能给未成年子女的身心健康带来不利影响。与父母婚姻关系正常的家庭相比较而言，离异家庭里未成年子女的养育问题面临的困难更为突出。关于离异家庭里未成年子女的物质生活保障，我国《婚姻法》在其第三十七条规定了父母离婚后子女生活费和教育费的承担原则："离婚后，一方抚养的子女，另一方应负担必要的生活费和教育费的一部或全部，负担费用的多少和期限的长短，由双方协议；协议不成时，由人民法院判决。"虽然现实生

活中也会出现离异父母一方拒付和拖欠生活费用、抚养费用的情形，但事实上在经济逐步发展和生活水平逐渐提高的当前，大多数离异家庭里的未成年子女的生活费用和教育费用等物质条件是可以得到保障的。即使离异父母一方不承担生活费和教育费，我们可以通过申请执行的方式来强制父母履行抚养子女的义务。反而是离异家庭中未成年子女的精神关爱由于无法通过法律的强制来获得，所以更应当引起我们的特别关注。根据我国《婚姻法》第三十六条的规定，父母与子女间的关系，不因父母离婚而消除。离婚后，父母对于子女仍有抚养和教育的权利和义务。所以离婚后的父母，无论是否与未成年子女个体生活，都是子女的监护人。但是由于未成年子女只能现实地随离婚的母亲或父亲一方共同生活，而子女往往难以得到不共同生活的一方的精神关爱。所以一刀切的单方直接抚养人制度不符合子女最佳利益原则。当然，共同抚养制度也并非当然符合子女最佳利益。从两大法系关于父母离婚后与未成年子女关系的法律规定来看，大多数国家采取的是单独监护（亲权）与共同监护（亲权）并存的立法模式，但实质内容都是要解决父母离婚后对未成年子女的亲权分配问题。[1] 为了保证儿童的最佳利益，在未成年子女直接抚养人的确定方面，我们应当不拘于单独抚养、共同抚养和轮流抚养等单一模式，可以尝试多种监护方式并存的制度，在制度设计上为满足不同家庭的需求提供多种选择途径。此外，抚养费的给付与监管问题，与亲属间的联络问题等均应当坚持子女最佳利益原则，在协议离婚制度中最大可能地保护未成年子女的利益。

（二）充分尊重未成年子女的意愿

从目前各国立法规定来看，现代国家大多认为离婚不仅仅是个人私事，其效力将会对双方、子女和社会产生影响。因此，许多国家对离婚规定了必要的限制性条款，以维护婚姻关系的稳定，或者保障弱势家庭成员的利益。《法国民法典》在其第 289 条规定："……法官在对何方照管子女及行使亲权

---

[1] 王竹青：《论父母离婚后对未成年子女的监护》，载《北京科技大学学报（社会科学版）》，2006 年第 1 期。

的方式作出裁决时应考虑到：（1）夫妻间已签订的协议……（3）未成年子女的意见，如有必要听取其意见，而听取意见对其又无不便之处。"美国在其《统一结婚离婚法》第402条规定："法庭应使有关监护的决定符合子女的最大利益。法庭要求考虑所有有关事实，包括：（1）子女的父母一方或双方在监护问题上的愿望；（2）子女在监护人选问题上的愿望；（3）子女与父母一方或双方，其兄弟姐妹及其他对其最大利益有影响的人相互之间的作用及关系；（4）子女对家庭、学校和居住区的适应；（5）所有有关人的身心健康状况。法庭不必考虑所提出的与子女无关的监护人的行为。"[①] 在协议离婚制度中坚持儿童最佳利益，首先要保障儿童表达自己意愿的权利。对此联合国《儿童权利公约》也特别申明儿童有权表达自己的意见，在其第一部分第12条第二款中规定："为此目的，儿童应特别享有机会在影响到儿童的任何司法和行政诉讼中阐述见解，以符合国家法律的诉讼规则的方式，直接或通过代表或适当机构陈述意见。"此后不少国家响应公约的号召，也在立法中明确了未成年子女表达意愿的权利。很多英美法系国家，如英国、澳大利亚等为保障子女最大利益的实现，均在其家庭法中规定了在决定与子女利益相关的事项时，应根据子女的年龄和理解力听取子女的意见。英国1985年的Gillick vs. West Norfolk and Wisbech Health Authority 一案更是具有里程碑意义的判例，其承认子女在与自身相关的判决中应当拥有极大的发言权。因此，在离婚制度中尊重和保障未成年子女表达意愿的权利是当前各国家立法的趋势所在。我国受"父为子纲"儒家思想的影响，未成年子女的独立人格不被认可，反映到离婚制度中来是，我国目前的离婚制度除了在确定子女直接抚养方时需要适度征求子女的意见之外，其他事项的选择时极少考虑子女的意愿。这是"父母本位"立法思想的反映，将离婚子女直接抚养方的确定视为与父母利益攸关的子女归属问题，而没有将其视为与子女利益攸关的亲子关系问题。毕竟离婚协议不同于一般的契约，只要契约双方同意即可。所以我

[①] 陈苇：《离婚后父母对未成年子女监护权问题研究——兼谈我国〈婚姻法〉相关内容的修改与补充》，载《中国法学》，1998年第3期。

们应该明确的是，在父母协议离婚时，虽然未成年子女本身并没有权利干涉父母的婚姻自由（离婚自由），只能被动接受父母离婚的事实。但是这并不意味着子女关于父母的离婚协议内容没有任何表达意愿的权利。父母有责任为了未成年子女的健康成长作出合理的安排以及利益的让步，所以协议离婚制度不仅应当平衡婚姻当事人利益，也应该保护未成年子女的利益，最大程度地尊重未成年子女的意愿。

（三）建立子女利益代表人制度

子女利益代表人制度是源自英美法系国家的一种儿童保护制度，子女利益代表人在家庭案件诉讼中不受父母、法官任何人的影响，独立代表未成年子女的利益。事实上子女利益代表人制度不仅适用于家庭案件的诉讼中，也可以在协议离婚制度中予以借鉴。预先设定父母是未成年子女的最佳利益保护者并赋予父母当然的法定代理权迎合了人类基本感情的需要，也是各国立法的通例。未成年子女由于欠缺完全行为能力，不能自由表达自己的意愿，无法保护自己的合法权益，所以法律规定了父母对其未成年子女的监护权和法定代理权。的确，从人类淳朴的感情本能而言，父母无疑是未成年子女的最佳保护人。但是这只是人类社会的普遍现象而绝非全部内容，来自家庭内部父母对未成年子女的伤害并不少见。特别是当父母离婚时，离婚双方如果冲突激烈矛盾激化，有些时候往往会改变或暂时改变父母爱护子女的心理，甚至为了报复对方而利用子女，置子女利益于不顾。传统观点看重血缘关系，认为家族、家庭、父母、亲情对未成年子女而言是不可替代的，也无法想象父母之外是否还可能存在更适合代表未成年子女利益的其他人。但事实上父母并不能绝对保障未成年子女的利益，将未成年子女的利益保护绝对地依赖于父母，会使得离婚登记机关和法院被动接受父母对子女的安排方案，并不能绝对有效地保护儿童利益。离婚时夫妻本人并不适合担任其未成年子女的利益代表人，我们需要一个更为公正、公开、民主的未成年子女利益代表人制度。

立法的理念和精神往往可以接受借鉴，但是具体的制度实施和保障却必须要充分考虑到各国的具体国情。在我国，由谁来担任子女的利益代表人是监督制度实施上的难题。我国《未成年人保护法》第六条规定："保护未成年人，是国家机关、武装力量、政党、社会团体、企业事业组织、城乡基层群众性自治组织、未成年人的监护人和其他成年公民的共同责任。"第八条规定："共产主义青年团、妇女联合会、工会、青年联合会、学生联合会、少年先锋队以及其他有关社会团体，协助各级人民政府做好未成年人保护工作，维护未成年人的合法权益。"上述规定包括了诸多社会团体及民间组织保护未成年人的责任，但是该规定却缺乏具体的保护措施和责任规划，导致了现有未成年子女利益保护工作的虚空性。就我国目前未成年人利益保护的现状而言，现实中以下四类机构和组织事实上承担着保护未成年子女的利益的具体工作：一是未成年子女的尊辈亲友；二是当地村民委员会和居民委员会；三是人民调解委员会和妇联组织等团体机构；四是法院和各地离婚登记机关。在这四类主体中，人民调解委员会和妇联组织等团体机构，以及法院和离婚登记机关等国家机关虽然具有调查的便利和职业上的威信，但是这类组织距离未成年人的生活较为疏远，不能及时全面了解未成年子女的生活状况，也不能保证对单个家庭和单个未成年子女的时间和精力付出。相比较而言，未成年子女的尊辈亲友，以及未成年人住所地的村民委员会和居民委员会更适合担任未成年子女的利益代表人。乡土社会中，一旦父母离婚，可以由未成年子女的尊辈亲友，以及未成年人住所地的村民委员会和居民委员会共同担任未成年子女的利益代表人。这两类组织可以在功能上互补，亲友更有专注的精力关心家庭和家族内的卑亲属的生活与教育问题，但是往往会受到感情的影响不能更为公正地处理问题。而未成年人住所地的村民委员会和居民委员会往往更为公正，但是并不能如同未成年人的亲友一样将全部的精力奉献于单个家庭和单个的未成年人。所以在我国协议离婚制度中，引入子女利益代表人制度，并由未成年子女的尊辈亲友及未成年人住所地的村民委员会和居民委员会共同担任未成年子女的利益代表人，可以在父母离婚时和离婚后监督抚养费的支付和使用情况，并对直接抚养人养育子女的行为进行监督。

（四）设立离婚协议的实质审查制度

由于快捷方便的协议离婚有其不可避免的弊端，那就是不能兼顾保护未成年子女的利益。因此很多国家对离婚协议采取了一定的限制和监督措施，如瑞士和法国等国家要求离婚协议须经法院或有权行政机关的审查确认。还有的国家走得更远，要求有权机关有撤销或者驳回协议离婚的权力。我国传统社会推崇"父母之命，媒妁之言"的聘娶婚制度，在森严的等级制度和封建礼教影响下，子女并没有结婚的权利。受"男尊女卑"的影响，女性往往没有离婚的自由。新中国成立后，将婚姻自由作为婚姻法一项最为重要的基本原则。但是我国现行的婚姻自由政策过于强调婚姻当事人结婚自由和离婚自由的权利，却忽视了其他利害关系人权益的保护，特别是离异家庭中未成年子女的利益的保护。根据现有的法律规定，只要夫妻双方关于子女抚养和财产分割达成一致意见即可自由离婚，婚姻登记机关和法院并不对离婚协议的内容进行实质审查。如果不对离婚协议内容进行实质审查，那么该如何判断父母的离婚协议是否侵犯了未成年子女的利益呢？因此建议设立离婚协议的实质审查制度。关于实质审查的主体，由婚姻登记机关和法院来共同担任。通过行政程序办理的协议离婚，应当由婚姻登记机关进行实质审查；而起诉到法院后，在法官调解下的离婚协议由负责调解的法官进行实质审查。而审查的内容应该包括并不限于以下内容：一是审查夫妻共有财产分割是否侵犯了未成年子女的利益；二是审查直接抚养人的确定是否符合子女的最佳利益；三是子女利益代表人的选择是否符合子女的最佳利益。

父慈子孝是儒家为家庭关系勾画的理想蓝图，孝道和爱子也是中华民族的优良传统。但是我们不得不承认，父母协议离婚时存在着侵害未成年子女利益的可能性。而协议离婚监督机制的立法空白使得未成年子女在遭受来自父母的侵害时，无从得到有效的保护。当然，美好的道德的力量是伟大的。我们在呼吁完善立法的同时，也应该继续将古老的文化传统发扬光大，以便为未成年人建立更为安全温暖的家庭环境和社会环境。

第四节　探望权问题

探望权制度的建立无论是对父母任何一方，还是对子女而言都是非常有益的。但是由于探望权多涉及离异双方，所以离异父母容易把禁止对方探望孩子作为惩罚对方和发泄怨恨的工具。此类行为既损害了对方的利益，也损害了未成年子女的利益，给社会的稳定也造成了一定恶劣的影响。此外，司法实践中还出现了大量隔代探望权的争议。我国现行婚姻法虽然明确规定了探望权，但是该条款过于抽象，在探望权的适用方面存在诸多法律上的困惑。所以，探望权法律制度也是亲子法领域的一个重要问题。

一、探望权的概念和性质

探望权，西方国家也称探视权、见面交往权。一般是指离异的配偶不与子女共同生活的一方，按照法院的裁定或双方的约定，定期或不定期探望、会见子女的权利。[①] 由于探望和探视在汉语里的理解是有差别的，在现实生活中对探视形成了约定成俗的理解，认为探视就是对患者和在押犯的看望。所以《婚姻法》第三十八条对离婚后父母对子女看望的权利采取了探望和探望权的概念，没有采取探视和探视权的概念。其目的就是为了将对在押囚犯的探视制度和对在医院就医患者探视相区别，避免将两者混淆。而西方国家多称探望权为探视权。

探望权并非我国本土法律概念，它起源于英美法系，现在无论是英美法系国家还是大陆法系国家，大都通过明确规定探视权制度，来规范离婚后的父母探视子女的行为。比如，《美国统一结婚离婚法》第 407 条规定，如法庭在审理后认为进行探视不会严重危害子女身体、精神、道德或感情的健康，可以准予无子女监护权的父母一方享有合理探视子女的权利；《德国民

---

① 杨大文：《亲属法》，法律出版社 2012 年版，第 202 页。

法典》第 1634 条规定，无人身照顾权的父或母，保留与子女个人交往权，请求告知子女的个人情况权（以符合子女的利益为限），及对子女财产利益必要时承担财产照顾权之全部或一部分，还规定无人身照顾权的父或母和人身照顾权人不得为任何损害子女与他人的关系或造成教育困难的事由。此外，我国台湾地区称探望权为会面交往权，在其"民法典"1055 条第 5 项规定："法院得依请求或依职权，为未行使或负担（未成年子女监护）权利义务之一方酌定其与未成年子女全面交往之方式及期间。但其会面交往有妨碍子女之利益者，法院得依请求或依职权变更之。"我国《婚姻法》也在第三十八条明确规定，离婚后，不直接抚养子女的父或母，有探望子女的权利，另一方有协助的义务。行使探望权利的方式、时间由当事人协议，协议不成时，由人民法院判决。父或母探望子女，不利于子女身心健康的，由人民法院依法中止探望的权利；中止的事由消失后，应当恢复探望的权利。

关于探望权的性质，不能将其简单理解为父母探望子女的权利。其与亲权一样，探望权既是权利，更是义务。探望权首先是离婚后直接抚养子女的父或母探望子女的权利，是基于父母子女身份关系的一种派生权利。夫妻离婚后，基于婚姻关系的各种身份权、财产权归于消灭，但是离婚并不能消灭父母和子女间的身份关系。父母子女之间的身份关系，不仅是父母对子女有抚养、教育的权利和义务的基础，也是非抚养方对子女的探望权的法律基础。只要父母子女之间的身份关系存在，探望权就应当是非直接抚养子女一方的权利，非有法定理由不应予以限制或剥夺。① 探望权同时也是一种义务。夫妻离婚后仍需对子女尽抚养教育的义务，这种义务不仅包括物质上的义务，也应该包括精神上的抚养。而不与子女共同生活一方只能通过探望权来对子女进行精神上的抚慰。所以不与子女共同生活的一方也有定期探望子女的义务。现实生活中，探望权产生是夫妻的离婚导致的，而在离婚中受到伤害的不仅仅是夫妻双方，未成年子女在父母离婚的事件中可能更容易受到伤

---

① 杨立新、秦秀敏：《论探望权及其强制执行》，载杨立新民商法网，www. yanglx. com。

害。面对父母的离异，子女往往无能为力，受到的伤害也较大。在婚姻法中明确规定探望权，具有深刻的人文和社会意义，不仅能够满足离婚双方当事人对亲权的需求，更能保护子女的利益，使非抚养一方能更好地与子女沟通和交流，减轻子女的家庭破碎感，促进子女身心健康成长，也减少社会不稳定因素。因此，在探望权制度的设计上以及司法实践中，要确立子女本位的思想。既要保护离婚中不直接抚养孩子一方探望子女和对子女的关心、抚养和教育的情感需要与合法权利，也要保护子女的利益，增加子女和非直接抚养方的沟通与交流，减轻子女的家庭破碎感，帮助子女的健康成长。所以在保护子女权益的前提下平衡父母探望的权利和促进子女身心健康发展的关系至关重要。

二、我国法律法规对探望权的规定

我国《婚姻法》第三十八条对探望权作出了明确规定。此外，探望权的行使与亲权制度有密切联系，其他法律法规中也有不少于亲权的内容。我国《民法总则》第二十七条规定，未成年人的父母是未成年人的监护人。《最高院关于贯彻执行〈民法通则〉若干意见（试行）》（以下简称《若干意见》）第二十一条规定，夫妻离婚后，与子女共同生活的一方无权取消对方对该子女的监护权。第一百五十八条规定，夫妻离婚后，未成年子女侵害他人权益的，同该子女共同生活的一方应当承担民事责任；如果独立承担民事责任确有困难的，可以责令未与该子女共同生活的一方共同承担民事责任。

首先，关于探望权的主体和对象。根据《婚姻法》第三十八条的规定，探望权仅仅产生于离婚后不直接抚养子女的父或母一方。子女从出生就有获得父爱、母爱的婚姻家庭权利，这些权利同时也是他们健康成长的必要条件，更是社会未来安定的重要因素，并对社会道德起到重要的导向作用。从这里我们可以看出，配偶生有子女后离婚的，子女无论随父亲或母亲生活，仍是父母双方的子女，父母对于子女有抚养和教育的权利和义务。离婚后，不直接抚养子女的一方有探望子女的权利，另一方有协助的义务。因此只有离异后的夫妻一方才有探望子女的权利。其他的近亲属，如祖父母和外祖父母都没有探望孙子女和外孙子女的权利。但是这并非是指祖父母及外祖父母等近亲属没有权利探望孙子女和外孙子女，而是夫妻离异后，不直接抚养一方父母的其他亲属没有独立提出探望的权利，但是可以与未成年人的父亲或母亲一方同时探望。在其他国家，例如美国，1993 年众议院通过决议案，号召各州制定慷慨的法律，允许祖父母和外祖父母享有探视权。① 我国计划生育政策带来孩子的孤单与老人的孤独，可否借鉴这些国家的做法允许祖父母和外祖父母享有探视权，值得深思。另外，探望权的对象应当是未成年子女。已经成年的子女具有完全民事行为能力，不再需要父母的抚养，能够自主安排自己的生活，是否接受父母的看望，什么时间接受父母的看望，以及采取什么方式和父母接触，都可以自己做出决定。所以只有未成年子女才是婚姻法第三十八条规定的探望对象。

其次，探望权的行使方式。根据《婚姻法》第三十八条规定，行使探望权利的方式、时间由当事人协议；协议不成时，由人民法院判决。可见法律充分尊重离婚夫妻在探视子女问题上的意见，不做过多干涉，协议优先，协商不成再由法院根据实际情况依法判决。即便如此，由于行使探望权，涉及直接抚养一方和子女的利益，因此有必要确定探望的时间、方式。当事人在协议离婚，或者在判决离婚时，应当在这个问题上协商出一致的协议，约定好探望的时间、地点、次数等。但是无论是法院依法判决还是当事人协商约定，确立探望方式应当适当合理，否则既可能伤害到孩子，也可能在离婚夫妻之间增加新的矛盾，不利于社会的和谐稳定。一般而言，探望权的行使有两种方式：一类是看望式探望，此种方式一般时间较短，方式较灵活，其缺点是不利于探望人与子女的深入交流；另一类是逗留式探望，即在约定或判定的时间内由探望人将被探望子女领走并按时送回的探望方式。逗留式探望探望人与子女的接触时间较长，有利于彼此的深入了解和感情交流，其缺点是直接抚养方则要承担不能与子女一起生活的不利后果。所以无论是协商还是判决，无论是采取哪一种探望方式，探望权的行使方式要尊重以下几点。

① 刘余香：《我国探望权制度的缺陷与完善》，《求索》，2009 年第 8 期。

一方面要遵循有利于子女健康成长，尊重他人生活习惯的原则。有的离异父母觉得不能长期照顾子女，为了补救，探望子女时过度溺爱和纵容，给予子女共同生活一方留下教育难题。有的父母过度关注孩子，探望孩子过于频繁，给孩子的学习生活，以及与孩子共同生活一方的家庭和生活带来不便，引发新的矛盾。所以探望权的行使方式应当有利于子女健康成长，尊重他人的生活习惯。另一方面，要方便探望方探望子女。有的夫妻离婚后通过故意刁难对方的方式来报复对方，在探望权的行使上提出苛刻的条件。所以，要保障探望方看望子女的权利，探望的方式应当合理。另外，社会的发展和科技的进步方便了人们的生活，新型的探望方式层出不穷，如通过电脑视频的方式探望等。所以对于新型的探望方式，只要有利于子女的成长，不违反公序良俗，应当得到支持和推广。

再次，探望权的中止。《婚姻法》第三十八条规定，父或母探望子女，不利于子女身心健康的，由人民法院依法中止探望的权利。《最高人民法院关于适用〈中华人民共和国婚姻法〉若干问题的解释（一）》（以下简称为《婚姻法司法解释一》）第二十五条规定，中止探望权的情形消失后，人民法院应当根据当事人的申请，通知其恢复探望权的行使。可见，探望权的中止和恢复是依申请而非法院主动进行。人民法院应当认真审查申请人的情况，在确定一方确有不利于子女身心健康的情形时，应当裁定中止一方探望权的行使。同样，在确定确实有不利于子女身心健康的情形已消失后，才应当依申请恢复探望权的行使。所以可以看出以下三点。其一，只有人民法院才有权利中止夫妻父母一方的探望权，而且法院无权主动中止父母一方的探望权。只有有权一方申请，法院才能受理，并最终根据法律和事实作出裁定。其二，中止探望权的理由必须也只能是不利于子女身心健康的。至于到底怎样的情形是不利于子女身心的情形，并无相关的法规来明文规定。但是《未成年人保护法》第十条规定，父母或者其他监护人应当创造良好、和睦的家庭环境，依法履行对未成年人的监护职责和抚养义务。禁止对未成年人实施家庭暴力，禁止虐待、遗弃未成年人，不能打孩子，对孩子要绝对尊重。禁止溺婴和其他残害婴儿的行为，不得歧视女性未成年人或者有残疾的未成年人。第十一条规定，父母或者其他监护人应当关注未成年人的生理、心理状况和行为习惯，以健康的思想、良好的品行和适当的方法教育和影响未成年人，引导未成年人进行有益身心健康的活动，预防和制止未成年人吸烟、酗酒、流浪、沉迷网络以及赌博、吸毒、卖淫等行为。所以有以上情形的，可以申请法院中止其探望权的行使。此外，根据民法通则的规定，年满十周岁以上的为限制民事行为能力人，对自己的行为有一定的判断能力，所以，对于年满十周岁的子女，在探望权是否中止的问题上可以征求子女的意见。其三，探望权的中止并非永久剥夺当事人的权利。中止探望权的情形消失后，人民法院应当根据当事人的申请，通知其恢复探望权的行使。

三、司法实践中应把握的几个问题

虽然我国现行法律法规对探望权已经作出了明确规定，但是现实生活中相当多的离异父母一方仍无法实现对子女的探望权，大多数离异父母在探望子女时都会遇到各种各样的阻碍。所以在司法实践中要注意以下两个问题，保障探望权的实现。

其一，要明确与子女共同生活一方的协助义务。我国《婚姻法》第三十八条明确规定另一方有协助探望的义务。但是在现实生活中，夫妻感情破裂离婚后，双方心有怨恨，直接抚养一方的父或母往往千方百计地阻止非直接抚养方探望子女，以达到报复对方的目的。而婚姻法仅仅是规定另一方有协助探望的义务，违反此类义务的行为无法由法律来详细罗列，所以该条款的实际操作性受到了很大的限制。我们要本着方便探望人的原则，协商确定合理的探望时间、方式，或者按照法院判决安排探望时间。离婚后直接抚养子女的一方不得设置障碍，拒绝非直接抚养一方的父或母探望子女，否则就侵害了非直接抚养一方父或母的探望权利，应该承担侵权责任。如前文所述，既然探望权与亲权有着密切关系，是基于父母子女的身份而存在的权利，所以不直接抚养子女一方不能为了一己私怨侵害他人的探望权。此外，不直接抚养孩子一方定期探望孩子，适当与孩子交流对孩子的健康成长是非常有利的。如果直接抚养一方阻挠对方行使探望权，事实上也侵害了孩子的权益。

所以，虽然婚姻法没有具体列举与子女生活一方对探望权实现的协助义务，但是与子女共同生活一方应当合法合理地为对方探望孩子制造条件。

其二，探望权是否可以强制执行。离婚当事人可以自由选择是否主张自己的探望权以及何时主张探望权，当事人既可以在离婚诉讼时提出，也可以离婚后单独提起诉讼。无论当事人何时提出，法院均应依法受理。如果父母一方妨害对方行使探望权，《婚姻法》第四十八条规定："对拒不执行有关扶养费、抚养费、赡养费、财产分割、遗产继承、探望子女等判决或裁定的，人民法院得依法强制执行，有关个人和单位应负协助执行的责任。"但是，现实生活中，拒不执行探望子女等判决或裁定的情形非常普遍，享有探望权的一方对此毫无办法。因探望权而发生的纠纷也非常普遍，给孩子、家庭和社会造成了恶劣的影响。在司法实践中，根据当事人的申请，法院对探望权可否强制执行呢？本文认为，探望权与其他民事权利是有区别的。一般的民事强制执行的标的是财物和行为，对于人身是不能强制执行的。而探望权的实现与子女的人身自由和身心健康有着密切关系，为了保护未成年人身心健康，不能对子女的人身及探望行为实施强制执行。但是如果与子女共同生活一方拒不执行与探望子女有关的判决或裁定，可以对负有协助探望权承担义务的人或单位采取罚款、拘留等强制措施。此外，由于探望权的行使具有长期性和反复多次性特点，不可能每一次行使探望权都需要司法机关去采取罚款、拘留等强制措施。这样，既对当事人而言不经济也给司法工作带来压力。所以依靠司法机关的强制执行来实现探望权并不现实，需要理论界和立法者继续探讨和制定可行的政策，来保障探望权的实现。

第五节　人工辅助生殖技术影响下的亲权

人工辅助生殖技术通过医学手段帮助不孕症患者实现为人父母的梦想，使其能够享受亲子天伦之乐，是当代生命科学中最受瞩目的前沿领域。然而人工辅助生殖技术的发展在造福人类的同时，也同时向人类传统的伦理道德提出了全新的挑战，同时也突破了传统亲子伦理道德规范。在传统家庭的生殖过程中，通过缔结婚姻，因为性爱而孕育分娩新的生命。生育，因为人工辅助生殖技术的介入，而被复杂化，并被肢解为供卵、供精、受精、移植、妊娠、分娩及抚育等若干互不相属的阶段。介入生育的主体也当然地复杂化，由传统的婚姻关系中的异性增加为丈夫、妻子、供精者、供卵者、代孕者、医务工作者等诸多主体。在自然生育情形下，虽然对于婚生子女、非婚生子女，各国法律规定并不完全一致。但是从血缘关系上而言，子女与父母的身份在事实上是确定并唯一的。但是对于人工生育的子女而言，对父母身份的界定产生了争议，我们无法用传统的认知来当然地定义"父母"。其打破了"分娩者为母"的法律原则，也对传统家庭法中的亲子关系产生了冲击。传统家庭结构和亲子关系认定标准正被逐渐抛弃，对此，我们需要思考，如何在法律上认定亲子关系的主体，并用法律的手段规范人工生育子女与父母之间的亲子权利义务关系。

一、人工辅助生殖技术对传统亲子法的挑战

医学是自然科学与人文科学统一的领域，医学高新科技进入社会生活要以物质经济为前提和充分的法律心理为保障，防止盲目性和无政府行为。这些问题如果不能很好地解决，在缺乏预见的情况下盲目地引进现代科技成果，则可能引起一系列事与愿违的社会问题、伦理问题、心理问题、法律问题以及环境与生态的问题，甚至威胁人类自身的存在。

反映到亲子关系的认定上来，人工生育技术给父母子女关系带来了新的变化。原来法律上关于父母子女关系的分类，及亲子间的身份定位，已不能完全解释通过人工生育技术而产生的亲子关系。

二、现有立法的规定

我国目前的婚姻法并未就代孕问题作出相关规定，仅仅有卫计委公布的《人类辅助生殖技术管理办法》以及《人类精子库管理办法》等行政法规的规定。但是，上述行政法规仅仅对医疗机构和医务人员作出了禁止性的规

定，该规定并不约束当事人，也不调整亲子关系。

由于我国《婚姻法》对人工授精所生子女的法律地位没有规定，致使这类子女的法律地位问题，只得通过司法解释和部门规章做只言片语式的规定。例如，最高人民法院（1991）民他字第十二号函指出，在夫妻关系存续期间，双方一致同意进行人工授精，所生子女应视为夫妻双方的婚生子女，父母子女之间的权利义务关系适用婚姻法的有关规定。该规定也仅仅依据《民法通则》诚实信用原则对人工生育子女进行了一个抽象性的保护。

与立法滞后相对应的是现实生活中对人工生殖技术的大量需求，及复杂纷乱的生育现象。在我国，有的地方就出现了医学研究人员将自己的精子用于帮助妇女怀孕，成了多个孩子遗传学上的父亲。此情形将可能导致血亲通婚的可能性增加，此外，还将在社会上引起其他大量纠纷，如法律上的父母的认定，生物学上的父母对人工生育子女的争夺、抛弃、侵害等问题。生殖技术的发展可能脱离人们道德的底线，因此，我们需要对该问题作出明确的立法规定。

三、域外法的规定

对于代孕所生的孩子的归属问题，各国的判例和法律规定并不完全一致，主要有三种：一是生者为母，如瑞典和澳大利亚等；二是以遗传学为根据确立亲子关系，婴儿就提供精子卵子来源的男女所有，如英国等；三是按照契约确定亲子关系，即订立合同的委托一方为代孕婴儿的父母，以美国为代表。

世界上不同国家和地区对代孕行为也有着不同的态度和立法规定，但是禁止有偿代孕是主流态度。例如，我国台湾地区法律明确规定，代孕母亲属于违法行为；澳大利亚允许非商业性借腹生子成为合法父母，仅仅禁止商业性代孕行为；美国有的州不禁止借腹生子，但是美国大部分州、英国和法国都明文禁止代孕母亲的行为。

四、人工生育子女的法律地位

（一）判断亲子关系存在的标准

婴儿的生物学父亲和母亲、社会学父亲和母亲中，谁与人工生育子女之间具有亲子关系？1987年我国第一例因人工授精引起的法律纠纷发人深省。婴儿相貌与供精者（生物学）父亲相似，但与养父（社会学父亲）长相全然不同，在巨大的社会舆论下，养父的心理防线崩溃，最终导致家庭的破裂。

人工生育子女的法律地位如何，其父母子女关系如何确定，是一个非常复杂的问题。一种意见认为，人工生育子女和父母有血亲关系，应按婚生子女对待；另一种意见认为，如用"供精"的人工授精情况，精子不是丈夫的，只能视为或拟定为婚生子女对待；还有一种意见认为，人工授精子女应一律视为养子女或继子女对待，即按拟制血亲对待。最高人民法院为了避免各种不同意见发生冲突，从有利于保护妇女和当事人的合法权益，有益于人工生育子女的身心健康和成长出发，在（91）民他字第12号《关于夫妻离婚后人工授精所生子女的法律地位如何确定的复函》中明确指出："在夫妻关系存续期间，双方一致同意进行人工授精，所生子女应视为夫妻双方的婚生子女，父母子女之间权利义务关系适用《婚姻法》的有关规定。"据此在存续期间，只要双方同意进行人工授精，所生子女一律视为婚生子女，而不管所生子女是否与父母具有血缘关系。

（二）传统文化背景下的人工生育子女问题

在我国，公众对待亲子关系的认定是重血缘轻法律。从历史上而言，人类社会发展到一定阶段才开始有血缘观念的萌芽，从我国商周时期开始，血缘观念开始萌芽。但是在此后整个封建社会，在我国婚姻家庭的发展过程中，血缘的现实意义被不断地强化。关于亲子关系的认定，血缘被赋予了绝对重要的意义。随着儒家学说的盛行，血缘观念在政治制度、伦理道德、民间风俗等方面都起着至关重要的作用。

严格来说，血缘指由生育所发生的亲子关系。但是在科学技术的帮助下，这一推定可能被突破。而对待血缘的态度，中西存在很大的差别，甚至是相反的。究其原因，历史文化背景是重要的影响因素。钱穆先生曾说过，唯其西方事业无传统，苟有传则专在物质上，西方缺乏中国的"礼治"社会实践。中国五伦，由夫妇血缘得子女成血统，君臣为政统，朋友则当属道统。一整套的儒家五伦思想规范，都是在以夫妇血缘得子女成血统的基础上发展拓演来的。这也就解释了上述的事实：中国重血缘传统。

（三）人工生育子女的法律地位

目前，在人工辅助生殖技术介入下，亲子关系可以出现以下三种不同的情形。

其一，同质人工授精所生育的子女。精子与卵子来源于夫妻双方，只是采用科学技术辅助使之结合怀孕所生的，该子女与父母双方均有血缘上的联系，是夫妻双方的亲生子女。从生物学上而言，其与父母是完全的自然血亲关系，这类亲子关系一般较少产生纠纷。

其二，异质人工授精生育的子女的情况比较复杂。从已经制定相关法律国家的规定来看，夫妻双方的同意是实施异质人工授精的先决条件。如果实施人工生育方法是经过夫妻双方的同意，所生子女则取得婚生子女的地位，享受婚生子女的权利和义务。如果妻子在丈夫不同意或在对丈夫有所隐瞒的情况下单方进行人工生育，则丈夫对该人工生育子女的婚生性质享有否决权。我国法律法规对人工生育子女的法律地位问题没有作出规定。1991 年 7 月 8 日，最高人民法院在《关于夫妻关系存续期间以人工授精所生子女的法律地位的复函》中指出，在夫妻关系存续期间，双方一致同意进行人工授精，所生子女视为夫妻双方的婚生子女，父母子女间的权利义务关系适用《婚姻法》的有关规定。所以如果在存续期间，事先经过丈夫同意或事后丈夫明确表示无异议，妻子采用人工授孕技术怀孕，精子不是生育妇女丈夫提供的，尽管子女与生育母亲的丈夫无血缘联系，但该子女仍应认为是生育妇女的丈夫的婚生子女，生育女子的丈夫应视为该子女法律上的父亲。

其三，对于因代孕技术而生育的子女，我国法律目前并不认可民间代孕。采用代理母亲生育子女时，应由委托方夫妻与代理母亲事先签订委托协议，由委托人支付一定的费用，代理母亲则在婴儿出生后将其交给委托方夫妻。2001 年 8 月 1 日起施行的《人类辅助生殖技术管理办法》规定，实施人类辅助生育技术，应当在医疗机构中进行，以医疗为目的，并符合国家计划生育政策、伦理原则和有关法律法规的规定，凡符合条件生育的人工授精子女，应享有婚生子女同等的法律地位。根据卫计委发布的部门规章，在我国禁止医疗机构和医务人员实施任何形式的代孕技术，这意味着代他人生育在我国是不合法的。

第六节 同性结合新家庭模式下的亲子关系问题

儿童权益的保护问题和亲子法律问题的研究，受到了全球范围内的关注，家庭多样性的社会现实将儿童在非传统家庭结构中的保护问题暴露在公众面前。我们应当关注同居家庭、单亲家庭、重组家庭、多配偶生育家庭、不能自然受孕家庭、留守家庭、同性伴侣家庭等非常态情形中的儿童生存状态。相比较于传统的家庭形态里亲子关系的保护现状，父母没有合法婚姻关系（未来也并不打算缔结婚姻关系），在同居行为中生育的非婚生子女；离异家庭里的子女；父母离婚后再婚，重组家庭里的子女；婚外恋行为、有配偶者与他人同居行为、重婚行为中生育的子女；人工辅助生殖技术下生育的子女；留守家庭中，不能与父母共同生活家庭的子女，同性伴侣组合家庭生育的子女等，这类子女与父母的亲子关系和权利的保护更应当得到关注。

在这种多样性家庭的冲击下，我们需要重新审视家庭的内涵和外延。家庭内涵应该更加丰富，扩展到非常规家庭。而家庭的外延应该包容当前的非主流家庭形态，其目的是将现实的亲子关系纳入法律的轨道，更大范围地保护未成年的利益。而且从某种意义上而言，这类非常规家庭子女的利益更容易受到伤害，这类亲子关系更应当受到法律的制约，这类子女的利益更需要法律的保护。因为不同的生育环境和婚姻关系不仅对成年人的生存环境具有影响，而且对其子女的成长也有非常大的影响。一般情形下，具有稳定婚姻关系的男女双方，因为法律和心理上对家庭共同利益的认可和稳定性、安全性的心理感受，其对于子女健康成长和教育发展的投资欲望要超过未婚伴侣。而没有合法婚姻关系的男女或者同性伴侣，其结合的不稳定性大大高于合法的婚姻关系，这种家庭的不稳定极其容易对儿童健康产生不利影响。特别在儿童健康方面，不少研究表明，亲生父母家庭的儿童福利大部分可归因于与婚姻及父母稳定同居有关的社会人口特征。也就是说，生活在一个稳定的双亲家庭更能保护孩子的健康，已婚同居父母比未婚或单亲父母更有可能拥有必要的资源，为他们的孩子提供健康福利，同时也不太可能经历家庭转型。这意味着，未婚伴侣或单亲家庭的子女更有可能出现健康状况较差的情况。

与异性夫妻家庭一样，同性伴侣家庭在家庭构成上的差异，很可能与对子女健康的不同影响相对应。同性伴侣家庭是如何组合在一起的，可以显示出与该家庭社会经济资源有关的重要信息。一般而言，养父母的经济资源远超过亲生父母，因为收养（与人工授精和代孕一样）成本很高，只有经济资本优渥的夫妻才能实现。因此，如果同性伴侣家庭是通过收养或其他辅助生殖手段组成的，可以设想这些家庭的儿童健康能从其家庭社会经济资源中受益。然而，最近有研究表明，同性伴侣家庭中的大多数孩子并非如上所述，他们通常来自同性恋或双性恋者与以前异性配偶所生的亲生子女。因此可以预测，这些儿童的社会经济条件不太优越，且与收养家庭相比，他们在生活的某一阶段更有可能经历家庭转型。因此，在新家庭形态下研究同性结合家庭里的亲子法律问题很有必要。①

传统观念认为婚姻是一男一女的结合，而同性恋者的性活动或性吸引力指向同性的人群。所以，在大多数国家，同性伴侣被排除在了婚姻法的保护范围之外。虽然就社会整体而言，同性恋群体是一个相对隐蔽的少数群体，但是同性伴侣的权益保护问题还是应当引起社会重视。其中一个特别重要的问题是，同性伴侣组建家庭之后，其与子女（即包括与同性伴侣一方具有生物学联系的子女，也包括其收养的子女）之间的亲子关系，应当纳入法律的轨道，引起法律的关注。

一、新家庭形态下的亲子关系

传统的家庭模式大多为一男一女异性结合成立家庭，生儿育女，共同承

---

① 妮娜·德特洛夫：《21世纪的亲子关系法——法律比较与未来展望》，载《比较法研究》，2011年第6期。

担对家庭的责任。随着家庭生活方式多样化，婚姻家庭模式也呈现出多元化。独身、异性同居、同性同居的生活模式被越来越多的人接受，在这样的生活模式里，也会有繁衍、孕育子女（包括生育和收养）的家庭需求，以及享受亲子天伦之乐的情感需求，文明社会应该尊重这类群体的现实合理需求。此外，虽然目前上述生活方式并没有成为主流，但是这些非主流生活模式也不应该游离于法律的视野之外。这类家庭里的亲子关系更应该受到法律的制约，这类家庭的亲子关系更应该被法律密切关注。

同性伴侣组建的新家庭模式，子女与父母的关系可能有两类情形。一类是通过收养形成的养父母子女关系。收养有两种情形，一是同性伴侣与子女本身具有生物学上的联系（为自己与异性所生育的子女），在子女出生后，该同性恋者与同性伴侣结合组建家庭，其同性伴侣再收养该子女为自己的子女。二是子女与同性伴侣双方均无生物学上的亲子关系，子女是同性伴侣收养的他人的子女。在同性伴侣组合的家庭里，其亲子关系与异性结合家庭模式中的亲子比较而言，最大的不同在于，在异性结合家庭里，多数情况下子女与父母均具有生物学上的联系；而在同性伴侣结合的家庭里，一般情况下，子女只可能与一方存在生物学上的关系。在不同的家庭模式下，如何确定子女与同性伴侣的亲子关系，是理论和实务界应该深刻思考的问题。

二、同性伴侣对传统婚姻法的挑战

传统的观念认为，婚姻是一男一女两性之间，不违背特定社会的法律、伦理和风俗规定的结合。这是一个在社会学、伦理学、人类学和人口学上广泛使用的概念，而且无论在哪一个领域均普遍认可婚姻所具有的男女结合的本质特征。但是在现实生活中人类的性取向并不都是指向异性，对同性恋群体而言，其性取向就是指向同性，婚姻对象的选择也是指向同性。虽然长期以来同性恋人群都是一个被有意识地忽视和边缘化的少数人群体，但是随着同性恋群体权益保护运动的蓬勃发展，对同性恋群体采取一味回避的态度是不可取的。

保护同性恋群体婚姻家庭方面的权利，首先要求从婚姻的概念上确认同性结合的法律地位。而就我国立法现状而言,《婚姻法》和《婚姻登记办法》以及相关的民事法律、法规都没有对婚姻的概念作出正式的解释,也没有关于同性婚姻的规定。对此,有人以"法律未明文规定的就是不禁止的,也是合法的"为理由来否认婚姻是男女异性结合的本质,认为我国法律是认可同性互为配偶的。对此观点本文并不赞同。本文认为,婚姻是男女异性的结合,这是人类长期以来所形成的事实上的婚姻观,根据约定俗成的理解,不需要再明确说明婚姻中男女结合的本质。即使法律法规没有明确说明婚姻本质,但是从婚姻法及其解释以及其他相关法律法规的内容来看,婚姻一直都是以"男女结合的本质"作为前提和基础的。另一方面,在婚姻理论研究方面,我国不同教材虽然在具体用语和形式上对婚姻有不同的界定,但是大多在本质上并无分歧,一般都认可婚姻是男女的结合。具体的表达有"婚姻是指为当时社会制度所确认的一男一女互为配偶的结合"①,"婚姻,是男女双方以永久共同生活为目的,以夫妻的权利义务为内容的结合"②。无论是哪一种表达,都没有否定婚姻男女结合的本质。而且,在我国香港特别行政区的《婚姻诉讼特别条例》中还明确规定同性间不得缔结为婚姻关系。在其他国家的立法中,关于婚姻成立的具体用语虽然略有差异,但是婚姻一男一女结合的本质是得到了普遍认可的。如英国的波·姆·布罗姆莱在其《家庭法》中认为:"婚姻是一男一女订立的彼此具有权利义务的一定法律关系的协议。"这个概念得到了世界范围的普遍认可,各国所承认的法律意义上的结婚,是指男女双方的法律行为。③ 因此,婚姻作为一个多年延续下来的在多个学科中广泛使用的概念,在世界上大多数国家的传统理解中,一直是男女异性之间的结合,而不包括同性。

既然将婚姻界定为男女异性的结合,那么同性伴侣也就被排除在了婚姻法的保护范围之列。所谓同性恋者一般是指个体的性、心理及社会方面的兴趣,包括性活动或性吸引力。就性别指向而言,偏向于同性的人群。同性伴

---

① 巫昌祯:《婚姻与继承法学》,中国政法大学出版社 2001 年版,第 26 页。
② 杨大文:《亲属法》,法律出版社 2004 年版,第 46 页。
③ 于静:《比较家庭法》,人民出版社 2006 年版,第 15 页.

侣就是指与同性恋者以共同生活为目共同居住的生活伴侣。历史上的同性恋权利运动经历了长期而又曲折的过程，在很长一段时期内，受科学技术和传统观念，特别是一些宗教观念的影响，同性恋的性取向被认为是不道德的病态行为，同性恋也被认为是精神病，遭到了社会的反对和歧视。在存在严重社会的偏见和歧视态度的环境里，同性恋者大多不敢公开身份，所以早期同性恋一直处与隐秘状态，羞于公开，更谈不上婚姻权利的争取，与同性恋者有关的婚姻家庭问题一直以来也都是一个颇具隐蔽性的话题。现在随着同性恋群体权利保护意识的加强，以及人们科学认识水平的提高，公众逐渐能够理解和尊重同性恋人群的性倾向。同性恋不再认为是精神病，人们对于同性恋者的态度也有所转变。同性恋人群也逐渐由地下转为公开，进而开始追求包括婚姻权利在内的权利。在学界，同性恋群体相关问题的讨论和研究也更加开放与深入，同性恋群体的婚姻家庭权益保护问题也得到了社会的广泛关注。

但是同性恋人群追求权利不可避免地对整个人类社会的伦理、道德、法律制度等产生了巨大的冲击，同时也不可避免地动摇了婚姻家庭法的传统概念和体系。所以我们应当在明确同性婚姻的概念和实质的前提下，从婚姻法角度确认同性伴侣的合法的婚姻家庭权利，使同性伴侣的权利得到充分的保护。

世界上不同国家对于同性婚姻的态度各异，对于同性伴侣的保护措施和保护力度也不尽一样。

对同性恋者的婚姻权利保护最为全面的是荷兰、比利时和加拿大。现在全球只有这三个国家在婚姻法中承认了同性之间的婚姻，是真正认可同性婚姻合法的国家。此处的"同性婚姻合法化"是最为严格意义上的理解，指的是两男之间或两女之间同性结合在一起，其婚姻得到法律的认可，相互之间享有传统异性夫妻之间的全部人身权利和财产权利。这些国家的同性恋群体追求的是完全与异性婚姻一样的权利义务，并得到法律正式认可的婚姻。在加拿大安大略省曾经有一项关于同性婚姻合法化的判决，认为婚姻法只将婚姻定义在一男一女间的结合，将同性伴侣排斥在外，这是对同性恋者的歧视。后来加拿大政府遵守法院的判决，修改了婚姻法，使修改后的法律也纳入同性伴侣，使得同性伴侣享有与异性伴侣相同的权利。

相比较于荷兰、比利时和加拿大，相对保守一些的国家，赋予同性伴侣除抚养权之外的所有平等权益，如瑞典、挪威、丹麦等。像丹麦于 1990 年 5 月通过、1990 年 10 月 1 日正式生效的一项法律明确规定了同性恋者的法律地位。根据这项法律，丹麦国内的同性恋者可以去婚姻登记处注册婚姻，享有与法律赋予异性夫妇一样的在房屋、税收、继承遗产、分居、离婚等方面的同等权利。① 除此之外还有美国。在这些国家，由于实行的是州和联邦两级分别立法的制度，所以其家庭法在立法上是以州为本位的，各个州都有自己独立的立法权，所以各州的家庭法并不是统一的。而同时联邦法律的效力州法院判例是不能否认的，在通行伴侣权利享受的问题上，所以虽然州法律或法院能认可同性伴侣的遗产继承权、联合纳税权和外籍伴侣的移民权等，看起来似乎比较全面充实，但是由于联邦法律没有否认婚姻异性结合的本质，而州法院的判决和州的法律无法违背联邦法律，所以在一些税收和移民权利方面，同性伴侣无法真正享受到配偶之间的权利。因此即使在美国承认同性伴侣合法地位的州，同性伴侣实际享有的配偶权利也是很有限的，更多时候只是一个身份的解决。

最后，还有一些更加保守的国家，这些国家通过家庭伴侣法的形式，给予同性伴侣部分权益保障。但是这些权利不彻底，且过于形式化。典型的如英国，虽然有家庭伴侣法，但是根据这部法同性伴侣事实上只能得到名分和身份上家庭伴侣关系的认可，在实质方面的权利却无法享受。因此家庭伴侣在这些国家并没有得到同性恋人群的广泛拥护。此外，同性伴侣与异性伴侣的权利也不平等。同性伴侣可以通过在政府部门注册而享受一些权益，但是不能结婚。而如果是异性伴侣，则既可以登记家庭伴侣，也可以选择结婚。所以说，异性伴侣有着两个选择，一个是结婚，一个是登记家庭伴侣；而同性伴侣只有后一个选择，况且所能享受到的权益很有限。②

---

① 于静：《比较家庭法》，人民出版社 2006 年版，第 16 页。
② 王丽萍：《同性婚姻：否定、接受还是对话？》，载《文史哲》，2004 年第 4 期。

　　由此可见，同性婚姻并没有得到大多数国家的认可。即使在西方国家同性伴侣大多数也并不享有与配偶同等的法律地位，允许同性之间结合为合法婚姻也并非是世界的主要潮流。本文认为，对我国同性伴侣的婚姻家庭权利进行保护，不能盲目追随其他国家，应当慎重借鉴其他国家的立法政策，充分了解不同国家法律及文化差异对其立法的影响。综合考察我国政治、经济和文化方面的特殊国情，选择适合我国针对同性恋群体权益保护的措施。

三、我国社会对同性结合的态度及我国同性恋群体的现状

　　在我国也存在规模不小的同性恋群体。对于是否给予同性伴侣与异性配偶相同的权利，国内存在着赞同和反对两种声音。赞同者的理由主要有，同性恋者作为中华人民共和国的合法公民，同性结合不违反中国法律，他们当然享有结婚的权利，同性婚姻应该得到社会和法律的认可。从另一方面来说，如果社会不正式认可同性结合，这并不能真正阻止同性恋人群之间发生关系，相反由于没有法律的束缚与保障，不利于同性恋者建立和保持长期伴侣关系，这样同性恋者的两性关系相对于配偶关系而言要松散和随意，不可避免地会加大部分同性恋者性疾病传播的危险性，对我国的卫生事业和社会安全造成隐患。而承认同性婚姻则可以使相当一部分同性恋者建立和保持长期关系，减少短期关系，从而减少性病传播的可能性。而反对同性结合的理由主要是：传统婚姻是男女异性的结合，婚姻的基本功能是产生后代，繁衍种族，而同性婚姻并不能完成繁衍种族的任务。现行法律法规对于婚姻家庭权利的保护和制约都离不开异性结合这个基础，如果认可同性婚姻不仅破坏了婚姻这个延续千年的传统概念，而且打破了整个婚姻家庭的秩序与规则，此外由于同性伴侣之间无育，因此也难以组成传统意义上的完整家庭。即使收养子女，不少人担心同性伴侣性别不明确的状况会给养子女带来性别的误导，所以没有必要给予同性伴侣与异性配偶相同的权利。

　　绝对反对或赞成给予同性伴侣与异性配偶相同的权利都不可取，不能简单判断上述两种观点的优劣，必须考察我国同性恋群体的现状，迎合我国同性恋群体的独特需求。受传统文化的影响，我国的同性恋群体具有不同于其

他国家同性恋群体的特征。中国传统文化对于同性人群的影响是把双刃剑：一方面，对中国文化产生深远社会影响的儒家没有向西方宗教一样仇视同性结合。按基督教的教义和传统，同性恋是应当被处死刑的。国外教会激烈地反对同性婚姻，直到二战时期，法西斯还在对同性恋者进行残酷的迫害。我国社会对待同性恋群体的态度相对要宽容一些，同性恋者在我国并没有因其同性恋行为受到如同西方社会中的同性恋者所受到的严酷迫害，也从来没有出现过公开的反对同性婚姻的大规模集会。所以我国的同性恋群体相对要平静很多。另一方面中国传宗接代的思想又使得社会大众排斥同性结合。我国的同性恋群体因为害怕受到歧视和排斥，一般不敢公开自己的性取向，更谈不上为自己争取婚姻的权利。由此可见，一方面我国的同性恋群体隐蔽低调，另一方面我国也没有浓厚的宗教传统来排斥同性恋，没有对立群体的激烈冲突和斗争。平和而又隐蔽是我国同性恋群体最主要的两个特征。

这类非传统模式的伴侣是否有生育（自然受孕或者采取人工辅助生殖技术受孕）或者收养子女的权利？目前反对者的主要理由是，同性伴侣结合的家庭模式，父母性别特征不分明。从未成年人利益保护的角度出发，同性伴侣结合的家庭模式里，未成年人的身心健康均可能受到威胁。一方面，"父母"的性别取向可能会对孩子造成影响。对于未成年子女而言，其各种观念还未成熟，没有成熟和理智的判断和选择能力。虽然性取向的差异本质上不存在优劣和是非之分，但是将一个未成年人置于非大众的模式下生活，是不公平的。另一方面，未成年子女可能遭受来自社会的各种压力，不利于其健康成长。在现实生活中，由于"父母"性取向的差异，可能使得孩子在社会交往（包括学校里的交往）中被同学排挤。这类大环境的影响在短时间内单独依靠"父母"和老师的力量是无法改变的。但是，也有观点认为，如果同性伴侣有足够的爱心，有良好的经济能力，有充裕的时间来照顾子女，对于弃婴、孤儿等需要家庭温暖的孩子而言，也未尝不是一件好事。相比较于社会福利院，同性伴侣可以避免未成年子女成长过程中家庭角色的缺失，让未成年人感受家庭的温暖。在儿童福利院资源有限的情形下，还能缓解社会的抚养压力。更为重要的一点是，生育、亲子天伦之乐的感受，是自然人最基本的情感需求之一，属于天赋人权的范畴。现代文明国家，应当尊重人的基本情感需求和生存权利。我国法律对于同性伴侣家庭权利的规制和保护虽然存在着法律真空，我国《婚姻法》不承认同性结合的家庭，也不保护同性伴侣的家庭权利，但是我国目前的《收养法》并未禁止同性伴侣收养子女。因此，原则上同性伴侣是享有生育（自然受孕或者采取人工辅助生殖技术受孕）或者收养子女的权利的。

四、同性结合新家庭模式下亲子关系的法律调整

（一）既有法律的规定

在我国，同性伴侣结合的家庭如果收养子女，会受到诸多法律规定的限制。首先，我国《收养法》第六条的规定，收养人应当同时具备下列条件：（一）无子女；（二）有抚养教育被收养人的能力；（三）未患有在医学上认为不应当收养子女的疾病；（四）年满三十周岁。第九条还规定，无配偶的男性收养女性的，收养人与被收养人的年龄应当相差四十周岁以上。第十条第二款还规定，有配偶者收养子女，须夫妻共同收养。同性伴侣是否属于有配偶者？如果不属于有配偶者，能否一方以单身的身份收养？现行法律并没有明确规定。同性伴侣因为没有合法配偶身份，如果以单身的身份收养子女，则要受到《收养法》第九条还规定，无配偶的男性收养女性的，收养人与被收养人的年龄应当相差四十周岁以上。其次，有些家庭没有通过正规渠道收养子女，虽然事实上与子女建立了亲子关系，也得到了周围群众对这种亲子关系的认可。但是在收养关系不能合法建立的基础上，孩子的很多基本权利无法得到保证。例如孩子上户口，一般需要提供养父母的结婚证，我们目前并不允许同性结合为夫妻，同性恋家庭由于没有结婚证，其收养的子女无法获得户口。

虽然我国目前立法对于同性伴侣收养子女的态度不明确，但是目前已经有不少国家和地区允许同性伴侣收养子女。2000 年 12 月，荷兰最早对同性伴侣婚姻家庭权利提出立法保护，目前对同性伴侣婚姻家权利的保护内容也最为丰富。再如哥伦比亚，虽然不允许男同性恋间结婚和组建家庭，但是却

允许女性同性伴侣收养子女。此外，2015 年 11 月葡萄牙议会也批准了一项有关同性恋人收养儿童的决议。据统计，之前，世界上共有 23 个国家通过相关法案，这些国家也主要分布在欧洲。葡萄牙国是第 24 个允许同性恋人收养儿童的国家。虽然葡萄牙议会上对该议案的表决过程曲折，但是却以多数赞同票通过了该议案。① 在日本，厚生劳动省在 2011 年制定的收养指南中，没有规定养父母必须是异性伴侣，因此同性伴侣也可以申请成为收养人。日

---

① 对于葡萄牙议会的这一决定，教会表示不满，强调无论是收养孩子还是抚养孩子，主体都应该是一男一女，或者说一对夫妇。在议会决定是否允许同性恋人收养儿童的投票中，所有左翼党派的议员以及爱护动物与自然党（PAN）的议员都投了赞成票。此外，19 位其他党派的议员也投了赞成票，2 位人民党（CDS）的议员选择了弃权。在当天上午的整个投票过程中，左翼党派的议员们表现得团结一致，起了重要的作用。与之相反，社会民主党（PSD）的议员们则显得不那么团结，有 15 到 19 名该党议员"反水"，和左翼政党站到了一起，投了赞成票。对于议员投票的情况，国际男女同性恋联合会给予了积极的评价。"大多数议员都投了赞成票，其中还包括有从属于社会民主党的议员。这是一次有历史意义的投票，这次的成功也是划时代的、重要的一步。法案的通过说明同性恋人收养儿童的问题关乎人权，它已经越过了左翼政党和右翼政党间意识形态的'鸿沟'。它深刻关系到如何认识家庭与儿童的权利的问题，这一点我们可以从投票中清楚地认识到。"伊莎贝尔·阿德维塔塔说道。该法案在议会投票通过之后，有关专家将逐条讨论起内容，然后再举行一次全民公投。在这之后，该法案才能正式生效。玛丽安娜·马丁和她的同性恋人马尔塔希望这些程序都能在两个月内完成，因为那时她们的女儿就要出生了。"我们希望当我们的女儿出生时，我们可以名正言顺地当她的妈妈。"两位"彩虹妈妈"说道。但她们的儿子马修就没有那么幸运，因为他已经 3 岁了。但他也同样在等待着法案的通过，到那时，他就会有一份白纸黑字的证明，证明他有两个妈妈。"这件事对我们，乃至我们整个家庭来说都是一件极其幸福的事。"玛丽安娜·马丁说道。一旦这条法案正式通过，葡萄牙将会成为少数几个允许同性恋人收养孩子的国家。虽然法案通过了议会的投票，但这并不代表人人都欢迎它。除了社会民主党和人民党的议员表示反对外，这个决定也让教会很不高兴。"收养关系的主体应该是一对夫妇。我这里说的'一对夫妇'是指一个男人和一个女人。这是教会的底线，是《圣经》的底线，也是教皇的底线。"葡萄牙主教会议的发言人曼努埃尔·巴博萨强调道。考虑到那些未来有可能被收养的孩子的境况，社会学家福斯托·阿马罗认为，这些孩子与其他孩子相比，成长上并没有什么差异。尽管法案的通过为收养孩子提供可能，也增加了被收养孩子的数量，但首先，同性婚姻本来就占少数。另外，现在的问题是一些同性伴侣已经有了孩子，法律将考虑优先解决他们的问题。参见《德宪法法庭判决准予同性婚姻伴侣领养孩子》，中国广播网，2015 年 11 月 23 日，http://news.cnr.cn/gjxw/oz/201302/t20130220_511992302.html.

本国内现在约有 4.5 万名孩子由社会抚养，其中大部分在儿童福利院等地生活，只有 10% 左右的孩子能被养父母收养。在大阪市，如果想成为养父母，需要申请、面试、学习领养制度、接受调查、做好心理准备等，最后由市长同意，之后可以与孩子进行匹配收养。依据德国法律的相关规定，同性伴侣中的一方如果带着亲生或领养的孩子同另一方结婚，则对方可以获得对孩子的领养权。但法律并未对同性恋伴侣的领养权作出说明。德国家庭协会曾经发表报告认为，同性父母将损害儿童的正常成长，影响孩子的心理健康。公众对同性恋是否能够承担父母责任持怀疑态度。在现实生活中，同性恋的领养申请通常会遭到拒绝。但是德国最高法庭联邦宪法法庭于 2013 年做出一项判决，称剥夺同性恋伴侣对孩子的领养权违反宪法，同性婚姻登记过的伴侣双方皆有权领养对方的孩子。①

（二）正视同性恋群体在婚姻家庭方面的权利要求

医学上已经确认同性恋不再是精神疾病，而是一种并非普遍存在的社会现象和生活方式。2001 年《中国精神障碍分类与诊断标准》的第三版中对同

---

① 该判决起因于一桩上诉。明斯特市的一位女医生与同性伴侣共同生活。2004 年，其伴侣从保加利亚领养了一名儿童。后该女医生申请对孩子的共同领养权被拒，而在当地法庭申诉之后也获得不准予的判决，遂上诉最高法院。虽然同性婚姻在德国已司空见惯，但多数公民依旧对同性恋是否能够承担父母责任持怀疑态度。该国家庭协会曾经发表报告认为，同性父母将损害儿童的正常成长，影响孩子的心理健康。之前，有另一桩领养案件曾轰动一时。一对男同性恋者于 2002 年登记结婚，其中一位婚后于罗马尼亚领养了一名儿童。然而当"另一半"申请领养权时，遭到政府机构拒绝。该男因此上诉汉堡最高法院，结果法庭认为，双方共同领养孩子可以改善孩子的生活处境，保护儿童的基本权利，这一点和非同性婚姻中父母与孩子的关系没有区别，因此判决准予。宪法法庭在本次判决中也引用了上述案例，并说明，目前的一些领养规则违反了基本法中规定的平等权利。法庭认为，有婚姻关系的同性恋伴侣如果关系和睦，将和异性婚姻伴侣一样，对孩子的健康成长有帮助。该法庭责成政府在 2014 年 6 月 30 日之前制定出新的有关同性婚姻的法律法规。但从即刻开始，同性婚姻双方同时具备领养权。此项判决的支持者认为，在同性婚姻日益增多的情况下，有必要将其和异性婚姻同等对待。对孩子的父母或领养父母，政府有系列免税条例，并且孩子也受惠于双方的赡养义务，能够在安全的环境中成长。至于同性父母对孩子心理健康带来的影响，目前尚没有权威性的专家论证结果。参见《德宪法法庭判决准予同性婚姻伴侣领养孩子》，中国广播网，2015 年 11 月 23 日，http://news.cnr.cn/gjxw/oz/201302/t20130220_ 511992302. html.

性恋的内容作出了重大的改变，该改变被认为是保护同性恋者合法权益的重大进步。该标准将"同性恋"从精神疾病名单中剔除，实现了中国同性恋非病理化。其诊断标准认为，性指向从性爱本身来说，不一定异常。也就是说同性恋者尽管有同性恋的性爱行为，其本身并不意味着有判断能力、稳定性、可信赖性、社会或职业能力的损害。相比于从前同性恋被归类为性变态，现在同性恋被普遍接受的科学称谓是性心理障碍。本文认为将同性恋正式从精神疾病名单中剔除意味着从科学的角度而言，同性恋人群与正常人群有同等的判断力，可以对自己的行为负法律责任，这是同性伴侣享有婚姻家庭权利和承担婚姻家庭义务的基础。所以我们要正视同性恋群体在婚姻家庭方面的权利要求，不能因为是少数人的利益或者是因为其本身权利要求的方式平和，就一味地低调处理，我们的社会应该有相对积极的态度和相应的制度去规范同性结合。

　　但是，我国目前没有必要通过否定传统婚姻的概念来保护同性恋群体的权利。虽然同性恋群体有完全民事行为能力，但是鉴于我国同性恋群体权利争取运动的具体国情和我国同性恋群体平和而又隐蔽的特征，本文认为，我国对待同性婚姻应该采取谨慎的态度，没有必要确认同性婚姻的合法性，把同性之间的结合也叫作婚姻，否认传统婚姻这一延续千年的传统概念，并引起保守人士的反对，激化矛盾。不修改传统婚姻法的概念，这样既有利于保护我们历史悠久的传统概念，又有利于对未成年人形成正确性引导，还有使得反对者以传统婚姻的概念来反对同性配偶的理由不再有根据。当然也不能继续对同性结合采取冷处理。同性恋群体作为少数人群，而且我国同性恋群体权利争取方式的特点是比较平和，但是其权益也应该得到社会的尊重和法律的保护，这是法制化的体现。这样既没有改变传统婚姻的宗旨，又能满足同性恋人群的权利保护要求，避免了同性恋群体与其反对者之间矛盾的激化。

　　鼓励和引导同性伴侣通过合同等其他方式保护自己的利益。我国现在修改婚姻法的时机并不成熟，所以应当在现行法律法规体系里最大可能地保护同性伴侣的合法权益。就我国同性伴侣而言，其婚姻法上的权利主要体现在婚姻法身份权利和婚姻财产权利两个方面。对于身份的要求，受传统观念的影响，我国同性恋群体比较隐蔽低调，同性伴侣对于取得法律上配偶名分要求并不强烈。因而没有必要一定要赋予同性伴侣婚姻法上配偶的身份。对于其他一些配偶才享有的权利，例如到医院探望的亲属优先权、殡葬决定权、保险资格等，可以通过具体部门的规章制度和合同来解决。本文认为保护同性伴侣合法权利关键体现在财产权利的保护上。这里最重要的两项权利，一是在同居期间财产的共有权，另一项是同性伴侣之间的继承权。对于第一项权利，我国现行法律对于同居期间的财产本身就认为是共有财产，不论同居者之间是同性伴侣关系还是其他关系。同居期间所得的财产，可按照民法中关于共有财产的规定来处理。对于不受法律保护的同性伴侣之间的继承权问题，我国现行的法律关于继承资格和继承顺序的规定只是针对异性配偶，赋予合法异性配偶第一顺序的继承权利。虽然同性伴侣不能以配偶的资格继承，但是对于同性伴侣而言完全可通过遗赠、遗赠并公证的方式保障对方的权利，而并非一定要法律赋予对方法定继承人的资格。

（三）保障同性伴侣生育和收养子女的权利

亲子关系是婚姻家庭的重要内容，现代文明社会应当保障同性结合家庭生育和收养子女的需求。同性结合不能生育子女，但是可以通过收养或者人工辅助生殖技术来组建一个完整的家庭。

有观点认为，同性伴侣性别不明确的状况会给未成年人带来性别的误导，并以此为由否定同性伴侣作为收养人的资格。本文认为，并没有证据能够证明同性伴侣性别不明确的状况会给未成年人造成不良影响，如果具备《收养法》规定的条件，同性伴侣完全有作为收养人的资格。同性伴侣可以通过收养组建完整意义上的家庭，享受亲子天伦之乐。此外，如果符合人工生殖技术规范的要求，同性伴侣还可以通过辅助生殖技术生育子女。由此可见，在我国的现行情况下，没有必要修改法律来赋予同性恋群体同性婚姻的权利，而是应当鼓励和引导同性伴侣通过等其他合同、公证等方式保护自己的婚姻家庭利益。同时加强同性恋科学知识的宣传，让社会大众真正理解同性恋人群的情感需求，尽量满足同性伴侣婚姻家庭方面的需求，给同性恋群体一个更加和谐宽松的社会环境。

如果允许同性结合的家庭收养或者生育子女，需要注意以下几个问题。

其一，在这类家庭中，确定父母子女的身份关系是否是必要的？同性结合虽然不能得到法律的认可，也并非社会的主流现象，但是这类群体现实存在于社会生活中，同性伴侣生育子女或者收养子女的情形也现实存在。根据我国卫计委颁布的《人类辅助生殖技术规范》，能够进行人类辅助生殖技术的机构设置条件有四项，一是必须是具有执业许可证的综合性医院或专科医院；二是实施供精人工授精必须获得卫计委的批准证书，实施丈夫精液人工授精必须获得省、自治区、直辖市卫生行政部门的批准证书；三是实施供精人工授精，必须同获得《人类精子库批准证书》的人类精子库签有供精协议；四是具备法律或主管机关要求的其他条件。而目前各大有资格进行人类辅助生殖技术的机构均对患者的年龄、身体状态和婚姻状态提出明确的要求，没有合法婚姻关系的男女无法获得正规医疗机构的辅助生殖技术服务。所以同性伴侣可能并非通过正常途径合法采取人工生殖技术生育子女。但是现行的《人类辅助生殖技术规范》主要规范的是医疗结构，并没有对患者做出规定。如果患者通过其他非正常途径采取人工辅助生殖技术生育了子女，只要不违反计划生育等政策，就不会受到法律的制裁。而且，非法的行为并不一定导致非法的结果。对于非正规人工辅助生殖技术下生育的未成年子女而言，其出生已经是事实，作为自然人，其基本的人权也当受到尊重与保护。但是，是否需要在这类结合中确定父亲和母亲的身份呢？还是认定子女同时拥有两个母亲或者两个父亲？根据我国目前婚姻法的规定，对于父亲和母亲而言，其亲权的内容是相同的，父亲和母亲对于子女享有的义务和承担的责任并没有实质上的区别。但是某些具体条款仍然是有细微的差别，例如在父母离婚时，涉及未成年子女的直接抚养权问题，法律明确规定，两周岁以下的子女原则上由母亲抚养为宜。因此，在确定同性伴侣与子女的亲子关系时，有必要确定父亲和母亲的身份问题。

其二，在这类家庭中，如何确定父母子女的身份关系？异性结合的家庭中，父亲和母亲的身份根据性别自然确定，不存在认定的困难。但是在同性结合的家庭中，双方均为男性，子女是否拥有两个父亲？双方均为女性的情形下，双方是否均为母亲？以血统确定身份，还是以意愿确定身份，或还是由法律统一拟制身份？由于该问题牵扯到同性伴侣的自我性别认识问题，因此，建议由该同性伴侣自由协商，选择自己作为孩子父亲或者母亲的身份。

其三，法律应该如何规制这类家庭中的亲子关系？由于我国立法对同性伴侣的婚姻家庭权利没有做出具体的规定，收养法也未考量到同性伴侣收养子女的特殊情形，同性伴侣与子女之间的亲子关系存在立法空白。对于我国未来的立法完善，也可以借鉴其他国家的成熟经验。

首先，对于双方均为女性的同性结合家庭，有两种情形。一是同性伴侣结合之前，其中一方有自己生物学和血缘联系上的子女，该子女在其生母与同性伴侣结合之后，如何确定其与生母同性伴侣之间的身份和法律上的权利义务关系。有的国家，如在西班牙，如果子女与同性伴侣（双方均为女性）的一方具有生物学上的亲子关系，生物学母亲（分娩母亲）的女性同性伴侣可以通过在登记官员面前宣告，与子女建立父母子女之间的关系。而在德国，可以通过继子女收养的方式与子女建立法律关系，这是法律对于子女与子女母亲的女性伴侣建立法律关系的合法途径。

二是如果子女是其中一名女性伴侣在与同性结合登记之后，用捐赠的精子在人工辅助生殖技术情形下所生育，那么该同性伴侣由于与子女有生物学上的联系，从血统意义上而言，当然地是孩子的母亲。而对于其同性伴侣（即该母亲已经是合法登记的女性同性伴侣），其能否与同性伴侣的子女建立亲子关系，以及建立何种亲子关系，如果参照异性结合夫妻的亲子关系确定情形，采取人工授精技术生育子女时，接受捐赠精子的女性为子女的母亲。而母亲的合法异性配偶由于是在知情同意的情形下接受的人工辅助生殖技术，因而也被认定为该人工生育子女的母亲。但是事实上，在很多国家，同性伴侣并不能如同异性配偶一样当然地成为人工生育子女的父母。母亲地位的取得，各个国家的规定不尽一致，在澳大利亚、加拿大的多数省及美国的部分州，女性同性伴侣通过对人工授精的同意而取得母亲权，确定亲子关系。再如瑞典、新西兰、加拿大和澳大利亚的一些地区，即使同性伴侣同意人工授精，在双方决定的基础之上，同性伴侣的父母身份也并不必然获得。在瑞典，如果子女与同性伴侣（双方均为女性）的一方具有生物学上的亲子关系，则需要子女生物学上母亲（分娩母亲）的同性伴侣书面的能够被证明且被承认是父母关系的宣告，这一宣告同时需要社会福利委员会和子女生母（分娩的母亲）的同意。① 而在西班牙、南非以及美国的部分州和加拿大的部分省，女性同性伴侣的同意将被推定，如果有合法婚姻关系或者已经合法登记的伴侣关系，在这个前提之下，才可能实施人工授精后取得父母权。

反对意见认为，不应当将同性伴侣与异性配偶区别对待，既然异性配偶可以因为婚姻关系的存在当然成为辅助生殖技术帮助下出生子女（只与一方有亲缘关系）的父母，那同性伴侣为什么不能当然依据法律直接成为伴侣方所生育子女的父母呢？如果一方面，在异性伴侣中，建立在共同决定基础上的异质人工授精能产生父亲身份被承认的后果，而另一方面，同性伴侣通过继子女收养在法律上才能够与对方伴侣共同成为孩子的父母，这就让人很费解，为什么父母身份的意向不应当在同性伴侣中创设相应的父母的地位。在这种情况下，对女性同性伴侣做出明确的法律规定，不仅符合当事人共同承担责任的意愿，而且也符合孩子从出生时起就与自己未来社会意义上的父母建立一种法律保障关系的利益需要。在异性伴侣关系中的异质人工授精中已经广泛传播的规则，就丈夫同意或者男性伴侣同意作为丈夫或者男性伴侣父亲地位取得的条件而言，是从父亲身份出发的。与此相应，已经同意受精的母亲的女性伴侣也将随着孩子的出生在法律上取得父母的地位。由此，孩子一出生就有了两位母亲。最主要的是，这一父母关系的发生不需要父母身份的承认和宣告。如果两个女性伴侣有共同生育子女的意愿，并作出生育的决定，那么孩子出生后，双方也应当成为孩子法律上的父母，而不需要收养行为。我国立法也可以建立这种血统论与法律拟制论相结合的亲子认定模式。

三是同性伴侣结合并合法登记后，收养他人子女为自己子女的情形。各

---

① ［德］妮娜·德特洛夫：《21 世纪的亲子关系法——法律比较与未来展望》，载《比较法研究》，2011 年第 6 期。

国最开始大多不允许同性伴侣如同异性夫妻一样共同收养子女。依据德国法律的相关规定，不同于异性之间的结合（正常情形下夫妻以共同的身份收养他人子女的），同性伴侣并不能以共同的身份收养他人的子女，只能单独由其中一方伴侣收养，也不允许同性伴侣一方对由伴侣另一方单独收养的孩子进行追加收养。但是在后来的法律变革中，这种限制性的规定被不断地突破。最开始，对于同性伴侣而言，允许同性伴侣收养对方的子女为继子女，再后来进一步放开，允许同性伴侣共同收养他人的子女。在普通法国家，大多数情况下，收养并不取决于身份法上的关系，长时间以来同性伙伴就已经能够实施收养行为。在美国，一般情况下，同性伙伴能够收养对方的亲生的子女，部分情况下也能收养伴侣以前单独收养的子女，并且现在在美国许多州同性伴侣也能共同收养他人的子女。在加拿大、澳大利亚的部分地区，以及英格兰和南非，允许同性伴侣共同收养孩子。在夫妻有权进行传统的共同收养的一些欧洲大陆国家，他们在对同性伴侣开放婚姻的同时，也将传统的共同收养对同性伴侣开放，如西班牙、比利时和荷兰。还有一些国家，起初是根本就没有收养法，然后是承认继子收养，最后是部分国家开始允许共同收养，如在瑞典。寄养父母或者收养申请人的性取向，在进行单独收养时并不绝对地被视为寄养子女关系建立或者收养关系建立的阻却理由。但如果依据一个长期的寄养子女关系，或者在一方伴侣单独收养子女之后，与伴侣另一方形成了事实上的父母子女关系，那么，这样的关系在法律上得到保障将是有益于子女利益的保护的。此外，立法者似乎已经不再坚持将同性伴侣的收养概括为违反儿童利益的假定。在美国，这样一个已经有数百万儿童生活在同性伴侣家庭中并且同时一整代儿童在这样的家庭逐渐成长起来的国家，多年来进行的一系列社会调查显示，在同性家庭生长的孩子并不存在较少的发展机会，并且与和异性父母一起生活长大的孩子一样能够获得同样的培养。因此在美国，同性伴侣的收养受到遵循各种不同原则的组织的支持，如美国儿童医生协会、美国心理学和精神病学协会以及美国律师协会。在德国，受司法部委托实施的调查也在同样的方向得出了初步的结论。因此，倘若最终在涉及子女利益时有人提出这样的疑虑，由于孩子与两个母亲或者两个父亲生活在一起，像以往那样遭受到了社会的歧视和羞辱，那么我们完全可以对这一疑虑提出这样的异议，即这一切并不首先是对收养进行法律保障的结果。涉及儿童的利益纳入观察视野的核心观点应该是，这两个人已经对孩子投入了爱并且在法律上共同承担责任。

其次，对于双方均为男性的同性伴侣，其区别于女性同性伴侣之处在于，如果子女是其中一名男性伴侣在与同性结合登记之后，用捐赠的卵子在人工辅助生殖技术情形下所生育，生育的子女与同性伴侣之间亲子关系的确定问题。受到生理条件的限制，两位男性同性伴侣如果要生育与其中一方具有生物学上联系的子女，只能依靠代孕行为。而代孕行为不仅需要女性捐赠的卵子，还需要女性提供孕育生命的子宫，妊娠期间长达 10 个月左右。在代孕被禁止的国家和地区，孩子与代孕母亲的关系认定存有争议。此时能否因为孩子的出生而认定其与代孕母亲具有亲子关系，且与两位同性伴侣均具有亲子关系呢？我们认为，非法的行为并不一定导致非法的结果，对于代孕出生的未成年子女，其出生已经是事实，作为自然人，其基本的人权也当受到尊重与保护。所以，应当认定其与生物学上父亲（精子提供者）的亲子关系。

第五章

调整亲子关系的法律法规

一、《中华人民共和国民法总则》（监护部分）

第二章　自然人

第一节　民事权利能力和民事行为能力

第十三条　自然人从出生时起到死亡时止，具有民事权利能力，依法享有民事权利，承担民事义务。

第十四条　自然人的民事权利能力一律平等。

第十五条　自然人的出生时间和死亡时间，以出生证明、死亡证明记载的时间为准；没有出生证明、死亡证明的，以户籍登记或者其他有效身份登记记载的时间为准。有其他证据足以推翻以上记载时间的，以该证据证明的时间为准。

第十六条　涉及遗产继承、接受赠与等胎儿利益保护的，胎儿视为具有民事权利能力。但是胎儿娩出时为死体的，其民事权利能力自始不存在。

第十七条　十八周岁以上的自然人为成年人。不满十八周岁的自然人为未成年人。

第十八条　成年人为完全民事行为能力人，可以独立实施民事法律行为。

十六周岁以上的未成年人，以自己的劳动收入为主要生活来源的，视为完全民事行为能力人。

第十九条 八周岁以上的未成年人为限制民事行为能力人，实施民事法律行为由其法定代理人代理或者经其法定代理人同意、追认，但是可以独立实施纯获利益的民事法律行为或者与其年龄、智力相适应的民事法律行为。

第二十条 不满八周岁的未成年人为无民事行为能力人，由其法定代理人代理实施民事法律行为。

第二十一条 不能辨认自己行为的成年人为无民事行为能力人，由其法定代理人代理实施民事法律行为。

八周岁以上的未成年人不能辨认自己行为的，适用前款规定。

第二十二条 不能完全辨认自己行为的成年人为限制民事行为能力人，实施民事法律行为由其法定代理人代理或者经其法定代理人同意、追认，但是可以独立实施纯获利益的民事法律行为或者与其智力、精神健康状况相适应的民事法律行为。

第二十三条 无民事行为能力人、限制民事行为能力人的监护人是其法定代理人。

第二十四条 不能辨认或者不能完全辨认自己行为的成年人，其利害关系人或者有关组织，可以向人民法院申请认定该成年人为无民事行为能力人或者限制民事行为能力人。

被人民法院认定为无民事行为能力人或者限制民事行为能力人的，经本人、利害关系人或者有关组织申请，人民法院可以根据其智力、精神健康恢复的状况，认定该成年人恢复为限制民事行为能力人或者完全民事行为能力人。

本条规定的有关组织包括：居民委员会、村民委员会、学校、医疗机构、妇女联合会、残疾人联合会、依法设立的老年人组织、民政部门等。

第二十五条 自然人以户籍登记或者其他有效身份登记记载的居所为住所；经常居所与住所不一致的，经常居所视为住所。

第二节 监 护

第二十六条 父母对未成年子女负有抚养、教育和保护的义务。

成年子女对父母负有赡养、扶助和保护的义务。

第二十七条 父母是未成年子女的监护人。

未成年人的父母已经死亡或者没有监护能力的，由下列有监护能力的人按顺序担任监护人：

（一）祖父母、外祖父母；

（二）兄、姐；

（三）其他愿意担任监护人的个人或者组织，但是须经未成年人住所地的居民委员会、村民委员会或者民政部门同意。

第二十八条 无民事行为能力或者限制民事行为能力的成年人，由下列有监护能力的人按顺序担任监护人：

（一）配偶；

（二）父母、子女；

（三）其他近亲属；

（四）其他愿意担任监护人的个人或者组织，但是须经被监护人住所地的居民委员会、村民委员会或者民政部门同意。

第二十九条 被监护人的父母担任监护人的，可以通过遗嘱指定监护人。

第三十条 依法具有监护资格的人之间可以协议确定监护人。协议确定监护人应当尊重被监护人的真实意愿。

第三十一条 对监护人的确定有争议的，由被监护人住所地的居民委员会、村民委员会或者民政部门指定监护人，有关当事人对指定不服的，可以向人民法院申请指定监护人；有关当事人也可以直接向人民法院申请指定监护人。

居民委员会、村民委员会、民政部门或者人民法院应当尊重被监护人的真实意愿，按照最有利于被监护人的原则在依法具有监护资格的人中指定监护人。

依照本条第一款规定指定监护人前，被监护人的人身权利、财产权利以及其他合法权益处于无人保护状态的，由被监护人住所地的居民委员会、村民委员会、法律规定的有关组织或者民政部门担任临时监护人。

监护人被指定后，不得擅自变更；擅自变更的，不免除被指定的监护人的责任。

第三十二条 没有依法具有监护资格的人的，监护人由民政部门担任，也可以由具备履行监护职责条件的被监护人住所地的居民委员会、村民委员会担任。

第三十三条 具有完全民事行为能力的成年人，可以与其近亲属、其他愿意担任监护人的个人或者组织事先协商，以书面形式确定自己的监护人。协商确定的监护人在该成年人丧失或者部分丧失民事行为能力时，履行监护职责。

第三十四条 监护人的职责是代理被监护人实施民事法律行为，保护被监护人的人身权利、财产权利以及其他合法权益等。

监护人依法履行监护职责产生的权利，受法律保护。

监护人不履行监护职责或者侵害被监护人合法权益的，应当承担法律责任。

第三十五条 监护人应当按照最有利于被监护人的原则履行监护职责。监护人除为维护被监护人利益外，不得处分被监护人的财产。

未成年人的监护人履行监护职责，在作出与被监护人利益有关的决定时，应当根据被监护人的年龄和智力状况，尊重被监护人的真实意愿。

成年人的监护人履行监护职责，应当最大程度地尊重被监护人的真实意愿，保障并协助被监护人实施与其智力、精神健康状况相适应的民事法律行为。对被监护人有能力独立处理的事务，监护人不得干涉。

第三十六条 监护人有下列情形之一的，人民法院根据有关个人或者组织的申请，撤销其监护人资格，安排必要的临时监护措施，并按照最有利于被监护人的原则依法指定监护人：

（一）实施严重损害被监护人身心健康行为的；

（二）怠于履行监护职责，或者无法履行监护职责并且拒绝将监护职责部分或者全部委托给他人，导致被监护人处于危困状态的；

（三）实施严重侵害被监护人合法权益的其他行为的。

本条规定的有关个人和组织包括：其他依法具有监护资格的人，居民委员会、村民委员会、学校、医疗机构、妇女联合会、残疾人联合会、未成年人保护组织、依法设立的老年人组织、民政部门等。

前款规定的个人和民政部门以外的组织未及时向人民法院申请撤销监护人资格的，民政部门应当向人民法院申请。

第三十七条 依法负担被监护人抚养费、赡养费、扶养费的父母、子女、配偶等，被人民法院撤销监护人资格后，应当继续履行负担的义务。

第三十八条 被监护人的父母或者子女被人民法院撤销监护人资格后，除对被监护人实施故意犯罪的外，确有悔改表现的，经其申请，人民法院可以在尊重被监护人真实意愿的前提下，视情况恢复其监护人资格，人民法院指定的监护人与被监护人的监护关系同时终止。

第三十九条 有下列情形之一的，监护关系终止：

（一）被监护人取得或者恢复完全民事行为能力；

（二）监护人丧失监护能力；

（三）被监护人或者监护人死亡；

（四）人民法院认定监护关系终止的其他情形。

监护关系终止后，被监护人仍然需要监护的，应当依法另行确定监护人。

二、《中华人民共和国婚姻法》

第一章 总 则

第一条 本法是婚姻家庭关系的基本准则。

第二条　实行婚姻自由、一夫一妻、男女平等的婚姻制度。

保护妇女、儿童和老人的合法权益。

实行计划生育。

第三条　禁止包办、买卖婚姻和其他干涉婚姻自由的行为。禁止借婚姻索取财物。

禁止重婚。禁止有配偶者与他人同居。禁止家庭暴力。禁止家庭成员间的虐待和遗弃。

第四条　夫妻应当互相忠实，互相尊重；家庭成员间应当敬老爱幼，互相帮助，维护平等、和睦、文明的婚姻家庭关系。

第二章　结　婚

第五条　结婚必须男女双方完全自愿，不许任何一方对他方加以强迫或任何第三者加以干涉。

第六条　结婚年龄，男不得早于二十二周岁，女不得早于二十周岁。晚婚晚育应予鼓励。

第七条　有下列情形之一的，禁止结婚：

（一）直系血亲和三代以内的旁系血亲；

（二）患有医学上认为不应当结婚的疾病。

第八条　要求结婚的男女双方必须亲自到婚姻登记机关进行结婚登记。符合本法规定的，予以登记，发给结婚证。取得结婚证，即确立夫妻关系。未办理结婚登记的，应当补办登记。

第九条　登记结婚后，根据男女双方约定，女方可以成为男方家庭的成员，男方可以成为女方家庭的成员。

第十条　有下列情形之一的，婚姻无效：

（一）重婚的；

（二）有禁止结婚的亲属关系的；

（三）婚前患有医学上认为不应当结婚的疾病，婚后尚未治愈的；

（四）未到法定婚龄的。

第十一条　因胁迫结婚的，受胁迫的一方可以向婚姻登记机关或人民法院请求撤销该婚姻。受胁迫的一方撤销婚姻的请求，应当自结婚登记之日起一年内提出。被非法限制人身自由的当事人请求撤销婚姻的，应当自恢复人身自由之日起一年内提出。

第十二条　无效或被撤销的婚姻，自始无效。当事人不具有夫妻的权利和义务。同居期间所得的财产，由当事人协议处理；协议不成时，由人民法院根据照顾无过错方的原则判决。对重婚导致的婚姻无效的财产处理，不得侵害合法婚姻当事人的财产权益。当事人所生的子女，适用本法有关父母子女的规定。

第三章　家庭关系

第十三条　夫妻在家庭中地位平等。

第十四条　夫妻双方都有各用自己姓名的权利。

第十五条　夫妻双方都有参加生产、工作、学习和社会活动的自由，一方不得对他方加以限制或干涉。

第十六条　夫妻双方都有实行计划生育的义务。

第十七条　夫妻在婚姻关系存续期间所得的下列财产，归夫妻共同所有：

（一）工资、奖金；

（二）生产、经营的收益；

（三）知识产权的收益；

（四）继承或赠与所得的财产，但本法第十八条第三项规定的除外；

（五）其他应当归共同所有的财产。

夫妻对共同所有的财产，有平等的处理权。

第十八条　有下列情形之一的，为夫妻一方的财产：

（一）一方的婚前财产；

（二）一方因身体受到伤害获得的医疗费、残疾人生活补助费等费用；

（三）遗嘱或赠与合同中确定只归夫或妻一方的财产；

（四）一方专用的生活用品；

（五）其他应当归一方的财产。

第十九条　夫妻可以约定婚姻关系存续期间所得的财产以及婚前财产归各自所有、共同所有或部分各自所有、部分共同所有。约定应当采用书面形式。没有约定或约定不明确的，适用本法第十七条、第十八条的规定。

夫妻对婚姻关系存续期间所得的财产以及婚前财产的约定，对双方具有约束力。

夫妻对婚姻关系存续期间所得的财产约定归各自所有的，夫或妻一方对外所负的债务，第三人知道该约定的，以夫或妻一方所有的财产清偿。

第二十条　夫妻有互相扶养的义务。

一方不履行扶养义务时，需要扶养的一方，有要求对方付给扶养费的权利。

第二十一条　父母对子女有抚养教育的义务；子女对父母有赡养扶助的义务。

父母不履行抚养义务时，未成年的或不能独立生活的子女，有要求父母付给抚养费的权利。

子女不履行赡养义务时，无劳动能力的或生活困难的父母，有要求子女付给赡养费的权利。

禁止溺婴、弃婴和其他残害婴儿的行为。

第二十二条　子女可以随父姓，可以随母姓。

第二十三条　父母有保护和教育未成年子女的权利和义务。在未成年子女对国家、集体或他人造成损害时，父母有承担民事责任的义务。

第二十四条　夫妻有相互继承遗产的权利。

父母和子女有相互继承遗产的权利。

第二十五条　非婚生子女享有与婚生子女同等的权利，任何人不得加以危害和歧视。

不直接抚养非婚生子女的生父或生母，应当负担子女的生活费和教育费，直至子女能独立生活为止。

第二十六条　国家保护合法的收养关系。养父母和养子女间的权利和义务，适用本法对父母子女关系的有关规定。

养子女和生父母间的权利和义务，因收养关系的成立而消除。

第二十七条　继父母与继子女间，不得虐待或歧视。

继父或继母和受其抚养教育的继子女间的权利和义务，适用本法对父母子女关系的有关规定。

第二十八条　有负担能力的祖父母、外祖父母，对于父母已经死亡或父母无力抚养的未成年的孙子女、外孙子女，有抚养的义务。有负担能力的孙子女、外孙子女，对于子女已经死亡或子女无力赡养的祖父母、外祖父母，有赡养的义务。

第二十九条　有负担能力的兄、姐，对于父母已经死亡或父母无力抚养的未成年的弟、妹，有扶养的义务。由兄、姐扶养长大的有负担能力的弟、妹，对于缺乏劳动能力又缺乏生活来源的兄、姐，有扶养的义务。

第三十条　子女应当尊重父母的婚姻权利，不得干涉父母再婚以及婚后的生活。子女对父母的赡养义务，不因父母的婚姻关系变化而终止。

第四章　离　婚

第三十一条　男女双方自愿离婚的，准予离婚。双方必须到婚姻登记机关申请离婚。婚姻登记机关查明双方确实是自愿并对子女和财产问题已有适当处理时，发给离婚证。

第三十二条　男女一方要求离婚的，可由有关部门进行调解或直接向人民法院提出离婚诉讼。

人民法院审理离婚案件，应当进行调解；如感情确已破裂，调解无效，应准予离婚。

有下列情形之一，调解无效的，应准予离婚：

（一）重婚或有配偶者与他人同居的；

（二）实施家庭暴力或虐待、遗弃家庭成员的；

（三）有赌博、吸毒等恶习屡教不改的；

（四）因感情不和分居满二年的；

（五）其他导致夫妻感情破裂的情形。

一方被宣告失踪，另一方提出离婚诉讼的，应准予离婚。

第三十三条　现役军人的配偶要求离婚，须得军人同意，但军人一方有重大过错的除外。

第三十四条　女方在怀孕期间、分娩后一年内或中止妊娠后六个月内，男方不得提出离婚。女方提出离婚的，或人民法院认为确有必要受理男方离婚请求的，不在此限。

第三十五条　离婚后，男女双方自愿恢复夫妻关系的，必须到婚姻登记机关进行复婚登记。

第三十六条　父母与子女间的关系，不因父母离婚而消除。离婚后，子女无论由父或母直接抚养，仍是父母双方的子女。

离婚后，父母对于子女仍有抚养和教育的权利和义务。

离婚后，哺乳期内的子女，以随哺乳的母亲抚养为原则。哺乳期后的子女，如双方因抚养问题发生争执不能达成协议时，由人民法院根据子女的权益和双方的具体情况判决。

第三十七条　离婚后，一方抚养的子女，另一方应负担必要的生活费和教育费的一部或全部，负担费用的多少和期限的长短，由双方协议；协议不成时，由人民法院判决。

关于子女生活费和教育费的协议或判决，不妨碍子女在必要时向父母任何一方提出超过协议或判决原定数额的合理要求。

第三十八条　离婚后，不直接抚养子女的父或母，有探望子女的权利，另一方有协助的义务。

行使探望权利的方式、时间由当事人协议；协议不成时，由人民法院判决。

父或母探望子女，不利于子女身心健康的，由人民法院依法中止探望的权利；中止的事由消失后，应当恢复探望的权利。

第三十九条　离婚时，夫妻的共同财产由双方协议处理；协议不成时，由人民法院根据财产的具体情况，照顾子女和女方权益的原则判决。

夫或妻在家庭土地承包经营中享有的权益等，应当依法予以保护。

第四十条 夫妻书面约定婚姻关系存续期间所得的财产归各自所有，一方因抚育子女、照料老人、协助另一方工作等付出较多义务的，离婚时有权向另一方请求补偿，另一方应当予以补偿。

第四十一条 离婚时，原为夫妻共同生活所负的债务，应当共同偿还。共同财产不足清偿的，或财产归各自所有的，由双方协议清偿；协议不成时，由人民法院判决。

第四十二条 离婚时，如一方生活困难，另一方应从其住房等个人财产中给予适当帮助。具体办法由双方协议；协议不成时，由人民法院判决。

第五章 救助措施与法律责任

第四十三条 实施家庭暴力或虐待家庭成员，受害人有权提出请求，居民委员会、村民委员会以及所在单位应当予以劝阻、调解。

对正在实施的家庭暴力，受害人有权提出请求，居民委员会、村民委员会应当予以劝阻；公安机关应当予以制止。

实施家庭暴力或虐待家庭成员，受害人提出请求的，公安机关应当依照治安管理处罚的法律规定予以行政处罚。

第四十四条 对遗弃家庭成员，受害人有权提出请求，居民委员会、村民委员会以及所在单位应当予以劝阻、调解。

对遗弃家庭成员，受害人提出请求的，人民法院应当依法作出支付扶养费、抚养费、赡养费的判决。

第四十五条 对重婚的，对实施家庭暴力或虐待、遗弃家庭成员构成犯罪的，依法追究刑事责任。受害人可以依照刑事诉讼法的有关规定，向人民法院自诉；公安机关应当依法侦查，人民检察院应当依法提起公诉。

第四十六条 有下列情形之一，导致离婚的，无过错方有权请求损害赔偿：

（一）重婚的；

（二）有配偶者与他人同居的；

（三）实施家庭暴力的；

（四）虐待、遗弃家庭成员的。

第四十七条　离婚时，一方隐藏、转移、变卖、毁损夫妻共同财产，或伪造债务企图侵占另一方财产的，分割夫妻共同财产时，对隐藏、转移、变卖、毁损夫妻共同财产或伪造债务的一方，可以少分或不分。离婚后，另一方发现有上述行为的，可以向人民法院提起诉讼，请求再次分割夫妻共同财产。

人民法院对前款规定的妨害民事诉讼的行为，依照民事诉讼法的规定予以制裁。

第四十八条　对拒不执行有关扶养费、抚养费、赡养费、财产分割、遗产继承、探望子女等判决或裁定的，由人民法院依法强制执行。有关个人和单位应负协助执行的责任。

第四十九条　其他法律对有关婚姻家庭的违法行为和法律责任另有规定的，依照其规定。

第六章　附　则

第五十条　民族自治地方的人民代表大会有权结合当地民族婚姻家庭的具体情况，制定变通规定。自治州、自治县制定的变通规定，报省、自治区、直辖市人民代表大会常务委员会批准后生效。自治区制定的变通规定，报全国人民代表大会常务委员会批准后生效。

第五十一条　本法自 1981 年 1 月 1 日起施行。

1950 年 5 月 1 日颁行的《中华人民共和国婚姻法》，自本法施行之日起废止。

三、《中华人民共和国收养法》

第一章　总　则

第一条　为保护合法的收养关系，维护收养关系当事人的权利，制定本法。

第二条　收养应当有利于被收养的未成年人的抚养、成长，保障被收养人和收养人的合法权益，遵循平等自愿的原则，并不得违背社会公德。

第三条　收养不得违背计划生育的法律、法规。

第二章　收养关系的成立

第四条　下列不满十四周岁的未成年人可以被收养：

（一）丧失父母的孤儿；

（二）查找不到生父母的弃婴和儿童；

（三）生父母有特殊困难无力抚养的子女。

第五条　下列公民、组织可以作送养人：

（一）孤儿的监护人；

（二）社会福利机构；

（三）有特殊困难无力抚养子女的生父母。

第六条　收养人应当同时具备下列条件：

（一）无子女；

（二）有抚养教育被收养人的能力；

（三）未患有在医学上认为不应当收养子女的疾病；

（四）年满三十周岁。

第七条　收养三代以内同辈旁系血亲的子女，可以不受本法第四条第三项、第五条第三项、第九条和被收养人不满十四周岁的限制。

华侨收养三代以内同辈旁系血亲的子女，还可以不受收养人无子女的限制。

第八条 收养人只能收养一名子女。

收养孤儿、残疾儿童或者社会福利机构抚养的查找不到生父母的弃婴和儿童，可以不受收养人无子女和收养一名的限制。

第九条 无配偶的男性收养女性的，收养人与被收养人的年龄应当相差四十周岁以上。

第十条 生父母送养子女，须双方共同送养。生父母一方不明或者查找不到的可以单方送养。

有配偶者收养子女，须夫妻共同收养。

第十一条 收养人收养与送养人送养，须双方自愿。收养年满十周岁以上未成年人的，应当征得被收养人的同意。

第十二条 未成年人的父母均不具备完全民事行为能力的，该未成年人的监护人不得将其送养，但父母对该未成年人有严重危害可能的除外。

第十三条 监护人送养未成年孤儿的，须征得有抚养义务的人同意。有抚养义务的人不同意送养、监护人不愿意继续履行监护职责的，应当依照《中华人民共和国民法通则》的规定变更监护人。

第十四条 继父或者继母经继子女的生父母同意，可以收养继子女，并可以不受本法第四条第三项、第五条第三项、第六条和被收养人不满十四周岁以及收养一名的限制。

第十五条 收养应当向县级以上人民政府民政部门登记。收养关系自登记之日起成立。

收养查找不到生父母的弃婴和儿童的，办理登记的民政部门应当在登记前予以公告。

收养关系当事人愿意订立收养协议的，可以订立收养协议。

收养关系当事人各方或者一方要求办理收养公证的，应当办理收养公证。

第十六条　收养关系成立后，公安部门应当依照国家有关规定为被收养人办理户口登记。

第十七条　孤儿或者生父母无力抚养的子女，可以由生父母的亲属、朋友抚养。　抚养人与被抚养人的关系不适用收养关系。

第十八条　配偶一方死亡，另一方送养未成年子女的，死亡一方的父母有优先抚养的权利。

第十九条　送养人不得以送养子女为理由违反计划生育的规定再生育子女。

第二十条　严禁买卖儿童或者借收养名义买卖儿童。

第二十一条　外国人依照本法可以在中华人民共和国收养子女。

外国人在中华人民共和国收养子女，应当经其所在国主管机关依照该国法律审查同意。收养人应当提供由其所在国有权机构出具的有关收养人的年龄、婚姻、职业、财产、健康、有无受过刑事处罚等状况的证明材料，该证明材料应当经其所在国外交机关或者外交机关授权的机构认证，并经中华人民共和国驻该国使领馆认证。该收养人应当与送养人订立书面协议，亲自向省级人民政府民政部门登记。

收养关系当事人各方或者一方要求办理收养公证的，应当到国务院司法行政部门认定的具有办理涉外公证资格的公证机构办理收养公证。

第二十二条　收养人、送养人要求保守收养秘密的，其他人应当尊重其意愿，不得泄露。

第三章　收养的效力

第二十三条　自收养关系成立之日起，养父母与养子女间的权利义务关系，适用法律关于父母子女关系的规定；养子女与养父母的近亲属间的权利义务关系，适用法律关于子女与父母的近亲属关系的规定。

养子女与生父母及其他近亲属间的权利义务关系，因收养关系的成立而消除。

第二十四条　养子女可以随养父或者养母的姓，经当事人协商一致，也可以保留原姓。

第二十五条　违反《中华人民共和国民法通则》第五十五条和本法规定的收养行为无法律效力。

收养行为被人民法院确认无效的，从行为开始时起就没有法律效力。

第四章　收养关系的解除

第二十六条　收养人在被收养人成年以前，不得解除收养关系，但收养人、送养人双方协议解除的除外，养子女年满十周岁以上的，应当征得本人同意。

收养人不履行抚养义务，有虐待、遗弃等侵害未成年养子女合法权益行为的，送养人有权要求解除养父母与养子女间的收养关系。送养人、收养人不能达成解除收养关系协议的，可以向人民法院起诉。

第二十七条　养父母与成年养子女关系恶化、无法共同生活的，可以协议解除收养关系。不能达成协议的，可以向人民法院起诉。

第二十八条　当事人协议解除收养关系的，应当到民政部门办理解除收养关系的登记。

第二十九条　收养关系解除后，养子女与养父母及其他近亲属间的权利义务关系即行消除，与生父母及其他近亲属间的权利义务关系自行恢复，但成年养子女与生父母及其他近亲属间的权利义务关系是否恢复，可以协商确定。

第三十条　收养关系解除后，经养父母抚养的成年养子女，对缺乏劳动能力又缺乏生活来源的养父母，应当给付生活费。因养子女成年后虐待、遗弃养父母而解除收养关系的，养父母可以要求养子女补偿收养期间支出的生活费和教育费。

生父母要求解除收养关系的，养父母可以要求生父母适当补偿收养期间支出的生活费和教育费，但因养父母虐待、遗弃养子女而解除收养关系的除外。

第五章　法律责任

第三十一条　借收养名义拐卖儿童的，依法追究刑事责任。

遗弃婴儿的，由公安部门处以罚款；构成犯罪的，依法追究刑事责任。

出卖亲生子女的，由公安部门没收非法所得，并处以罚款；构成犯罪的，依法追究刑事责任。

第六章　附　则

第三十二条　民族自治地方的人民代表大会及其常务委员会可以根据本法的原则，结合当地情况，制定变通的或者补充的规定。自治区的规定，报全国人民代表大会常务委员会备案。自治州、自治县的规定，报省或者自治区的人民代表大会常务委员会批准后生效，并报全国人民代表大会常务委员会备案。

第三十三条　国务院可以根据本法制定实施办法。

第三十四条　本法自 1992 年 4 月 1 日起施行。

四、《中华人民共和国未成年人保护法》

第一章　总　则

第一条　为了保护未成年人的身心健康，保障未成年人的合法权益，促进未成年人在品德、智力、体质等方面全面发展，培养有理想、有道德、有文化、有纪律的社会主义建设者和接班人，根据宪法，制定本法。

第二条　本法所称未成年人是指未满十八周岁的公民。

第三条　未成年人享有生存权、发展权、受保护权、参与权等权利，国家根据未成年人身心发展特点给予特殊、优先保护，保障未成年人的合法权益不受侵犯。

未成年人享有受教育权，国家、社会、学校和家庭尊重和保障未成年人的受教育权。

未成年人不分性别、民族、种族、家庭财产状况、宗教信仰等，依法平等地享有权利。

第四条 国家、社会、学校和家庭对未成年人进行理想教育、道德教育、文化教育、纪律和法制教育，进行爱国主义、集体主义和社会主义的教育，提倡爱祖国、爱人民、爱劳动、爱科学、爱社会主义的公德，反对资本主义的、封建主义的和其他的腐朽思想的侵蚀。

第五条 保护未成年人的工作，应当遵循下列原则：

（一）尊重未成年人的人格尊严；

（二）适应未成年人身心发展的规律和特点；

（三）教育与保护相结合。

第六条 保护未成年人，是国家机关、武装力量、政党、社会团体、企业事业组织、城乡基层群众性自治组织、未成年人的监护人和其他成年公民的共同责任。

对侵犯未成年人合法权益的行为，任何组织和个人都有权予以劝阻、制止或者向有关部门提出检举或者控告。

国家、社会、学校和家庭应当教育和帮助未成年人维护自己的合法权益，增强自我保护的意识和能力，增强社会责任感。

第七条 中央和地方各级国家机关应当在各自的职责范围内做好未成年人保护工作。

国务院和地方各级人民政府领导有关部门做好未成年人保护工作；将未成年人保护工作纳入国民经济和社会发展规划以及年度计划，相关经费纳入本级政府预算。

国务院和省、自治区、直辖市人民政府采取组织措施，协调有关部门做好未成年人保护工作。具体机构由国务院和省、自治区、直辖市人民政府规定。

第八条 共产主义青年团、妇女联合会、工会、青年联合会、学生联合会、少年先锋队以及其他有关社会团体，协助各级人民政府做好未成年人保护工作，维护未成年人的合法权益。

第九条 各级人民政府和有关部门对保护未成年人有显著成绩的组织和个人，给予表彰和奖励。

第二章 家庭保护

第十条 父母或者其他监护人应当创造良好、和睦的家庭环境，依法履行对未成年人的监护职责和抚养义务。

禁止对未成年人实施家庭暴力，禁止虐待、遗弃未成年人，禁止溺婴和其他残害婴儿的行为，不得歧视女性未成年人或者有残疾的未成年人。

第十一条 父母或者其他监护人应当关注未成年人的生理、心理状况和行为习惯，以健康的思想、良好的品行和适当的方法教育和影响未成年人，引导未成年人进行有益身心健康的活动，预防和制止未成年人吸烟、酗酒、流浪、沉迷网络以及赌博、吸毒、卖淫等行为。

第十二条 父母或者其他监护人应当学习家庭教育知识，正确履行监护职责，抚养教育未成年人。

有关国家机关和社会组织应当为未成年人的父母或者其他监护人提供家庭教育指导。

第十三条 父母或者其他监护人应当尊重未成年人受教育的权利，必须使适龄未成年人依法入学接受并完成义务教育，不得使接受义务教育的未成年人辍学。

第十四条 父母或者其他监护人应当根据未成年人的年龄和智力发展状况，在作出与未成年人权益有关的决定时告知其本人，并听取他们的意见。

第十五条 父母或者其他监护人不得允许或者迫使未成年人结婚，不得为未成年人订立婚约。

第十六条 父母因外出务工或者其他原因不能履行对未成年人监护职责的，应当委托有监护能力的其他成年人代为监护。

第三章　学校保护

第十七条　学校应当全面贯彻国家的教育方针，实施素质教育，提高教育质量，注重培养未成年学生独立思考能力、创新能力和实践能力，促进未成年学生全面发展。

第十八条　学校应当尊重未成年学生受教育的权利，关心、爱护学生，对品行有缺点、学习有困难的学生，应当耐心教育、帮助，不得歧视，不得违反法律和国家规定开除未成年学生。

第十九条　学校应当根据未成年学生身心发展的特点，对他们进行社会生活指导、心理健康辅导和青春期教育。

第二十条　学校应当与未成年学生的父母或者其他监护人互相配合，保证未成年学生的睡眠、娱乐和体育锻炼时间，不得加重其学习负担。

第二十一条　学校、幼儿园、托儿所的教职员工应当尊重未成年人的人格尊严，不得对未成年人实施体罚、变相体罚或者其他侮辱人格尊严的行为。

第二十二条　学校、幼儿园、托儿所应当建立安全制度，加强对未成年人的安全教育，采取措施保障未成年人的人身安全。

学校、幼儿园、托儿所不得在危及未成年人人身安全、健康的校舍和其他设施、场所中进行教育教学活动。

学校、幼儿园安排未成年人参加集会、文化娱乐、社会实践等集体活动，应当有利于未成年人的健康成长，防止发生人身安全事故。

第二十三条　教育行政等部门和学校、幼儿园、托儿所应当根据需要，制定应对各种灾害、传染性疾病、食物中毒、意外伤害等突发事件的预案，配备相应设施并进行必要的演练，增强未成年人的自我保护意识和能力。

第二十四条　学校对未成年学生在校内或者本校组织的校外活动中发生人身伤害事故的，应当及时救护，妥善处理，并及时向有关主管部门报告。

第二十五条　对于在学校接受教育的有严重不良行为的未成年学生，学校和父母或者其他监护人应当互相配合加以管教；无力管教或者管教无效的，可以按照有关规定将其送专门学校继续接受教育。

依法设置专门学校的地方人民政府应当保障专门学校的办学条件，教育行政部门应当加强对专门学校的管理和指导，有关部门应当给予协助和配合。

专门学校应当对在校就读的未成年学生进行思想教育、文化教育、纪律和法制教育、劳动技术教育和职业教育。

专门学校的教职员工应当关心、爱护、尊重学生，不得歧视、厌弃。

第二十六条　幼儿园应当做好保育、教育工作，促进幼儿在体质、智力、品德等方面和谐发展。

第四章　社会保护

第二十七条　全社会应当树立尊重、保护、教育未成年人的良好风尚，关心、爱护未成年人。

国家鼓励社会团体、企业事业组织以及其他组织和个人，开展多种形式的有利于未成年人健康成长的社会活动。

第二十八条　各级人民政府应当保障未成年人受教育的权利，并采取措施保障家庭经济困难的、残疾的和流动人口中的未成年人等接受义务教育。

第二十九条　各级人民政府应当建立和改善适合未成年人文化生活需要的活动场所和设施，鼓励社会力量兴办适合未成年人的活动场所，并加强管理。

第三十条　爱国主义教育基地、图书馆、青少年宫、儿童活动中心应当对未成年人免费开放；博物馆、纪念馆、科技馆、展览馆、美术馆、文化馆以及影剧院、体育场馆、动物园、公园等场所，应当按照有关规定对未成年人免费或者优惠开放。

第三十一条　县级以上人民政府及其教育行政部门应当采取措施，鼓励和支持中小学校在节假日期间将文化体育设施对未成年人免费或者优惠开放。

社区中的公益性互联网上网服务设施，应当对未成年人免费或者优惠开放，为未成年人提供安全、健康的上网服务。

第三十二条　国家鼓励新闻、出版、信息产业、广播、电影、电视、文艺等单位和作家、艺术家、科学家以及其他公民，创作或者提供有利于未成年人健康成长的作品。出版、制作和传播专门以未成年人为对象的内容健康的图书、报刊、音像制品、电子出版物以及网络信息等，国家给予扶持。

国家鼓励科研机构和科技团体对未成年人开展科学知识普及活动。

第三十三条　国家采取措施，预防未成年人沉迷网络。

国家鼓励研究开发有利于未成年人健康成长的网络产品，推广用于阻止未成年人沉迷网络的新技术。

第三十四条　禁止任何组织、个人制作或者向未成年人出售、出租或者以其他方式传播淫秽、暴力、凶杀、恐怖、赌博等毒害未成年人的图书、报刊、音像制品、电子出版物以及网络信息等。

第三十五条　生产、销售用于未成年人的食品、药品、玩具、用具和游乐设施等，应当符合国家标准或者行业标准，不得有害于未成年人的安全和健康；需要标明注意事项的，应当在显著位置标明。

第三十六条　中小学校园周边不得设置营业性歌舞娱乐场所、互联网上网服务营业场所等不适宜未成年人活动的场所。

营业性歌舞娱乐场所、互联网上网服务营业场所等不适宜未成年人活动的场所，不得允许未成年人进入，经营者应当在显著位置设置未成年人禁入标志；对难以判明是否已成年的，应当要求其出示身份证件。

第三十七条　禁止向未成年人出售烟酒，经营者应当在显著位置设置不向未成年人出售烟酒的标志；对难以判明是否已成年的，应当要求其出示身份证件。

任何人不得在中小学校、幼儿园、托儿所的教室、寝室、活动室和其他未成年人集中活动的场所吸烟、饮酒。

第三十八条　任何组织或者个人不得招用未满十六周岁的未成年人，国家另有规定的除外。

任何组织或者个人按照国家有关规定招用已满十六周岁未满十八周岁的

未成年人的，应当执行国家在工种、劳动时间、劳动强度和保护措施等方面的规定，不得安排其从事过重、有毒、有害等危害未成年人身心健康的劳动或者危险作业。

第三十九条　任何组织或者个人不得披露未成年人的个人隐私。

对未成年人的信件、日记、电子邮件，任何组织或者个人不得隐匿、毁弃；除因追查犯罪的需要，由公安机关或者人民检察院依法进行检查，或者对无行为能力的未成年人的信件、日记、电子邮件由其父母或者其他监护人代为开拆、查阅外，任何组织或者个人不得开拆、查阅。

第四十条　学校、幼儿园、托儿所和公共场所发生突发事件时，应当优先救护未成年人。

第四十一条　禁止拐卖、绑架、虐待未成年人，禁止对未成年人实施性侵害。

禁止胁迫、诱骗、利用未成年人乞讨或者组织未成年人进行有害其身心健康的表演等活动。

第四十二条　公安机关应当采取有力措施，依法维护校园周边的治安和交通秩序，预防和制止侵害未成年人合法权益的违法犯罪行为。

任何组织或者个人不得扰乱教学秩序，不得侵占、破坏学校、幼儿园、托儿所的场地、房屋和设施。

第四十三条　县级以上人民政府及其民政部门应当根据需要设立救助场所，对流浪乞讨等生活无着未成年人实施救助，承担临时监护责任；公安部门或者其他有关部门应当护送流浪乞讨或者离家出走的未成年人到救助场所，由救助场所予以救助和妥善照顾，并及时通知其父母或者其他监护人领回。

对孤儿、无法查明其父母或者其他监护人的以及其他生活无着的未成年人，由民政部门设立的儿童福利机构收留抚养。

未成年人救助机构、儿童福利机构及其工作人员应当依法履行职责，不得虐待、歧视未成年人；不得在办理收留抚养工作中牟取利益。

第四十四条　卫生部门和学校应当对未成年人进行卫生保健和营养指

导，提供必要的卫生保健条件，做好疾病预防工作。

卫生部门应当做好对儿童的预防接种工作，国家免疫规划项目的预防接种实行免费；积极防治儿童常见病、多发病，加强对传染病防治工作的监督管理，加强对幼儿园、托儿所卫生保健的业务指导和监督检查。

第四十五条 地方各级人民政府应当积极发展托幼事业，办好托儿所、幼儿园，支持社会组织和个人依法兴办哺乳室、托儿所、幼儿园。

各级人民政府和有关部门应当采取多种形式，培养和训练幼儿园、托儿所的保教人员，提高其职业道德素质和业务能力。

第四十六条 国家依法保护未成年人的智力成果和荣誉权不受侵犯。

第四十七条 未成年人已经完成规定年限的义务教育不再升学的，政府有关部门和社会团体、企业事业组织应当根据实际情况，对他们进行职业教育，为他们创造劳动就业条件。

第四十八条 居民委员会、村民委员会应当协助有关部门教育和挽救违法犯罪的未成年人，预防和制止侵害未成年人合法权益的违法犯罪行为。

第四十九条 未成年人的合法权益受到侵害的，被侵害人及其监护人或者其他组织和个人有权向有关部门投诉，有关部门应当依法及时处理。

第五章 司法保护

第五十条 公安机关、人民检察院、人民法院以及司法行政部门，应当依法履行职责，在司法活动中保护未成年人的合法权益。

第五十一条 未成年人的合法权益受到侵害，依法向人民法院提起诉讼的，人民法院应当依法及时审理，并适应未成年人生理、心理特点和健康成长的需要，保障未成年人的合法权益。

在司法活动中对需要法律援助或者司法救助的未成年人，法律援助机构或者人民法院应当给予帮助，依法为其提供法律援助或者司法救助。

第五十二条 人民法院审理继承案件，应当依法保护未成年人的继承权和受遗赠权。

人民法院审理离婚案件，涉及未成年子女抚养问题的，应当听取有表达意愿能力的未成年子女的意见，根据保障子女权益的原则和双方具体情况依法处理。

第五十三条　父母或者其他监护人不履行监护职责或者侵害被监护的未成年人的合法权益，经教育不改的，人民法院可以根据有关人员或者有关单位的申请，撤销其监护人的资格，依法另行指定监护人。被撤销监护资格的父母应当依法继续负担抚养费用。

第五十四条　对违法犯罪的未成年人，实行教育、感化、挽救的方针，坚持教育为主、惩罚为辅的原则。

对违法犯罪的未成年人，应当依法从轻、减轻或者免除处罚。

第五十五条　公安机关、人民检察院、人民法院办理未成年人犯罪案件和涉及未成年人权益保护案件，应当照顾未成年人身心发展特点，尊重他们的人格尊严，保障他们的合法权益，并根据需要设立专门机构或者指定专人办理。

第五十六条　讯问、审判未成年犯罪嫌疑人、被告人，询问未成年证人、被害人，应当依照刑事诉讼法的规定通知其法定代理人或者其他人员到场。

公安机关、人民检察院、人民法院办理未成年人遭受性侵害的刑事案件，应当保护被害人的名誉。

第五十七条　对羁押、服刑的未成年人，应当与成年人分别关押。

羁押、服刑的未成年人没有完成义务教育的，应当对其进行义务教育。

解除羁押、服刑期满的未成年人的复学、升学、就业不受歧视。

第五十八条　对未成年人犯罪案件，新闻报道、影视节目、公开出版物、网络等不得披露该未成年人的姓名、住所、照片、图像以及可能推断出该未成年人的资料。

第五十九条　对未成年人严重不良行为的矫治与犯罪行为的预防，依照预防未成年人犯罪法的规定执行。

第六章 法律责任

第六十条 违反本法规定，侵害未成年人的合法权益，其他法律、法规已规定行政处罚的，从其规定；造成人身财产损失或者其他损害的，依法承担民事责任；构成犯罪的，依法追究刑事责任。

第六十一条 国家机关及其工作人员不依法履行保护未成年人合法权益的责任，或者侵害未成年人合法权益，或者对提出申诉、控告、检举的人进行打击报复的，由其所在单位或者上级机关责令改正，对直接负责的主管人员和其他直接责任人员依法给予行政处分。

第六十二条 父母或者其他监护人不依法履行监护职责，或者侵害未成年人合法权益的，由其所在单位或者居民委员会、村民委员会予以劝诫、制止；构成违反治安管理行为的，由公安机关依法给予行政处罚。

第六十三条 学校、幼儿园、托儿所侵害未成年人合法权益的，由教育行政部门或者其他有关部门责令改正；情节严重的，对直接负责的主管人员和其他直接责任人员依法给予处分。

学校、幼儿园、托儿所教职员工对未成年人实施体罚、变相体罚或者其他侮辱人格行为的，由其所在单位或者上级机关责令改正；情节严重的，依法给予处分。

第六十四条 制作或者向未成年人出售、出租或者以其他方式传播淫秽、暴力、凶杀、恐怖、赌博等图书、报刊、音像制品、电子出版物以及网络信息等的，由主管部门责令改正，依法给予行政处罚。

第六十五条 生产、销售用于未成年人的食品、药品、玩具、用具和游乐设施不符合国家标准或者行业标准，或者没有在显著位置标明注意事项的，由主管部门责令改正，依法给予行政处罚。

第六十六条 在中小学校园周边设置营业性歌舞娱乐场所、互联网上网服务营业场所等不适宜未成年人活动的场所的，由主管部门予以关闭，依法给予行政处罚。

营业性歌舞娱乐场所、互联网上网服务营业场所等不适宜未成年人活动的场所允许未成年人进入，或者没有在显著位置设置未成年人禁入标志的，由主管部门责令改正，依法给予行政处罚。

第六十七条 向未成年人出售烟酒，或者没有在显著位置设置不向未成年人出售烟酒标志的，由主管部门责令改正，依法给予行政处罚。

第六十八条 非法招用未满十六周岁的未成年人，或者招用已满十六周岁的未成年人从事过重、有毒、有害等危害未成年人身心健康的劳动或者危险作业的，由劳动保障部门责令改正，处以罚款；情节严重的，由工商行政管理部门吊销营业执照。

第六十九条 侵犯未成年人隐私，构成违反治安管理行为的，由公安机关依法给予行政处罚。

第七十条 未成年人救助机构、儿童福利机构及其工作人员不依法履行对未成年人的救助保护职责，或者虐待、歧视未成年人，或者在办理收留抚养工作中牟取利益的，由主管部门责令改正，依法给予行政处分。

第七十一条 胁迫、诱骗、利用未成年人乞讨或者组织未成年人进行有害其身心健康的表演等活动的，由公安机关依法给予行政处罚。

第七章 附 则

第七十二条 本法自 2007 年 6 月 1 日起施行。

五、《中华人民共和国反家庭暴力法》

第一章 总 则

第一条 为了预防和制止家庭暴力，保护家庭成员的合法权益，维护平等、和睦、文明的家庭关系，促进家庭和谐、社会稳定，制定本法。

第二条 本法所称家庭暴力，是指家庭成员之间以殴打、捆绑、残害、限制人身自由以及经常性谩骂、恐吓等方式实施的身体、精神等侵害行为。

第三条 家庭成员之间应当互相帮助，互相关爱，和睦相处，履行家庭义务。

反家庭暴力是国家、社会和每个家庭的共同责任。

国家禁止任何形式的家庭暴力。

第四条 县级以上人民政府负责妇女儿童工作的机构，负责组织、协调、指导、督促有关部门做好反家庭暴力工作。

县级以上人民政府有关部门、司法机关、人民团体、社会组织、居民委员会、村民委员会、企业事业单位，应当依照本法和有关法律规定，做好反家庭暴力工作。

各级人民政府应当对反家庭暴力工作给予必要的经费保障。

第五条 反家庭暴力工作遵循预防为主，教育、矫治与惩处相结合原则。

反家庭暴力工作应当尊重受害人真实意愿，保护当事人隐私。

未成年人、老年人、残疾人、孕期和哺乳期的妇女、重病患者遭受家庭暴力的，应当给予特殊保护。

第二章　家庭暴力的预防

第六条 国家开展家庭美德宣传教育，普及反家庭暴力知识，增强公民反家庭暴力意识。

工会、共产主义青年团、妇女联合会、残疾人联合会应当在各自工作范围内，组织开展家庭美德和反家庭暴力宣传教育。

广播、电视、报刊、网络等应当开展家庭美德和反家庭暴力宣传。

学校、幼儿园应当开展家庭美德和反家庭暴力教育。

第七条 县级以上人民政府有关部门、司法机关、妇女联合会应当将预防和制止家庭暴力纳入业务培训和统计工作。

医疗机构应当做好家庭暴力受害人的诊疗记录。

第八条 乡镇人民政府、街道办事处应当组织开展家庭暴力预防工作，居民委员会、村民委员会、社会工作服务机构应当予以配合协助。

第九条　各级人民政府应当支持社会工作服务机构等社会组织开展心理健康咨询、家庭关系指导、家庭暴力预防知识教育等服务。

第十条　人民调解组织应当依法调解家庭纠纷，预防和减少家庭暴力的发生。

第十一条　用人单位发现本单位人员有家庭暴力情况的，应当给予批评教育，并做好家庭矛盾的调解、化解工作。

第十二条　未成年人的监护人应当以文明的方式进行家庭教育，依法履行监护和教育职责，不得实施家庭暴力。

第三章　家庭暴力的处置

第十三条　家庭暴力受害人及其法定代理人、近亲属可以向加害人或者受害人所在单位、居民委员会、村民委员会、妇女联合会等单位投诉、反映或者求助。有关单位接到家庭暴力投诉、反映或者求助后，应当给予帮助、处理。

家庭暴力受害人及其法定代理人、近亲属也可以向公安机关报案或者依法向人民法院起诉。

单位、个人发现正在发生的家庭暴力行为，有权及时劝阻。

第十四条　学校、幼儿园、医疗机构、居民委员会、村民委员会、社会工作服务机构、救助管理机构、福利机构及其工作人员在工作中发现无民事行为能力人、限制民事行为能力人遭受或者疑似遭受家庭暴力的，应当及时向公安机关报案。公安机关应当对报案人的信息予以保密。

第十五条　公安机关接到家庭暴力报案后应当及时出警，制止家庭暴力，按照有关规定调查取证，协助受害人就医、鉴定伤情。

无民事行为能力人、限制民事行为能力人因家庭暴力身体受到严重伤害、面临人身安全威胁或者处于无人照料等危险状态的，公安机关应当通知并协助民政部门将其安置到临时庇护场所、救助管理机构或者福利机构。

第十六条　家庭暴力情节较轻，依法不给予治安管理处罚的，由公安机关对加害人给予批评教育或者出具告诫书。

告诫书应当包括加害人的身份信息、家庭暴力的事实陈述、禁止加害人实施家庭暴力等内容。

第十七条 公安机关应当将告诫书送交加害人、受害人，并通知居民委员会、村民委员会。

居民委员会、村民委员会、公安派出所应当对收到告诫书的加害人、受害人进行查访，监督加害人不再实施家庭暴力。

第十八条 县级或者设区的市级人民政府可以单独或者依托救助管理机构设立临时庇护场所，为家庭暴力受害人提供临时生活帮助。

第十九条 法律援助机构应当依法为家庭暴力受害人提供法律援助。

人民法院应当依法对家庭暴力受害人缓收、减收或者免收诉讼费用。

第二十条 人民法院审理涉及家庭暴力的案件，可以根据公安机关出警记录、告诫书、伤情鉴定意见等证据，认定家庭暴力事实。

第二十一条 监护人实施家庭暴力严重侵害被监护人合法权益的，人民法院可以根据被监护人的近亲属、居民委员会、村民委员会、县级人民政府民政部门等有关人员或者单位的申请，依法撤销其监护人资格，另行指定监护人。

被撤销监护人资格的加害人，应当继续负担相应的赡养、扶养、抚养费用。

第二十二条 工会、共产主义青年团、妇女联合会、残疾人联合会、居民委员会、村民委员会等应当对实施家庭暴力的加害人进行法治教育，必要时可以对加害人、受害人进行心理辅导。

第四章 人身安全保护令

第二十三条 当事人因遭受家庭暴力或者面临家庭暴力的现实危险，向人民法院申请人身安全保护令的，人民法院应当受理。

当事人是无民事行为能力人、限制民事行为能力人，或者因受到强制、威吓等原因无法申请人身安全保护令的，其近亲属、公安机关、妇女联合会、居民委员会、村民委员会、救助管理机构可以代为申请。

第二十四条 申请人身安全保护令应当以书面方式提出；书面申请确有困难的，可以口头申请，由人民法院记入笔录。

第二十五条 人身安全保护令案件由申请人或者被申请人居住地、家庭暴力发生地的基层人民法院管辖。

第二十六条 人身安全保护令由人民法院以裁定形式作出。

第二十七条 作出人身安全保护令，应当具备下列条件：

（一）有明确的被申请人；

（二）有具体的请求；

（三）有遭受家庭暴力或者面临家庭暴力现实危险的情形。

第二十八条 人民法院受理申请后，应当在七十二小时内作出人身安全保护令或者驳回申请；情况紧急的，应当在二十四小时内作出。

第二十九条 人身安全保护令可以包括下列措施：

（一）禁止被申请人实施家庭暴力；

（二）禁止被申请人骚扰、跟踪、接触申请人及其相关近亲属；

（三）责令被申请人迁出申请人住所；

（四）保护申请人人身安全的其他措施。

第三十条 人身安全保护令的有效期不超过六个月，自作出之日起生效。人身安全保护令失效前，人民法院可以根据申请人的申请撤销、变更或者延长。

第三十一条 申请人对驳回申请不服或者被申请人对人身安全保护令不服的，可以自裁定生效之日起五日内向作出裁定的人民法院申请复议一次。人民法院依法作出人身安全保护令的，复议期间不停止人身安全保护令的执行。

第三十二条 人民法院作出人身安全保护令后，应当送达申请人、被申请人、公安机关以及居民委员会、村民委员会等有关组织。人身安全保护令由人民法院执行，公安机关以及居民委员会、村民委员会等应当协助执行。

第五章 法律责任

第三十三条 加害人实施家庭暴力，构成违反治安管理行为的，依法给予治安管理处罚；构成犯罪的，依法追究刑事责任。

第三十四条 被申请人违反人身安全保护令，构成犯罪的，依法追究刑事责任；尚不构成犯罪的，人民法院应当给予训诫，可以根据情节轻重处以一千元以下罚款、十五日以下拘留。

第三十五条 学校、幼儿园、医疗机构、居民委员会、村民委员会、社会工作服务机构、救助管理机构、福利机构及其工作人员未依照本法第十四条规定向公安机关报案，造成严重后果的，由上级主管部门或者本单位对直接负责的主管人员和其他直接责任人员依法给予处分。

第三十六条 负有反家庭暴力职责的国家工作人员玩忽职守、滥用职权、徇私舞弊的，依法给予处分；构成犯罪的，依法追究刑事责任。

第六章 附　则

第三十七条 家庭成员以外共同生活的人之间实施的暴力行为，参照本法规定执行。

第三十八条 本法自 2016 年 3 月 1 日起施行。

六、民法典婚姻家庭编（草案）（三次审议稿）

（注：暂按民法典各分编草案的条文顺序编排）

第一章 一般规定

第八百一十八条 本编调整因婚姻家庭产生的民事关系。

第八百一十九条 实行婚姻自由、一夫一妻、男女平等的婚姻制度。

保护妇女、未成年人和老年人的合法权益。

第八百二十条 禁止包办、买卖婚姻和其他干涉婚姻自由的行为。禁止借婚姻索取财物。

禁止重婚。禁止有配偶者与他人同居。

禁止家庭暴力。禁止家庭成员间的虐待和遗弃。

第八百二十一条 家庭应当树立优良家风，弘扬家庭美德，重视家庭文明建设。

夫妻应当互相忠实，互相尊重，互相关爱；家庭成员应当敬老爱幼，互相帮助，维护平等、和睦、文明的婚姻家庭关系。

第八百二十一条之一 收养应当遵循最有利于被收养人的原则，保障被收养人和收养人的合法权益。

禁止借收养名义买卖未成年人。

第八百二十二条 亲属包括配偶、血亲和姻亲。

配偶、父母、子女、兄弟姐妹、祖父母、外祖父母、孙子女、外孙子女为近亲属。

共同生活的公婆、岳父母、儿媳、女婿，视为近亲属。

配偶、父母、子女和其他共同生活的近亲属为家庭成员。

第二章 结 婚

第八百二十三条 结婚应当男女双方完全自愿，禁止任何一方对另一方加以强迫或者任何组织、个人加以干涉。

第八百二十四条 结婚年龄，男不得早于二十二周岁，女不得早于二十周岁。

第八百二十五条 直系血亲或者三代以内的旁系血亲禁止结婚。

第八百二十六条 要求结婚的男女双方应当亲自到婚姻登记机关申请结婚登记。符合本法规定的，予以登记，发给结婚证。完成结婚登记，即确立婚姻关系。未办理结婚登记的，应当补办登记。

第八百二十七条 登记结婚后，按照男女双方约定，女方可以成为男方家庭的成员，男方可以成为女方家庭的成员。

第八百二十八条 有下列情形之一的，婚姻无效：

（一）重婚；

（二）有禁止结婚的亲属关系；

（三）未到法定婚龄；

（四）以伪造、变造、冒用证件等方式骗取结婚登记。

第八百二十九条 因胁迫结婚的，受胁迫的一方可以向婚姻登记机关或者人民法院请求撤销该婚姻。

请求撤销婚姻的，应当自胁迫行为终止之日起一年内提出。

被非法限制人身自由的当事人请求撤销婚姻的，应当自恢复人身自由之日起一年内提出。

第八百三十条 一方患有重大疾病的，应当在结婚登记前如实告知另一方；不如实告知的，另一方可以向婚姻登记机关或者人民法院请求撤销该婚姻。

请求撤销婚姻的，应当自知道或者应当知道撤销事由之日起一年内提出。

第八百三十一条 无效的或者被撤销的婚姻自始没有法律约束力，当事人不具有夫妻的权利和义务。同居期间所得的财产，由当事人协议处理；协议不成的，由人民法院根据照顾无过错方的原则判决。对重婚导致的无效婚姻的财产处理，不得侵害合法婚姻当事人的财产权益。当事人所生的子女，适用本法关于父母子女的规定。

婚姻无效或者被撤销的，无过错方有权请求损害赔偿。

第三章 家庭关系

第一节 夫妻关系

第八百三十二条 夫妻在婚姻家庭关系中地位平等。

第八百三十三条 夫妻双方都有各自使用自己姓名的权利。

第八百三十四条 夫妻双方都有参加生产、工作、学习和社会活动的自由，一方不得对另一方加以限制或者干涉。

第八百三十五条 夫妻双方平等享有对未成年子女抚养、教育和保护的权利，共同承担对未成年子女抚养、教育和保护的义务。

第八百三十六条 夫妻有相互扶养的义务。

需要扶养的一方，在另一方不履行扶养义务时，有要求其给付扶养费的权利。

第八百三十七条 夫妻一方因家庭日常生活需要而实施的民事法律行为，对夫妻双方发生效力，但是夫妻一方与相对人另有约定的除外。

夫妻之间对一方可以实施的民事法律行为范围的限制，不得对抗善意相对人。

第八百三十八条 夫妻有相互继承遗产的权利。

第八百三十九条 夫妻在婚姻关系存续期间所得的下列财产，为夫妻的共同财产，归夫妻共同所有：

（一）工资、奖金和其他劳务报酬；

（二）生产、经营、投资的收益；

（三）知识产权的收益；

（四）继承或者受赠的财产，但是本法第八百四十条第三项规定的除外；

（五）其他应当归共同所有的财产。

夫妻对共同财产，有平等的处理权。

第八百四十条 下列财产为夫妻一方的个人财产：

（一）一方的婚前财产；

（二）一方因受到人身损害获得的赔偿和补偿；

（三）遗嘱或者赠与合同中确定只归一方的财产；

（四）一方专用的生活用品；

（五）其他应当归一方的财产。

第八百四十条之一 夫妻双方共同签字或者夫妻一方事后追认等共同意思表示所负的债务，以及夫妻一方在婚姻关系存续期间以个人名义为家庭日常生活需要所负的债务，属于夫妻共同债务。

夫妻一方在婚姻关系存续期间以个人名义超出家庭日常生活需要所负的债务，不属于夫妻共同债务；但是，债权人能够证明该债务用于夫妻共同生活、共同生产经营或者基于夫妻双方共同意思表示的除外。

第八百四十一条　男女双方可以约定婚姻关系存续期间所得的财产以及婚前财产归各自所有、共同所有或者部分各自所有、部分共同所有。约定应当采用书面形式。没有约定或者约定不明确的，适用本法第八百三十九条、第八百四十条的规定。

夫妻对婚姻关系存续期间所得的财产以及婚前财产的约定，对双方具有法律约束力。

夫妻对婚姻关系存续期间所得的财产约定归各自所有，夫或者妻一方对外所负的债务，相对人知道该约定的，以夫或者妻一的个人财产清偿。

第八百四十二条　婚姻关系存续期间，有下列情形之一的，夫妻一方可以向人民法院请求分割共同财产：

（一）一方有隐藏、转移、变卖、毁损、挥霍夫妻共同财产或者伪造夫妻共同债务等严重损害夫妻共同财产利益行为；

（二）一方负有法定扶养义务的人患重大疾病需要医治，另一方不同意支付相关医疗费用。

第二节　父母子女关系和其他近亲属关系

第八百四十三条　父母不履行抚养义务的，未成年子女或者不能独立生活的成年子女，有要求父母给付抚养费的权利。

成年子女不履行赡养义务的，缺乏劳动能力或者生活困难的父母，有要求成年子女给付赡养费的权利。

第八百四十四条　父母有教育、保护未成年子女的权利和义务。未成年子女造成他人损害的，父母应当依法承担民事责任。

第八百四十五条　子女姓氏的选取，适用本法第七百九十四条的规定。

第八百四十六条　子女应当尊重父母的婚姻权利，不得干涉父母离婚、再婚以及婚后的生活。子女对父母的赡养义务，不因父母的婚姻关系变化而终止。

第八百四十七条 父母和子女有相互继承遗产的权利。

第八百四十八条 非婚生子女享有与婚生子女同等的权利，任何组织或者个人不得加以危害和歧视。

不直接抚养非婚生子女的生父或者生母，应当负担未成年子女或者不能独立生活的成年子女的抚养费。

第八百四十九条 继父母与继子女间，不得虐待或者歧视。

继父或者继母和受其抚养教育的继子女间的权利义务关系，适用本法关于父母子女关系的规定。

第八百五十条 对亲子关系有异议且有正当理由的，父或者母可以向人民法院提起诉讼，请求确认或者否认亲子关系。

对亲子关系有异议且有正当理由的，成年子女可以向人民法院提起诉讼，请求确认亲子关系。

第八百五十一条 有负担能力的祖父母、外祖父母，对于父母已经死亡或者父母无力抚养的未成年孙子女、外孙子女，有抚养的义务。

有负担能力的孙子女、外孙子女，对于子女已经死亡或者子女无力赡养的祖父母、外祖父母，有赡养的义务。

第八百五十二条 有负担能力的兄、姐，对于父母已经死亡或者父母无力抚养的未成年弟、妹，有扶养的义务。

由兄、姐扶养长大的有负担能力的弟、妹，对于缺乏劳动能力又缺乏生活来源的兄、姐，有扶养的义务。

第四章 离 婚

第八百五十三条 男女双方自愿离婚的，应当订立书面离婚协议，并亲自到婚姻登记机关申请离婚登记。

离婚协议应当载明双方自愿离婚的意思表示和对子女抚养、财产及债务处理等事项协商一致的意见。

第八百五十四条 自婚姻登记机关收到离婚登记申请之日起三十日内，

任何一方不愿意离婚的，可以向婚姻登记机关撤回离婚登记申请。

前款规定期间届满后三十日内，双方应当亲自到婚姻登记机关申请发给离婚证；未申请的，视为撤回离婚登记申请。

第八百五十五条　婚姻登记机关查明双方确实是自愿离婚，并已对子女抚养、财产及债务处理等事项协商一致的，予以登记，发给离婚证。

第八百五十六条　男女一方要求离婚的，可以由有关组织进行调解或者直接向人民法院提起离婚诉讼。

人民法院审理离婚案件，应当进行调解；如果感情确已破裂，调解无效的，应当准予离婚。

有下列情形之一，调解无效的，应当准予离婚：

（一）重婚或者与他人同居；

（二）实施家庭暴力或者虐待、遗弃家庭成员；

（三）有赌博、吸毒等恶习屡教不改；

（四）因感情不和分居满二年；

（五）其他导致夫妻感情破裂的情形。

一方被宣告失踪，另一方提起离婚诉讼的，应当准予离婚。

经人民法院判决不准离婚后，双方又分居满一年，一方再次提起离婚诉讼的，应当准予离婚。

第八百五十七条　完成离婚登记，或者离婚判决书、调解书生效，即解除婚姻关系。

第八百五十八条　现役军人的配偶要求离婚，应当征得军人同意，但是军人一方有重大过错的除外。

第八百五十九条　女方在怀孕期间、分娩后一年内或者终止妊娠后六个月内，男方不得提出离婚；但是，女方提出离婚或者人民法院认为确有必要受理男方离婚请求的除外。

第八百六十条　离婚后，男女双方自愿恢复婚姻关系的，应当到婚姻登记机关重新进行结婚登记。

第八百六十一条　父母与子女间的关系，不因父母离婚而消除。离婚后，子女无论由父或者母直接抚养，仍是父母双方的子女。

离婚后，父母对于子女仍有抚养、教育、保护的权利和义务。

离婚后，不满两周岁的子女，以由母亲直接抚养为原则。已满两周岁的子女，父母双方对抚养问题协议不成的，由人民法院根据双方的具体情况，按照最有利于未成年子女的原则判决。

第八百六十二条　离婚后，一方直接抚养的子女，另一方应当负担部分或者全部抚养费，负担费用的多少和期限的长短，由双方协议；协议不成的，由人民法院判决。

前款规定的协议或者判决，不妨碍子女在必要时向父母任何一方提出超过协议或者判决原定数额的合理要求。

第八百六十三条　离婚后，不直接抚养子女的父或者母，有探望子女的权利，另一方有协助的义务。

行使探望权利的方式、时间由当事人协议；协议不成的，由人民法院判决。

父或者母探望子女，不利于子女身心健康的，由人民法院依法中止探望；中止的事由消失后，应当恢复探望。

第八百六十四条　（删去）

第八百六十五条　离婚时，夫妻的共同财产由双方协议处理；协议不成的，由人民法院根据财产的具体情况，按照照顾子女、女方和无过错方权益的原则判决。

对夫或者妻在家庭土地承包经营中享有的权益等，应当依法予以保护。

第八百六十六条　夫妻一方因抚育子女、照料老年人、协助另一方工作等付出较多义务的，离婚时有权向另一方请求补偿，另一方应当给予补偿。具体办法由双方协议；协议不成的，由人民法院判决。

第八百六十七条　离婚时，夫妻共同债务，应当共同偿还。

共同财产不足清偿或者财产归各自所有的，由双方协议清偿；协议不成的，由人民法院判决。

第八百六十八条　离婚时，如一方生活困难，有负担能力的另一方应当给予适当帮助。具体办法由双方协议；协议不成的，由人民法院判决。

第八百六十九条 有下列情形之一，导致离婚的，无过错方有权请求损害赔偿：

（一）重婚；

（二）与他人同居；

（三）实施家庭暴力；

（四）虐待、遗弃家庭成员；

（五）有其他重大过错。

第八百七十条 夫妻一方隐藏、转移、变卖、毁损、挥霍夫妻共同财产，或者伪造夫妻共同债务企图侵占另一方财产的，在离婚分割夫妻共同财产时，对该方可以少分或者不分。离婚后，一方发现有上述行为的，可以向人民法院提起诉讼，请求再次分割夫妻共同财产。

第五章 收 养

第一节 收养关系的成立

第八百七十一条 （移至第八百二十一条后并作修改）

第八百七十二条 下列未成年人，可以被收养：

（一）丧失父母的孤儿；

（二）查找不到生父母的未成年人；

（三）生父母有特殊困难无力抚养的子女。

第八百七十三条 下列个人、组织可以作送养人：

（一）孤儿的监护人；

（二）儿童福利机构；

（三）有特殊困难无力抚养子女的生父母。

第八百七十四条 未成年人的父母均不具备完全民事行为能力且可能严重危害该未成年人的，该未成年人的监护人可以将其送养。

第八百七十五条 监护人送养孤儿的，应当征得有抚养义务的人同意。

有抚养义务的人不同意送养、监护人不愿意继续履行监护职责的，应当依照本法总则编的规定另行确定监护人。

第八百七十六条　生父母送养子女，应当双方共同送养。生父母一方不明或者查找不到的，可以单方送养。

第八百七十七条　收养人应当同时具备下列条件：

（一）无子女或者只有一名子女；

（二）有抚养、教育和保护被收养人的能力；

（三）未患有在医学上认为不应当收养子女的疾病；

（四）无不利于被收养人健康成长的违法犯罪记录；

（五）年满三十周岁。

第八百七十八条　收养三代以内同辈旁系血亲的子女，可以不受本法第八百七十二条第三项、第八百七十三条第三项和第八百八十一条之一规定的限制。

华侨收养三代以内同辈旁系血亲的子女，还可以不受本法第八百七十七条第一项规定的限制。

第八百七十九条　无子女的收养人可以收养两名子女；有一名子女的收养人只能收养一名子女。

收养孤儿、残疾未成年人或者儿童福利机构抚养的查找不到生父母的未成年人，可以不受前款和本法第八百七十七条第一项规定的限制。

第八百八十条　（移至第八百八十一条后）

第八百八十一条　有配偶者收养子女，应当夫妻共同收养。

第八百八十一条之一　无配偶者收养异性子女的，收养人与被收养人的年龄应当相差四十周岁以上。

第八百八十二条　继父或者继母经继子女的生父母同意，可以收养继子女，并可以不受本法第八百七十二条第三项、第八百七十三条第三项、第八百七十七条和第八百七十九条第一款规定的限制。

第八百八十三条　收养人收养与送养人送养，应当双方自愿。收养八周岁以上未成年人的，应当征得被收养人的同意。

第八百八十四条 收养应当向县级以上人民政府民政部门登记。

收养关系自登记之日起成立。未办理收养登记的，应当补办登记。

收养查找不到生父母的未成年人的，办理登记的民政部门应当在登记前予以公告。

收养关系当事人愿意订立收养协议的，可以订立收养协议。

收养关系当事人各方或者一方要求办理收养公证的，应当办理收养公证。

第八百八十五条 收养关系成立后，公安机关应当依照国家有关规定为被收养人办理户口登记。

第八百八十六条 孤儿或者生父母无力抚养的子女，可以由生父母的亲属、朋友抚养；抚养人与被抚养人的关系不适用本章规定。

第八百八十七条 配偶一方死亡，另一方送养未成年子女的，死亡一方的父母有优先抚养的权利。

第八百八十八条 外国人依法可以在中华人民共和国收养子女。

外国人在中华人民共和国收养子女，应当经其所在国主管机关依照该国法律审查同意。收养人应当提供由其所在国有权机构出具的有关其年龄、婚姻、职业、财产、健康、有无受过刑事处罚等状况的证明材料，并与送养人订立书面协议，亲自向省、自治区、直辖市人民政府民政部门登记。

前款规定的证明材料应当经收养人所在国外交机关或者外交机关授权的机构认证，并经中华人民共和国驻该国使领馆认证，国家另有规定的除外。

第八百八十九条 收养人、送养人要求保守收养秘密的，其他人应当尊重其意愿，不得泄露。

第二节 收养的效力

第八百九十条 自收养关系成立之日起，养父母与养子女间的权利义务关系，适用本法关于父母子女关系的规定；养子女与养父母的近亲属间的权利义务关系，适用本法关于子女与父母的近亲属关系的规定。

养子女与生父母及其他近亲属间的权利义务关系，因收养关系的成立而消除。

第八百九十一条 养子女可以随养父或者养母的姓氏，经当事人协商一致，也可以保留原姓氏。

第八百九十二条 有本法总则编关于民事法律行为无效规定情形或者违反本编规定的收养行为无效。

无效的收养行为自始没有法律约束力。

第三节 收养关系的解除

第八百九十三条 收养人在被收养人成年以前，不得解除收养关系，但是收养人、送养人双方协议解除的除外。养子女八周岁以上的，应当征得本人同意。

收养人不履行抚养义务，有虐待、遗弃等侵害未成年养子女合法权益行为的，送养人有权要求解除养父母与养子女间的收养系。送养人、收养人不能达成解除收养关系协议的，可以向人民法院提起诉讼。

第八百九十四条 养父母与成年养子女关系恶化、无法共同生活的，可以协议解除收养关系。不能达成协议的，可以向人民法院提起诉讼。

第八百九十五条 当事人协议解除收养关系的，应当到民政部门办理解除收养关系登记。

第八百九十六条 收养关系解除后，养子女与养父母及其他近亲属间的权利义务关系即行消除，与生父母及其他近亲属间的权利义务关系自行恢复。但是，成年养子女与生父母及其他近亲属间的权利义务关系是否恢复，可以协商确定。

第八百九十七条 收养关系解除后，经养父母抚养的成年养子女，对缺乏劳动能力又缺乏生活来源的养父母，应当给付生活费。因养子女成年后虐待、遗弃养父母而解除收养关系的，养父母可以要求养子女补偿收养期间支出的抚养费。

生父母要求解除收养关系的，养父母可以要求生父母适当补偿收养期间支出的抚养费，但是因养父母虐待、遗弃养子女而解除收养关系的除外。

参考文献

一、著作

1. 杨大文：《亲属法》，法律出版社 2012 年版。

2. 杨立新：《家事法》，法律出版社 2013 年版。

3. 余延满：《亲属法原论》，法律出版社 2007 年版。

4. 巫昌祯、夏吟兰：《婚姻家庭法学》，中国政法大学出版社 2007 年版。

5. 王勇民：《儿童权利保护的国际法研究》，法律出版社 2010 年版

6. 孙云晓、张美英主编：《当代未成年人法律译丛》（日本卷），中国检察出版社 2006 年版。

7. 孙云晓、张美英主编：《当代未成年人法律译丛》（美国卷），中国检察出版社 2006 年版。

8. 夏吟兰：《美国现代婚姻家庭制度》，中国政法大学出版社 1999 年版。

9. 张贤钰：《外国婚姻家庭法资料选编》，复旦大学出版社 1999 年版。

10 林秀雄：《婚姻家庭法之研究》，中国政法大学出版社 2001 年版。

11 李喜蕊：《英国家庭法历史研究》，知识产权出版社 2009 年版。

12. 罗结珍：《法国民法典》，法律出版社 2005 年版。

13. 渠涛：《最新日本民法》，法律出版社 2006 年版。

14. 童恩正：《人类与文化》，重庆出版社2004年版。

15. 王歌雅：《中国现代婚姻家庭立法研究》，黑龙江人民出版社2004年版。

16. 陈苇主编：《外国婚姻家庭法比较研究》，群众出版社2006年版。

17. 陈顾远：《中国婚姻史》，商务印书馆1937年版。

18. 贾静：《比较家庭法学》，中国政法大学出版社2015年版。

19. 曹全来：《国际化与本土化——中国近代法律体系的形成》，北京大学出版社2005年版。

20. 张贤玉：《外国婚姻家庭法资料选编》，复旦大学出版社1991年版。

21. 王洪：《婚姻家庭法热点问题研究》，重庆大学出版社2000年版。

22. 陈卫佐：《德国民法典》，法律出版社2015年版。

23. 戴东雄主编：《亲属法论文集》，（台湾）东大图书公司1998年版。

24. 杨阳：《文化秩序与政治秩序——儒教中国的政治文化解读》，中国政法大学出版社2007年版.

25. 王礼锡、胡冬野：《家族论》，商务印书馆1936年版。

26. 李喜蕊：《英国家庭法历史研究》，知识产权出版社2009年版。

27. 梁景和：《现代中国婚姻文化嬗变研究》，社会科学文献出版社2013年版。

28. ［美］许烺光：《宗族、种姓、俱乐部》，薛刚译，华夏出版社1990年版。

29. ［德］卡尔·拉伦茨：《德国民法通论》，王晓晔、邵建东、程建英、徐建国、谢怀栻译，北京：法律出版社2003年版。

30. ［德］迪特尔·施瓦布：《德国家庭法》，王葆莳译，北京：法律出版社，2010年版。

31. ［日］千叶正士：《法律多元——从日本法律文化迈向一般理论》，强世功、王宇洁等译，中国政法大学出版社1997年版。

32. ［意］奈尔肯：《比较法律文化论》，高鸿钧、沈明译，清华大学出版社2003年版，第89页。

33. ［美］加里·斯坦利·贝克尔：《家庭论》，王献生等译，商务印书馆 2005 年版。

二、论文

1. 夏吟兰：《民法典未成年人监护立法体例辩思》，载《法学家》，2018年第 4 期。

2. 金眉：《婚姻家庭立法的同一性原理——以婚姻家庭理念、形态与财产法律结构为中心》，载《法学研究》，2017 年第 4 期。

3. 薛宁兰：《我国亲子关系立法的体例与构造》，载《法学杂志》，2014年第 11 期。

4. 徐国栋：《普通法中的国家亲权制度及其罗马法根源》，载《甘肃社会科学》，2011 年第 1 期。

5. 陈菲菲、王太高：《论政府监护理论在我国的确立及其制度构建》，载《南京社会科学》，2017 年第 7 期。

6. ［德］妮娜·德特洛夫：《21 世纪的亲子关系法——法律比较与未来展望》，樊丽君译，载《比较法研究》，2011 年第 6 期。

7. 赵川芳：《试论儿童收养中存在的问题及对策》，载《中国青年政治学院学报》，2014 年第 5 期。

8. 李如春：《宋代的户在财产关系中的民事主体性质》，载《史学月刊》2012 年第 3 期。

9. 张伟：《论儿童最佳利益原则——以离婚后未成年子女最大利益保护为视角》，载《当代法学》2008 年第 6 期。

10. 王丽萍：《同性婚姻：否定、接受还是对话?》，载《文史哲》2004年第 4 期。

11. 冯媛：《儿童监护模式的现代转型与民法典的妥当安置》，载《东方法学》，2017 年第 4 期。

12. 桑本谦：《强奸何以为罪》，载《法律科学》，2003 年第 3 期。

13. 李拥军，桑本谦：《婚姻的起源与婚姻形态的演变——一个突破功能主义的理论解释》，载《山东大学学报》，2010 年第 6 期。

14. 夏吟兰、高蕾：《建立我国的亲权制度》，载《中华女子学院学报》，2005 年第 4 期。

15. 陈玉玲：《德国亲子法视野下的婚生子女的否认 ———兼论对我国立法的启示》，载《时代法学》2011 第 4 期。

16. 孙跃：《论亲权的剥夺》，载《北京化工大学学报（社会科学版）》，2015 年第 1 期。

17. 黄娟：《非婚生子女认领制度的理论建构》，载《东岳论丛》，2006 年第 9 期，第 28 页。

18. 徐文：《甄别与分类：论代孕案件基础争议的解决进路》，载《河北法学》，2019 年第 11 期。